产业结构调整对人民币汇率的影响研究

徐 涛 著

本书受到教育部人文社会科学研究规划基金项目"经济新常态下产业结构调整对人民币汇率的影响研究"(批准号:15YJA790071)的资助,同时也是江苏现代金融研究基地研究成果之一。

苏州大学出版社

图书在版编目(CIP)数据

产业结构调整对人民币汇率的影响研究 / 徐涛著. — 苏州：苏州大学出版社，2021.7
ISBN 978-7-5672-3626-4

Ⅰ.①产… Ⅱ.①徐… Ⅲ.①产业结构调整-影响-人民币汇率-研究 Ⅳ.①F832.63

中国版本图书馆 CIP 数据核字(2021)第 131912 号

书　　名：	产业结构调整对人民币汇率的影响研究
著　　者：	徐　涛
责任编辑：	汤定军
策划编辑：	汤定军
装帧设计：	吴　钰
出版发行：	苏州大学出版社（Soochow University Press）
社　　址：	苏州市十梓街1号　邮编：215006
印　　装：	广东虎彩云印刷有限公司
网　　址：	www.sudapress.com
E - mail：	tangdingjun@suda.edu.cn
邮购热线：	0512-67480030
销售热线：	0512-67481020
开　　本：	700mm×1000mm　1/16　印张：14.5　字数：238千
版　　次：	2021年7月第1版
印　　次：	2021年7月第1次印刷
书　　号：	ISBN 978-7-5672-3626-4
定　　价：	68.00元

凡购本社图书发现印装错误，请与本社联系调换。服务热线：0512-67481020

前　言

本书为教育部人文社会科学研究规划基金项目"经济新常态下产业结构调整对人民币汇率的影响研究"（批准号：15YJA790071）的成果，同时也是江苏现代金融研究基地研究成果之一。

改革开放40多年来，我国经济增长迅速，经济规模已经稳居世界第二，我国对世界经济的影响也日益提高。近年来随着我国经济进入新常态，经济增长速度放缓，经济结构调整加快，我国经济发展呈现出新的特征。作为全球第二大经济体，我国经济发展态势的变化会对经济各个领域产生深远的影响。在经济新常态背景下，随着我国进一步推进供给侧结构性改革，我国产业结构的调整会通过影响国际贸易、国际投资和国际短期资本流动，从而影响外汇市场供求，引起人民币汇率的调整。本书将在经济新常态背景下，运用理论与实证方法，采用从局部均衡到一般均衡的视角，研究经济新常态下我国产业结构调整对人民币汇率的影响。

本书共包括七章。第一章为绪论，主要介绍本书的研究背景、研究意义、研究目标与内容、研究思路与方法。第二章是文献综述，从汇率决定机制、产业因素对汇率的影响、人民币汇率水平、人民币汇率制度、汇率变动的宏观经济效应等角度进行文献梳理和评述，从而探讨本书的研究方向。第三章对经济新常态的背景进行分析，并梳理产业结构影响汇率的主要机制。该章主要考察经济新常态下我国经济发展呈现的新特征，如经济增长速度、结构的变化，以及经济发展动力、潜力等问题。同时，第三章还梳理产业结构调整影响汇率的理论机制，包括国际贸易机制、国际投资机制和国际短期资本流动机制，并分别运用实证方法加以验证。第四章在局部均衡视角下，考察产业结构对人民币汇率的影响，并从国际视角和要素价格视角进行验证。该章首先分析了经济新常态下产业结构调整对汇率产生的巴拉萨-萨缪尔森效应,指出产业结构调整引发的产业升级能够引起人民币升值。该章第二节则运用状态-空间模型,考察制造业技术进步对人民币实际有效汇率的动态影响。第三节运用基于多国数据的面板数据模型,在国际视角下分析产业结构调整对汇率的影响,验证其对人民币汇率的影响。最后,该章还从供给视角出发,以石油价格为例,考察要素价格变动对汇率的影响,发现石油价格调整对汇率具有十分复杂的影响,从另一个角度证实了包括产业结构在内的供给因素对汇率的影响。本书第五章研究了汇率对产业结构的反作用机制,证明了产业结构和汇率之间存在相互影响关系,为一般均衡分析提供理论和实证基础。该章主要考察了汇率通过国际贸易渠道、跨境投资渠道和跨境短期资本流动渠道对产业结构产生的反作用,从而验证了经济系统中产业结构和汇率之间存在的相互作用。第六章在一般均衡视角下研究经济新常态下产业结构调整对人民币汇率的复杂影响。在第四章和第五章的基础上,该章首先考察产业结构和汇率的相互作用。该章第二节构建了包含汇率冲击和技术冲击的动态随机一般均衡模型,在一般均衡框架下考察产业结构调整引起的技术进步对汇率的影响。第三节则引入包括货币冲击、外部冲击等多重冲击,扩展了第二节的动态随机一般均衡模型,研究发现在经济系统中产业结构对汇率的影响是复杂的、动态的。第七章则在理论和实证分析的基础上,分别从兼顾经济内外均衡、促进汇率均衡、加强预期管理、加强政策协调等几个方面提出了经济新常态下实现人民币汇率均衡的相关政策建议。

目 录

- 第一章　绪论 / 001
  - 第一节　研究背景 / 001
  - 第二节　研究意义 / 002
  - 第三节　研究目标与内容 / 004
  - 第四节　研究思路与方法 / 006
  - 第五节　创新与不足 / 007
- 第二章　现有研究综述 / 008
  - 第一节　汇率决定机制研究 / 008
  - 第二节　产业因素对汇率的影响 / 012
  - 第三节　人民币汇率水平研究 / 014
  - 第四节　人民币汇率制度研究 / 017
  - 第五节　汇率变动的宏观经济效应研究 / 021
- 第三章　背景与影响机制分析 / 027
  - 第一节　经济新常态下我国经济发展分析 / 027
  - 第二节　产业结构影响汇率的国际贸易机制 / 041
  - 第三节　产业结构影响汇率的国际投资机制 / 051
  - 第四节　产业结构影响汇率的短期资本流动机制 / 063
- 第四章　产业结构影响汇率的局部均衡分析 / 074
  - 第一节　基于巴拉萨-萨缪尔森效应的分析 / 074
  - 第二节　制造业技术进步对实际有效汇率的动态影响 / 083
  - 第三节　跨国分析 / 096

第四节　石油价格对汇率的影响 / 107

- **第五章　汇率对产业结构的反作用分析** / 121
  - 第一节　汇率对国际贸易的反作用机制 / 121
  - 第二节　汇率对跨境投资的影响 / 126
  - 第三节　汇率与跨境短期资本流动 / 147

- **第六章　产业结构对汇率影响的一般均衡分析** / 160
  - 第一节　产业结构与汇率相互作用机制分析 / 160
  - 第二节　基于 DSGE 模型的产业结构对汇率的影响分析 / 170
  - 第三节　多重冲击下人民币汇率决定的动态分析 / 184

- **第七章　政策建议** / 196
  - 第一节　兼顾经济内外均衡 / 196
  - 第二节　促进均衡汇率形成 / 197
  - 第三节　强化预期管理 / 198
  - 第四节　加强政策协调 / 199

- **参考文献** / 201

第一章 绪 论

第一节 研究背景

改革开放以来,我国经济发展迅速,产业结构升级速度明显加快。我国的支柱产业从过去的纺织业转变为机械设备制造业等技术含量更高的产业,产业结构中高科技产业的比重也不断增加。我国主要出口品也从早期的服装、纺织品和原材料逐渐演变为工业制成品和高新技术产品。随着我国制造业的快速发展,我国在世界市场上的地位也发生了巨大的变化,从过去的低端产品供给者逐渐演变为"世界工厂"。

随着我国经济不断发展,我国经济发展格局也发生了根本性的变化。中华人民共和国成立70多年来,我国三次产业发展逐渐趋于均衡,经济发展的全面性、协调性和可持续性不断增强。我国已拥有联合国产业分类中全部工业门类,200多种工业品产量居世界第一,制造业增加值自2010年起稳居世界首位。近年来,我国经济步入新常态,中低速度、高质量的增长逐步替代过去的快速、粗放式的增长。在经济新常态背景下,随着我国社会主要矛盾演变为人民日益增长的美好生活需要和不平衡、不充分发展之间的矛盾,我国提出了新发展理念,稳步推进供给侧结构性改革,我国产业结构升级与调整进一步加速。产业结构的调整不仅带来产品结构的变化,还会提升我国在国际市场上的竞争力,提高我国在世界经济格局中的地位。根据开放经济学理论,一国国际竞争力的提升必然会影响该国的国际收支,影响市场预期,从而引起该国货币汇率的调整。

1994年,我国成功进行了人民币汇率制度改革,放弃了人民币汇率双轨制,建立了单一的、有管理的浮动汇率制度。汇改后短期内,受国内外经济形势的影响,人民币出现了小幅的贬值。从1996年开始,人民币进入缓慢、小幅升值的区间。但是,1998年亚洲金融危机爆发后,受预期恶化的影响,我国出现了资本外流,人民币面临贬值压力。为了稳定金融市场,中国政府顶住巨大压力,宣布人民币不贬值。2002年,中国经济强劲回升,贸易和资本项目双顺差大量增加,自此人民币出现了长期的升值压力。为了进一步优化人民币汇率形成机制,2005年7月21日,我国宣布放弃盯住美元的汇率制度,开始实施参考一篮子货币的管理浮动汇率制度。此后,人民币对美元汇率便开始了一个长达10年左右的持续、缓慢的升值过程。汇率长期升值的趋势在一定程度上削弱了我国的出口竞争力,另一方面则形成了人民币升值预期,则吸引了热钱涌入。2012年11月,党的十八大将"逐步实现人民币资本项目可兑换"明确定为我国金融改革的任务之一。2015年8月11日,中国人民银行宣布对人民币汇率中间价报价机制进行改革。在新的中间价形成机制下,做市商在每日银行间外汇市场开盘前参考上一日银行间外汇市场收盘汇率,综合考虑外汇供求情况及国际主要货币汇率变化,向中国外汇交易中心提供中间价报价。最近20多年来,人民币币值在波动中升值,从最初的1美元兑换8.27元人民币升值到1美元兑换6.5元人民币的水平。那么,我国产业结构的演变对人民币汇率的长期走势具有什么样的影响呢?在当前经济形势下,研究这一问题对我国产业政策优化和人民币汇率形成机制改革具有十分重要意义。

本书将以我国进入经济新常态为背景,聚焦产业结构升级和人民币汇率形成机制改革,研究产业结构对人民币汇率的影响。本书的研究有助于全面探究经济新常态下人民币汇率影响因素,为我国深化人民币汇率形成机制改革提供借鉴。

第二节 研究意义

在当前世界经济格局及我国经济的发展形势下,本书的研究具有十分重要的理论与现实意义。

一、理论意义

本书力图在理论方面有所挖掘,丰富相关理论研究。

第一,本书从结构视角出发,研究产业结构调整背景下人民币汇率长期走势的动态调整机制,具有较高的理论意义。现有汇率决定理论大多建立在凯恩斯主义经济理论的基础上,从需求角度研究汇率决定问题。产业结构调整是一个渐进、长期的过程,产业结构调整对汇率调整也必然是一个缓慢的影响,本书主要考察我国产业结构调整对人民币汇率长期影响机制。作为重要的宏观经济变量,汇率既受产业结构调整的影响,又会反作用于产业结构。产业结构调整将改变一国进出口、跨境资本流动乃至预期,从而改变外汇市场供求关系,引起汇率调整。由于汇率调整又会改变国内外商品比价,影响厂商的利润水平,进而引起厂商技术升级及产业结构的进一步调整,从而形成产业结构与汇率交互影响的局面。产业结构的调整必然会导致宏观经济系统偏离旧的均衡,引起宏观经济的一系列调整,在产业结构和汇率的相互作用下,宏观经济系统将达到新的均衡,并形成新的均衡汇率。本书从理论角度研究产业结构调整对汇率的长期影响机制,具有较高的理论意义。

第二,本书将构建动态随机一般均衡模型,研究多部门、多市场和多重冲击经济中产业结构调整对汇率的影响,探讨维持汇率基本稳定的条件,具有一定的理论意义。随着我国经济发展进入新常态,经济内外部冲击相互叠加,影响人民币汇率的内外部冲击越来越多,并呈现相互叠加的局面。理论上说,人民币汇率不仅受产业结构调整的影响,还受家庭、厂商、政府部门行为的影响,外汇市场与商品市场、劳动力市场、货币市场之间也相互作用,劳动力成本冲击、外部冲击及经济政策引发的冲击都会影响汇率。由于汇率受到众多因素的影响,仅仅运用局部均衡方法、从某一特定方面研究汇率的调整问题,或多或少遗漏了其他相关因素的作用,难以全面厘清产业结构调整对人民币汇率的作用机制。本书将在新开放宏观经济模型的基础上,结合我国社会经济发展的具体特征,融入新时代我国社会主义市场经济发展的性质,构建动态随机一般均衡模型,研究产业结构调整对人民币汇率的影响。

二、现实意义

第一,本书研究了经济新常态下产业结构调整对人民币汇率走势的影响,对于我国深化人民币汇率形成机制市场化改革、缓解或避免人民币汇率的失衡,具有十分重要的现实意义。改革开放以来,人民币汇率波动幅度逐步加大,经历了从贬值到升值的过程,近年来又出现了贬值趋势。人民币汇率对我国的对外经济贸易乃至宏观经济发展都具有很大的影响,人民币汇率变动也必然改变社会预期和国内外比价关系,影响宏观经济发展。在这种情况下,有必要在产业结构调整的背景下研究影响人民币汇率走势的演变,考察人民币汇率的动态调整。人民币汇率形成机制市场化改革正在逐步推进,要最终实现改革的目标,必须准确把握人民币汇率的动态调整路径,并逐步减少外汇市场干预,促使汇率收敛于均衡水平。

第二,本书从人民币汇率角度研究了经济新常态下我国产业结构调整对经济系统的影响,对于合理制定我国产业政策、避免产业结构调整过猛具有一定的参考意义。产业结构调整是经济新常态下我国面临的一项重要战略任务,也是我国经济维持长期、稳定、持续发展的必然选择。为了实现产业结构调整的战略任务,必须适度下调经济增长速度,转变经济增长方式。在经济新常态下,产业结构调整必然对我国经济产生重大影响,也将成为人民币均衡汇率的最重要决定因素之一,如果产业结构调整过猛,必然引起人民币汇率的过度波动,不利于我国经济的均衡发展。

第三节 研究目标与内容

一、研究目标

在汇率动态学和巴拉萨-萨缪尔森效应研究文献的基础上,本书探讨经济新常态下产业结构调整对人民币汇率的影响机制,同时考虑汇率对产业结构的反作用机制,在此基础上构建包含多部门的动态随机一般均衡模型,研究经济新常态下多重冲击作用下产业结构调整对人民币汇率的动态影响机制。在理论分析的基础上,利用中国的实际数据,运用贝叶斯方法拟合动态随机一般均衡模型,研究一般均衡框架下产业结构调整对人民币汇率走势的实际影响。最后利用动态随机一般均衡模型的拟合结果,采用模拟方法,研究经济新常态下发生多重冲击时实现产业结构转型升级和人民币汇率总体稳定的最优汇率政策和产业政策,并提出相应的政策建议。

二、主要内容

本书共包括七章。

第一章为绪论,主要介绍本书的研究背景、研究意义、研究目标与内容、研究思路与方法。

第二章是文献综述。本章将从汇率决定机制、产业因素对汇率的影响、人民币汇率水平、人民币汇率制度、汇率变动的宏观经济效应等角度进行文献梳理和评述,从而探讨本书的研究方向。

第三章对经济新常态的背景进行分析,并梳理产业结构影响汇率的主要机制。本章主要考察经济新常态下我国经济发展呈现的新特征,如经济增长速度、结构的变化、经济发展动力和潜力等问题。同时,本章还梳理产业结构调整影响汇率的理论机制,包括国际贸易机制、国际投资机制和国际短期资本流动机制,并分别运用实证方法加以验证。

第四章在局部均衡视角下考察产业结构对人民币汇率的影响,并从国际视角和要素价格视角进行验证。本章首先分析了经济新常态下产业结构调整对汇率产生的巴拉萨-萨缪尔森效应,提出产业结构调整引发的产业升级能够引起人民币升值。本章第二节则运用状态-空间模型,考察制造业技术进步对人民币实际有效汇率的动态影响。第三节运用基于多国数据的面板数据模型,在国际视角下分析产业结构调整对汇率的影响,验证了人民币汇率的研究结果。最后,本章还从供给视角出发,以石油价格为例,考察了要素价格变动对汇率的影响,发现石油价格调整对汇率具有十分复杂的影响,从另一个角度证实了包括产业结构在内的供给因素对汇率的影响。

本书第五章研究了汇率对产业结构的反作用机制,证明了产业结构和汇率之间存在相互影响关系,为一般均衡分析提供理论和实证基础。本章主要考察了汇率通过国际贸易渠道、跨境投资渠道和跨境短期资本流动渠道对产业结构产生的反作用,从而验证了经济系统中产业结构和汇率之间存在的相互作用。

第六章在一般均衡视角下研究经济新常态下产业结构调整对人民币汇率的复杂影响。在第四章和第五章的基础上,本章首先考察产业结构和汇率的相互作用。本章第二节构建了包含汇率冲击和技术冲击的动态随机一般均衡模型,在一般均衡框架下考察产业结构调整引起的技术进步对汇率的影响。第三节则引入包括货币冲击、外部冲击等多重冲击,扩展了第二节的动态随机一般均衡模型。研究发现,在经济系统中,产业结构对汇率的影响是复杂的、动态的。

第七章则在理论和实证分析的基础上,分别从兼顾经济内外均衡、促进汇率均衡、加强预期管理、加强政策协调等方面提出了经济新常态下实现人民币汇率均衡的相关政策建议。

第四节　研究思路与方法

一、研究思路

本书在传统的巴拉萨-萨缪尔森模型研究的基础上,考虑汇率与制造业产业结构之间的相互影响所产生的内生性问题,在局部均衡框架下分析两者之间的动态作用机制。再利用巴拉萨-萨缪尔森模型的研究结果,加入家庭部门、政府部门和异质性制造业部门,引入汇率冲击、产业政策冲击、技术冲击、货币供给冲击、国外需求冲击等,构建包含家庭部门、政府部门、制造业部门和开放部门的多部门、多重冲击的动态随机一般均衡模型,考察经济系统实现动态均衡时汇率对产业结构的影响机制。本书运用贝叶斯方法,利用中国的历史数据,拟合所建立的动态随机一般均衡模型,并通过脉冲响应函数研究一般均衡状态下我国产业结构调整对人民币汇率的动态影响。最后,本书在以上分析的基础上探讨在经济系统动态均衡状态下的人民币汇率政策与产业政策的关系,以实现人民币汇率基本稳定条件下制造业产业结构不断升级。

二、研究方法

1. 局部均衡方法

本书运用局部均衡方法分析经济新常态下产业结构演变对人民币汇率的微观影响机制。在分析过程中,先不考虑其他市场对人民币汇率的影响,仅在局部均衡框架下逐一分析产业结构调整对外汇市场均衡的影响,有助于在错综复杂的经济关系中探讨新常态下产业结构对人民币汇率的微观影响机制。

2. 动态一般均衡分析方法

在局部均衡分析的基础上,本书运用动态分析探讨汇率调整对产业结构的反作用机制,建立动态随机一般均衡模型,分析多部门、多市场和多重冲击情况下人民币汇率走势的动态演变,运用贝叶斯方法估计模型参数,并利用模型参数进行模拟分析,在一般均衡框架下研究经济新常态下产业结构调整对人民币汇率的影响。

3. 规范分析方法

在理论和实证分析的基础上,本书运用规范分析方法,探讨经济新常态下政策问题,在加快实现产业结构调整的同时维持外汇市场的均衡,避免人民币汇率失衡和过度波动。

第五节 创新与不足

本书力图在以下两个方面有所创新。

第一,本书运用动态方法研究了产业结构和人民币汇率相互作用情况下人民币汇率的决定问题。短期中产业结构调整对人民币汇率可以产生单向的影响,但长期中两者是相互作用的,现有研究探讨了产业结构调整对人民币汇率的单方向影响机制,本书力图揭示两者相互作用下人民币汇率的调整。

第二,本书运用动态随机一般均衡方法考察了经济新常态下多部门、多市场和多重冲击相互作用下我国产业结构调整对人民币汇率走势的影响机制。现有研究在揭示产业结构对人民币汇率走势的影响机制方面取得了很大的进展,但大多采用了局部均衡方法,也很少考虑多重冲击问题,本书试图对现有研究做进一步拓展。

由于研究视角、研究方法的局限,本书难免还存在一些不足。

第一,由于产业结构衡量指标较多,本书不同章节中涉及数据的可得性也不相同,因此本书不同章节中未能选择统一的指标。

第二,在部分实证分析过程中,由于缺乏我国的相关指标,在个别模型检验中采用了跨国数据,尽管这种方法可以厘清影响机制,但是无法揭示我国的具体情况。

第二章　现有研究综述

本书研究经济新常态下产业结构调整对人民币汇率的影响问题。全书从产业结构对汇率的一般影响机制出发，从局部均衡和一般均衡角度全面考察经济新常态下产业结构调整对人民币汇率的影响。本书主要与以下研究相关。

第一节　汇率决定机制研究

汇率决定是一个非常复杂的经济命题。关于汇率决定理论，从早期重商主义开始，到古典学派理论，再到金本位向纸币过渡时期的理论，最终发展到现代汇率理论，经过了漫长的时期，不断地放开假设条件，考虑更多领域和因素，形成了很多有代表性的汇率决定理论。

一、早期汇率决定理论

1. 购买力平价理论

购买力平价理论的思想最早由李嘉图提出。金本位制崩溃后，卡塞尔将其发展为购买力平价汇率理论。其理论基础是一价定律和货币数量学说，强调了货币的购买力和汇率之间的关系，分为绝对购买力平价和相对购买力平价，其基本思想是货币数量决定物价水平和货币购买力，而两国货币的购买力对比又决定了汇率水平，在浮动汇率制度下，两国货币相对购买力的变化引起了汇率的变动。

2. 利率平价理论

凯恩斯于1923年出版《论货币改革》一书，提出了利率平价理论。该理论认为，由于各国间存在着利率差异，投资者为获得较高的利率，会将资本从利率较低的国家转移至较高的国家，但套利者能否获利取决于两国货币间汇率的变动情况。汇率的变动由利差所决定,即两国货币的即期汇率和远期汇率的差异近似等于两国利率的差异。利率平价理论是对购买力平价理论的修正,把汇率研究从实物部门转向货币部门,汇率是由商品市场、货币市场和资本市场共同决定的。该理论缺陷在于以国际间资本流动不受任何限制为前提,然而当前我国资本项目的管制仍然存在,自由套利的假设不适用于我国的研究分析,因此利率平价理论的适用性不足。

3. 凯恩斯主义的新国际收支说

该理论最早于20世纪60年代被提出,以凯恩斯的收入-支出理论为基础,认为汇率主要决定于外汇资金流量市场上的供给和需求,当外汇供求相等时外汇市场实现均衡,汇率处于均衡水平。国际收支均衡是均衡汇率最直接的决定因素。经常项目是影响汇率行为的主要原因,具体体现为两种效应:一是"收入效应",它反映一国实际收入变动对货币汇率的影响,收入增加会由于进口增加使得本币贬值;二是"相对价格效应",反映汇率变动对贸易收支的影响。

二、当代汇率决定理论

1. 货币主义的汇率理论

该理论以美国著名经济学家弗里德曼的现代货币数量论为基础,把货币供给看作汇率变动的主要原因,指出一国货币供应状况及货币政策同该国汇率走势有着直接联系。该理论有两个假设前提:其一是现代货币主义理论,即货币状况决定价格状况,货币和价格都是名义变量,货币状况的变化不会影响实际产出;其二是一价定律。根据以上假设可以推出货币主义的汇率决定方程式:$e = \frac{M^s}{M^s_f} \cdot \left(\frac{y_f}{y}\right)^\alpha \cdot \left(\frac{i}{i_f}\right)^\beta$,根据该方程可知,当一国货币供应量增加、实际国民收入下降或者名义利率上升时,该国的货币汇率会下跌。

将以上汇率方程式进行扩展可以得出浮动汇率制度下货币模型的调节机制,由于货币主义假设货币需求相对稳定,总产出曲线垂直,因此可以将相对稳定的货币需求曲线写为 $M_d = kPY$,名义货币供给等于货币需求 $M^d = M^s$。因此,若货币扩张,由于 $M^d = M^s$,货币需求曲线将会上移,在实际产出不变的情况下,货币供给扩张只会由物价水平上升来平衡。再由 $P = eP_f$ 可知汇率相应上升。因此,在浮动汇率制度下,货币供给增加,汇率上升、本币贬值。

2. 蒙代尔-弗莱明模型

蒙代尔-弗莱明模型以典型的凯恩斯主义的观点为基础,假定总供给曲线是水平的,需求变化不会影响价格,而且价格具有刚性特性。在此假设条件下构建 IS-LM-BF 模型来分析在固定和浮动汇率制度下国际资本流动对货币政策和财政政策有效性的影响。在浮动汇率制度下,当资金不完全流动时,货币和财政政策均有效。当货币供应量增加时,短期内货币扩张会使得 LM 曲线右移、收入上升、利率下降、国际收支逆差,长期内逆差使得本币贬值,引起 BP、IS 曲线右移,从而导致收入进一步上升、本币贬值。我国当前实行的是有管理的浮动汇率制度,并且国际资本流动受到一定管制,因此蒙代尔-弗莱明模型具有一定的适用性。

3. 汇率超调理论

蒙代尔-弗莱明模型的基础是凯恩斯主义的有效需求不足假设,认为价格具有刚性,因而被认为是短期的汇率决定理论。但是,均衡汇率的决定涉及商品、货币和外汇市场,不同市场对货币政策冲击的反应速度不同,商品市场具有价格粘性,而要素市场未必具有价格粘性。因此,多恩布什于 20 世纪 70 年代提出汇率超调理论,认为商品市场与资本市场的调整速度是不同的,商品市场存在价格粘性。当货币供应量一次性增加以后,本币汇率的瞬时贬值程度大于长期贬值程度,称之为"汇率超调",购买力平价在短期内不能成立,经济存在着从短期均衡向长期均衡的过渡。该理论首次涉及汇率的动态调整,开创了汇率动态学这一汇率研究新领域。但是由于该模型假设利率市场化、汇率自由浮动、利率平价成立,利率变化才能够通过自由套利引起汇率变化。当前我国虽然进行了利率市场化改革,人民币汇率的双向浮动弹性增强,但是由于我国目前并非实施完全的汇率自由浮动,并且资本管制的存在使得利率平价无法成立,因此汇率的粘性价格货币分析模型在我国的适用性同样值得研究。

4. 基于泰勒规则的汇率决定模型

20 世纪 70 年代中期,随着理性预期概念的引入及基于对时间非一致性问题的解决,有人认为规则优于相机抉择,他们认为相机抉择的结果不具有一致性,极有可能使经济陷入不稳定状态。在这种背景下,Taylor (1993) 提出了货币政策的泰勒规则:$i_t^* = \gamma^* + \pi_t + \alpha_t(\pi_t - \pi^*) + \beta_t y_t$。$i_t^*$ 为央行的短期利率目标,γ^* 为长期均衡实际利率,π_t 为实际通胀率,π^* 为目标通胀率,y_t 为产出缺口。该理论指出,货币当局在制定利率政策目标时应将通货膨胀缺口和产出缺口的变化作为参考依据,并将实际利率保持在均衡水平以避免扰乱经济运行,从而使经济以其自身的潜能在目标通胀率水平下持续稳定地增长,进而实现物价稳定和经济增长的双重目标。在此框架下,若实际通胀率上升到高于其目标值 π^* 或者当实际 GDP 超过其目标水平时,联邦基金利率就会上升。

泰勒规则提出之后很多学者展开了拓展研究,部分学者把视角定位到货币政策理论和汇率理论,在泰勒规则和利率平价理论之上构建出基于泰勒规则的汇率模型,解释宏观经济因素对汇率的影响。基于泰勒规则的汇率决定模型结合了利率平价理论和利率决定理论的特点,在汇率预测方面具有一定的优势(Engel & West,2005,2006)。该模型也纳入了实际因素的影响,如产出差距、通货膨胀差距等。部分学者运用样本内格兰杰因果关系检验和样本外预测方法检验汇率决定模型的有效性,发现该模型能够有效预测汇率的实时波动(Rossi,2013)。

5. 汇率动态研究

有关汇率方面的研究很早就证明了均衡汇率并不是固定不变的,经济系统的变化也会引起均衡汇率的调整,这方面最著名的研究结论就是汇率动态学方面的研究。20 世纪 70 年代末期,多恩布什提出了著名的汇率超调理论,奠定了汇率动态学。根据他的研究,在货币政策实施后的不同时间段里,均衡汇率会发生变化。20 世纪 90 年代,Obstfeld 和 Rogoff(1995)进一步发展了汇率动态学,开创了新开放宏观经济学研究,在 Mundell (1963)、Fleming(1962)、Dornbusch(1976)模型中引入微观基础分析,建立了一个动态的、不完全预期的、垄断竞争的两国模型,为解释汇率的变动提供了一个新的分析框架,在此基础上发现货币供应量、政府支出和生产力变动成为决定汇率变动的重要原因。后续文献针对调整展开了更进一步研究,Bacchetta & van Wincoop(2010)运用 Froot 和 Thaler(1990)的投资者迟钝的投资决策理念来解释"延迟的超调"现象。

6. 基于动态随机一般均衡模型的新开放宏观经济研究

新开放宏观经济理论运用动态随机一般均衡模型,在一般均衡视角下研究汇率决定问题。Svensson & van Wijnbergen(1989)最早吸收了宏观经济学的发展,提出了新宏观经济学的基本思路。Obstfeld & Rogoff(1995)吸收了理性预期理论、新凯恩斯主义和一般均衡理论的成果,在微观经济主体最优化决策基础上系统地构建了新开放宏观经济学的分析范式。此后,国外学者将动态随机一般均衡研究方法应用到新开放宏观经济学的研究,分析了诸多不确定因素影响下开放经济的运行状况,如欧元区经济运行问题

(Smets & Wouters,2003)、开放经济中汇率的不完全传递问题(Adolfson et al.,2007)、开放经济中的财政政策问题(Ratto et al.,2007)等,但是目前还缺乏以后危机时期为背景的相关研究。相比之下,国内学者运用动态随机一般均衡模型研究开放经济问题仍处于起步阶段。其中,袁申国、陈平、刘兰凤(2011)做出了开创性的贡献,他们运用动态随机一般均衡模型研究了汇率制度对我国宏观经济的影响。

第二节 产业因素对汇率的影响

长期以来,汇率决定文献都将实际因素作为决定因素。这些实际因素包括产出、生产率等,代表性成果包括 Balassa-Samuelson 效应研究(Balassa,1964;Samuelson,1964)。本书将研究产业结构调整这一实际经济因素对汇率的影响,现有研究大多从巴拉萨-萨缪尔森效应和供给(油价)冲击角度展开研究。

一、基于巴拉萨-萨缪尔森效应的研究

国内外学者在这一领域的研究大多是围绕巴拉萨-萨缪尔森效应展开的。大卫·李嘉图、Viner(1937)及 Roy Harrod(1933)很早就从供给角度分析汇率问题,Balassa(1964)和 Samuelson(1964)分别从开放部门和封闭部门角度分析了生产率的部门差异会导致汇率偏离购买力平价,开放部门生产率水平高的国家货币将被高估,这一现象被称为"巴拉萨-萨缪尔森效应"。进入 1990 年代以来,国外学者在不完全竞争(Gregorio,Giovannini & Wolf,1994)、新古典增长(Asea & Mendoza,1994)及一般均衡(Rogoff,1992;Obstfeld & Rogoff,1996)框架下研究了巴拉萨-萨缪尔森效应。在实证研究方面,早期的研究大多采用普通最小二乘法进行模型拟合。20 世纪 90 年代后期以来,越来越多的学者运用似不相关回归(seemingly unrelated regression,SUR)方法剔除变量之间可能存在的相关性问题。姜波克和莫涛(2009)分析了包含服务业的情况下巴拉萨-萨缪尔森效应问题。但是,现有汇率方面的文献大多以发达国家或地区为对象,假定金融机构和市场高度发达(Garber & Svensson,1995),而且多以短期分析为主,大多没有考虑到产业结构调整与汇率之间的相互作用,实证研究还没有克服变量内生性(endogeneity)问题。

国内学者就人民币汇率是否存在巴拉萨-萨缪尔森效应也进行了大量研究,多数学者认为人民币汇率存在巴拉萨-萨缪尔森效应(卢锋、韩晓亚,2006;唐旭、钱士春,2007),但也有学者认为不存在该效应(林毅夫,2007),部分学者就中国的实际情况扩展了巴拉萨-萨缪尔森效应模型,提高了解释力(鄂永健、丁剑平,2007)。

二、基于油价冲击的研究

现有研究中运用多种方法研究了石油价格对汇率的影响问题,从而考察了供给冲击对汇率的影响。大多数研究都使用了协整和误差修正模型(Chen & Chen,2007;Lizardo & Mollick,2010),其他方法包括基于copula函数的GARCH模型(Reboredo,2012;Wu et al.,2012)、非线性因果关系检验(Bal & Rath,2015)等。就石油价格代理而言,大多数研究采用了西德克萨斯中质原油指数(WTI)和世界石油价格,而阿拉伯联合酋长国的石油价格和英国的石油价格在少数研究中得到使用(Chen & Chen,2007)。

部分研究运用格兰杰因果检验,发现了石油价格波动会导致汇率调整。这些研究包括Amano & Norden(1998)、Chaudhuri & Daniel(1998)、Chen & Chen(2007)、Zhang等(2008)、Lizardo & Mollick(2010)、Benhmad(2012)、Wu等(2012)、Tiwari等(2013)、Bal & Rath(2015)及Ferraro等(2015)。

现有文献探讨了油价波动影响汇率的几种机制。

Amano & Norden(1998)假设油价波动是外生的,指出油价是贸易条件持续变化的主要来源,油价波动会改变贸易条件并影响汇率。基于这一结论,他们认为石油价格是汇率波动的一个非常重要的决定因素,而且石油价格的上涨会导致石油进口国的货币贬值。

Chen & Chen(2007)基于汇率决定的货币分析方法,提出了一个从油价上涨到汇率的传导机制。他们认为,油价上涨会使国内价格上涨,油价上涨将导致本币贬值,同时各国央行也会采取措施通过本币贬值来增强国际竞争力。

Lizardo & Mollick(2010)研究了油价对美元汇率的影响。他们的论点是,由于美元是世界石油市场的定价货币,油价上涨将需要更多的美元供应来维持石油购买,从而增加美国的货币供应。根据汇率决定的货币方法,货币供应量增加将导致美元贬值。美元汇率对油价变化的反应仍取决于各国在世界石油市场中的作用。对于更依赖进口石油的国家来说,油价上涨将导致其货币对美元贬值。

Bodenstein 等(2011)、Buetzer 等(2016)研究了石油价格波动对汇率的财富和资产组合重新配置效应。油价上涨将导致更多的财富转移到石油出口国,因此这些国家的货币将升值。然而,如果石油出口国通过持有更多的国际资产来重新配置其投资组合,其货币将贬值。相反,油价上涨将对石油进口国的货币产生相反的影响。

这些研究揭示了石油价格对汇率的影响,但它们并没有将现有研究的最新进展纳入汇率决定的研究中。Engel & West(2005,2006)、Molodtsova & Papell(2009)提出了基于泰勒规则的基本面汇率决定框架。基于泰勒规则基本面的模型显示出优越的可预测性,现有文献一致认为基于泰勒规则的基本面因素比传统研究中的基本面因素具有更强的样本外预测能力(Rossi,2013)。相比之下,有关油价对汇率影响的文献从未采用泰勒规则的基本原理。Chen & Chen(2007)将货币基本面纳入其中,最类似于主流的汇率决定文献。然而,货币模型比"天真的"随机游走模型具有更差的预测能力(Meese & Rogoff,1983;Meese, Rogoff & Frenkel,1983)。因此,有必要研究基于泰勒规则的汇率决定模型是否具有更好的预测能力。

第三节 人民币汇率水平研究

长期以来,国内外学者对人民币汇率问题进行了很多的研究。人民币汇率是一个外延很广的范畴,在我国经济发展的不同历史阶段,国内面对的机遇和挑战不同,专家学者对于人民币汇率问题思考的聚焦点也不同。在中华人民共和国成立以后,人民币汇率制度主要经历了如下的发展演变:(1)1949—1952 年国民经济恢复时期的单一浮动汇率制度;(2)1953—1972 年计划经济时期的单一固定汇率制度;(3)1973—1980 年按"一篮子货币"计算的单一浮动汇率制度;(4)1981—1984 年的官方汇率与贸易外汇内部结算价并存阶段;(5)1985—1993 年的官方汇率与外汇调剂价格并存阶段;(6)1994 年汇率并轨,实行以市场供求为基础的、单一的、有管理的浮动汇率制度;(7)1997 年亚洲金融危机期间采取特殊的单一盯住美元的汇率制度;(8)2005 年 7 月 21 日起实行以市场供求为基础、参考一篮子货币进行调节、有管理的浮动汇率制度;(9)2008 年国际金融危机期间实行特殊的盯住美元的汇率政策;(10)2015 年 8 月 11 日进行汇改,完善人民币兑美元汇率中间价报价机制,将非市场化的人民币汇率中间价与市场收盘价两率合一。本节从国内学者的研究入手,梳理他们对于人民币汇率问题的研究聚焦点,主要分为以下三块:人民币汇率水平的适当性研究、汇率变化对国内外宏观经济的影响及人民币汇率制度的制度安排问题。

一、关于人民币汇率水平的"合适性问题"

关于人民币汇率"合适性问题"的讨论主要集中在几个阶段。在2005年汇改之前,人民币汇率面临着巨大升值压力。部分国家认为人民币严重低估,要求人民币升值。此外,2015年新汇改之后,人民币又出现贬值趋势,汇率的频繁波动引起了国内学者的思考,因此在这段时期内关于人民币汇率的研究主要聚焦于汇率水平的合理性问题及均衡汇率水平的实现机制。

秦宛顺、靳云汇、卜永祥(2004)利用我国1993年第一季度至2003年第三季度的数据构建了一个实证模型,通过使用单位根检验、协整分析研究了人民币实际有效汇率、中国对外贸易条件、中国相对技术进步率和中国对外贸易差额这4个时间序列之间的长短期关系。并通过向量误差校正模型研究了人民币实际汇率和均衡汇率的相对偏离。他们发现,从长期均衡来看,贸易条件、中国相对劳动生产率对人民币实际汇率具有正效应,对实际汇率影响较大的冲击主要是相对劳动生产率,而贸易条件的变化对实际汇率的长短期影响都很弱。此外,人民币实际有效汇率在中长期内面临升值趋势,但与均衡汇率的偏离不大。

曾红艳(2013)从外汇市场压力角度分析了人民币汇率水平的合理性。外汇市场压力(EMP),是指一种测量国际市场对货币过度需求总量的指标,包括本币升值压力和本币贬值压力,即本币存在着一定的高估或低估。她采用管理浮动汇率制度下的EMP指数中的汇率变化和储备的变化两部分,分别分析了外汇升值压力的3种情况和贬值压力的3种情况,指出中国外汇市场的压力处于本币升值和外汇储备增加的这种状态居多。

2015年8月11日实行新汇改之后,人民币汇率发生一定幅度波动,出现长时期的单边贬值状态,甚至在一定程度上引发了资本外流、外汇储备减少。管涛(2016)认为,汇率水平的下跌反映的是本外币利差状况,并没有形成很强的单边预期,人民币汇率处于均衡合理水平,不存在大幅升值或贬值的基础。他强调,那次汇改的核心是为了完善市场化的汇率形成机制,过分关注人民币汇率水平是对政策的误读。

二、人民币均衡汇率水平的决定机制

人民币均衡汇率水平的决定机制是人民币汇率研究的重要方面。黄泽明(2008)选取了1980年到2007年间的人民币汇率数据,对人民币双边实际汇率、名义有效汇率和实际有效汇率进行了全面的统计测算。他根据与我国贸易往来水平的高低选取了一篮子有代表性的样本国,并采用我国与贸易伙伴国双边进出口总额计算的算术加权平均值为权数,以该权重和人民币与样本国货币的双边汇率计算得到人民币有效汇率。在双边实际汇率测算上,他采用了3个不同的指标,即 CPI 指数、GDP 平减指数和可贸易品价格指数,因此得出了3个双边实际汇率,并通过对名义有效汇率进行物价指数处理得到实际有效汇率。在此基础上,他对1980—2007年间人民币名义有效汇率和实际汇率的变迁原因分4个阶段进行了分析。其研究显示:在此期间名义汇率和实际汇率间存在较大差距,这解释了人民币升值而国际收支顺差的原因。

肖红叶、王莉、胡海林(2009)在均衡汇率模型的框架基础上引入了行为均衡模型,并通过对模型估算技术假定的改进,开展人民币均衡汇率决定机制及其影响因素作用的研究。具体来看,对于技术的改进,他们在搭建经济基本要素实现值与实际汇率的协整关系时,从实际汇率中分离出长期趋势的实际汇率,并基于经济基本要素实现值和长期趋势实际汇率的协整关系估算出长期的均衡汇率水平。在技术假定放松的基础上,他们选取国内生产总值增长率、贸易顺差、利率、外汇储备、货币供应增长率和财政支出6个指标作为人民币均衡汇率模型的解释变量,人民币实际有效汇率作为被解释变量,构建了改进的行为均衡模型,并分析了这些因素对于汇率的作用程度。其研究得出如下结论:人民币实际有效汇率短期被低估,但与长期均衡汇率比较,其实际汇率一直处于高估偏离状态,这表明中国基本经济面的长期趋势不支持人民币汇率水平长期持续升值。

姜波克、莫涛(2009)认为汇率的决定同时具有比价属性和杠杆属性,并从内外均衡的视角构建了同时实现内外均衡的人民币长期均衡汇率模型即"尖峰模型"。其模型的构建方法如下:(1)在技术水平保持不变的情况下,本币升值的低估具有正向的资本供给效应和劳动供给效应,从而促进外延经济增长,即外延经济增长曲线是一条在汇率水平和外延经济增长构成的二维平面上从左下向右上倾斜的曲线。(2)用单位劳动成本的产出效率来代表劳动生产率,在劳动成本决定价格的假设下推出不变价值 P 与劳动生产效益间存在着一种倒数关系，从而推出由劳动生产效益提高带来附加值增长的内涵经济增长曲线，在二维平面上是一条从左上向右下倾斜的曲线。(3)将外延和内涵经济增长各自对整体经济增长的贡献比例与汇率的关系表现在同一坐标平面上，便得到了基于内部均衡的人民币长期均衡汇率模型。(4)在此模型中引入时间变量，便可以构造出长期均衡内部曲线，以此刻画长期均衡汇率水平的动态变化趋势。(5)通过引入本国和外国劳动生产效益的相对变化和国际收支约束，构造出长期外部均衡曲线，其曲线上的每一点所对应的汇率都是使本国国际收支处于长期可维持状态的汇率。(6)通过把两条曲线在同一个坐标平面进行合并，构造出基于内外同时均衡的人民币长期均衡汇率水平模型即"尖峰模型"，并推出由内涵经济增长、外延经济增长、本国劳动生产效益增长、外国劳动生产效益增长这4个要素构成的4种不同经济运行状态下对均衡汇率的要求。根据该模型，他们得到如下的结论：长期来看，经济内外均衡所要求的汇率水平常常是不一致的，单一的汇率手段不可能同时解决内外均衡问题，还需要其他政策工具配合。

第四节 人民币汇率制度研究

我国建设社会主义市场经济体制以来，人民币汇率制度经历了三次重大的变革：第一次是1994年汇率并轨，实行以市场供求为基础的、单一的、有管理的浮动汇率制度；第二次是2005年汇改，实行以市场供求为基础、参考一篮子货币进行调节、有管理的浮动汇率制度；第三次是2015年新汇改，完善人民币兑美元汇率中间价报价机制，将非市场化的人民币汇率中间价与市场收盘价两率合一。在不同的阶段，学术界关注点及研究视角也有所不同。

一、由盯住美元到有管理浮动阶段

1994年人民币汇率并轨改革后，人民币事实上盯住了美元。此后，关于人民币汇率制度选择的文献讨论核心在于人民币应该继续盯住美元还是采取更为灵活的汇率制度，以及人民币退出盯住制的步骤和战略选择。张志超(2000)引入了博弈论分析视角，通过构建计量模型采用协整分析计算人民币的行为均衡汇率，并分别在固定和浮动汇率制度下把最优均衡汇率带入政府损失函数中,从而得出浮动汇率制下政府福利大于固定汇率制下政府福利的研究结论。胡祖六(2001)从国际收支和资本开放的角度出发,指出中国应该选择有管理的浮动汇率制度。刘淳、杨炘(2001)认为,由于害怕浮动,我国政府不会实行完全的自由浮动,因此有管理的浮动汇率制度是当前中国最佳的制度选择。

二、2005年汇改后有管理浮动的汇率制度

2005年7月进行汇改之后,国内学者主要研究汇改后人民币汇率制度的运行状况,通过实证分析,分析人民币汇率制度是否表现出有管理浮动的特征。

在汇改早期,国内学者认为事实上的人民币汇率制度仍是盯住美元的。其中,裴平、孙兆斌(2006)从货币错配的角度出发,通过"累积实际货币错配法"下的AMEC指数测算出我国在1985—2004年间的货币错配程度和变化,其研究认为当前我国存在着非常严重的货币错配,并指出这是我国政府"惧怕浮动"的原因,阻碍了回归有管理浮动的汇率制度的运行。金永军、陈柳钦(2006)对我国的汇改进行了评述,分别分析了盯住篮子货币和盯住单一美元的政策在稳定汇率方面的操作策略。通过实证分析,他们认为,汇改后的短期内人民币汇率制度难以真正退出单一盯住制,仍是"参考美元为主的软盯住制"。

随着时间推移,大部分学者认为我国有管理的浮动汇率制度已经开始发挥作用。徐剑刚、邵华、唐国兴(2007)利用Frankel & Wei(1993)的回归模型分析了人民币名义价值中隐含的美元、日元、欧元、韩元的权重,选择瑞士法郎为基准货币,通过考察交叉货币汇率每日变动之间的关系,他们认为,2005年汇改后的最初10个月里,人民币仍然盯住美元,但是韩元已经在篮子货币中发挥作用。他们认为汇改后的新制度可能存在着循序演进的特征,因此他们利用Chow检验对2005年8月—2006年5月的数据进行分析,以2006年3月为界将全样本分为2个子样本。研究结果表明,人民币汇率形成机制存在着结构性变动,2006年2月以来,人民币已由单一盯住美元过渡到参考一篮子货币,人民币汇率制度改革是一个动态和循序渐进的过程。黄梅波、王珊珊(2013)同样借鉴了Frankel & Wei(1993)的方法,以2008年金融危机分界分析了两个时间段里人民币汇率参考的篮子货币权重的结构变化,并且运用卡尔曼滤波法来描述篮子货币权重的时变情况。其研究指出:人民币在汇改后并没有立即转变为有管理浮动,而

是经过金融危机的调整,参考篮子货币的特征才逐渐显现。货币篮子中,美元的权重逐渐下降,人民币汇率与亚洲区域其他国家货币的关系越来越密切。伊楠、李婧(2014)认为 Frankel & Wei (1993)的回归模型和 Chow 检验并不能很好地应用于多结构变化时期的估计和结构变化点的检验,因此他们在前人研究的基础上创造性地运用 BP 检验对人民币—篮子汇率制度在不同时点上的演变进行实证分析,同时运用非参数估计方法检验货币篮子中参考货币权重的时变情况,并得出了一致的结论。

三、从参考一篮子货币的有管理浮动到完全自由浮动阶段

在 2005 年汇改后,关于人民币汇率的研究焦点转变到对于汇改后人民币汇率制度是否应该进一步扩大其自由浮动的特征,以及如何制定未来的进一步改革战略。

姚斌(2007)将居民福利作为汇率制度选择的评判标准,结合规范分析和实证分析,应用"新开放宏观经济学"的研究框架,对我国 1985—2005 年的汇率制度选择进行了分析并基于此提出未来改革的方向安排。具体来看,他在我国是"开放小国"的研究假定下,通过构建消费者、厂商等微观主体的效用函数和决策行为建立了人民币汇率制度选择的结构化模型,并在国际需求冲击和国际价格冲击下,对固定汇率制度和浮动汇率制度下的福利变化进行了仿真研究。其研究表明:从历史角度和福利角度来看,我国过去实行固定汇率制度是相对更优的选择,但是随着国际实际需求和国际价格指数不断上升,为了更进一步增进我国居民的福利水平,应倾向于选择浮动性更强的汇率制度,我国汇率体制改革应当向更加灵活的汇率制度方向发展。

刘敏、李颖(2008)从国际金融理论中的"蒙代尔三元悖论"角度入手,分析我国存在的货币政策独立性、资本管制和汇率稳定性之间的矛盾情况。其研究主要是理论分析,通过梳理我国各个阶段存在的货币政策独立性与汇率稳定之间的冲突得出如下结论:随着世界经济的进一步开放和融合,2005 年 7 月进行的汇改实行一篮子货币的有管理的浮动汇率制度是当下我国为了保持货币政策的独立性的最佳制度选择,但是这种制度运行中也存在着人民币进一步升值的压力及货币篮子权重不明晰的问题,因此我国可以通过建立汇率目标区制度作为从有管理浮动到完全自由浮动的跳板。

白晓燕(2008)从回顾人民币汇率改革的历程出发,论证了人民币汇率

改革的目标和改革进程中的内在逻辑,她认为我国的人民币汇率改革依循我国经济体制结构改革,经济体制的改革推动了人民币汇率由管制向自由的转变,汇率改革遵循着清晰的目标和路径,并指出在今后的改革中完善人民币汇率形成机制和加强外汇市场建设是应有之道。

成思危(2010)从实体经济与虚拟经济的角度出发,认为在当前经济全球化的背景下,汇率制度的选择应当考虑实体经济与虚拟经济间潜在的货币危机风险。他首先梳理了国内外经济学家关于汇率制度的理论,指出现有的10种汇率制度的各自特征与适用范围,在考虑我国所处的国内外环境情况下比较了不同汇率制度在我国的适用性,最后得出研究结论:人民币汇率制度不是固定不变的,我国当下可以选择"灵活的人民币汇率双层目标区制"作为向完全自由浮动的过渡,并指出在初建阶段、调整阶段和合一阶段的相应制度安排。

王晋斌(2013)从政治经济学角度指出人民币汇率制度的选择必须要考虑以下三个方面问题。首先,合适的人民币汇率制度必须服务中国出口导向型的经济增长模式;其次,虽然这种模式会在一定程度上导致中国经济发展的内外部不平衡,但并不需要通过汇率变动来逆向调节或大幅度校正这种不平衡;最后,人民币汇率制度的选择要有助于人民币国际化。

吴迪(2015)从制度经济学的视角出发,从我国汇率制度的变迁历史分析汇率制度进一步改革的路径设计,认为过去的研究都没有从制度本身(即制度的供给和需求角度)去考虑汇率制度设立的目的,而是过分关注汇率水平的适度性问题。因此,他在综合考虑国家性质和发展阶段、人民币国际化及国内外经济金融市场环境的基础上提出构建包括横向与纵向目标的中国汇率制度目标,并提出汇率制度安排的路径选择。他从"三元悖论"角度出发,指出在横向目标的制定上应该把货币政策的独立性放在首位,循序渐进地实现汇率市场化,官方要从被动干预转向主动干预并建立相应的配套管理制度来降低市场化汇率制度的交易成本。在纵向目标的安排上,要协调好政府与市场间的关系来降低交易费用,要通过完善产权制度实现由单一强制性制度变迁向强制性制度变迁和诱致性制度变迁结合转变。

第五节 汇率变动的宏观经济效应研究

改革开放以来,我国经济实现了快速发展。部分国外学者认为中国经济的高速增长与人民币汇率长期低估所带来的贸易利益有关,中国在1997年亚洲金融危机期间的表现也进一步将人民币汇率问题推向国际讨论中心,从而引发了国内学者关于人民币汇率变动对于我国宏观经济影响的研究和思考,国内学者的研究内容主要聚焦以下几个方面。

一、汇率变动与经济增长

关于汇率与经济增长的研究大致可分为两类。一类认为货币升值具有紧缩效应;另一类认为货币升值具有扩张效应,尤其是在发展中国家更是如此。一段时期以来,人民币汇率波动非常频繁,2005年汇改之后存在人民币单边升值压力,2015年新汇改后面临人民币贬值趋势。国内学者在2005—2013年间对于人民币汇率波动的影响做了大量的研究。其中,大多数学者认为人民币汇率波动主要呈现紧缩效应。

魏巍贤(2006)建立了中国可计算的一般均衡模型,即重点考察汇率变化影响的CGE模型,并且假设人民币名义汇率水平外生决定,以此来考察汇率变动对经济增长的综合性影响。CGE模型由实物流方程组、名义流方程组、价格方程组和均衡方程组构成,包括20个方程组和19个内生变量,涵盖了汇率变化对于国内宏观经济及各部门的影响的分析。其研究表明,人民币的大幅度贬值(10%以上)对中国经济整体不利,而小幅度升值(5%以下)对经济的负面影响甚微。

卢万青、陈建梁(2007)从人民币汇率与GDP的相互作用出发,考察了汇率变动的乘数效应和反馈效应。其中,乘数效应,是指由净出口和FDI引起的GDP的初始变动会影响消费和进口,乘数效应会引起GDP的进一步变动。反馈效应,是指GDP的初始变动对进口的影响会反过来影响汇率,从而引起GDP的进一步变动。根据这两个效应,他们利用开放经济条件下的国民收入恒等式构建出了汇率变动对经济增长影响的模型并进行了实证分析,其实证结论为人民币实际有效汇率升值1%,我国经济增长率会下降0.12%,从而得出了与魏巍贤(2006)一致的结论。

蓝乐琴(2015)认为,国内学者的绝大多数研究只是单纯地分析人民币汇率、FDI及经济增长这3个要素的两两关系,并且绝大多数采用线性分析模型,因而得出了大量的差异性结论。她认为,汇率变动在经济周期的不同阶段会有差异性影响。因此,蓝乐琴(2015)利用带有区制转换特征的Markov区制转移向量自回归模型MSVAR来分析汇率变动通过FDI这一中间变量对经济增长的影响,从MSVAR模型得出3个变量波动存在明显的非线性特征,进一步建立MSMH-VAR模型来考察动态关系并运用脉冲响应函数。研究结果显示,无论经济处于低位运行还是高位运行,人民币实际汇率的正向变动不利于FDI和产出增长,因此结合汇率政策和经济政策来判断区制转移和政策效果具有较好的参考价值。

部分学者认为人民币汇率变动对经济增长的作用不显著。李冬梅、范凌卓、宋志江(2013)通过构建人民币实际有效汇率和实际GDP波动的马尔科夫区制转换自向量回归(MSVAR)模型,研究了人民币实际有效汇率和实际GDP增长率在不同区制状态下的相互影响。其研究表明:人民币汇率并不存在国外认为的长期严重低估现象,GDP增长率的季度变化率在1994—2011年间出现了低估与高估的交替现象,且升值幅度远远高于贬值幅度。通过划分高波动区制和低波动区制可以发现,人民币汇率波动对中国经济增长虽然存在一定影响,但是在统计意义上影响并不显著。

还有部分学者主要从人民币汇率变动对于制造业和产业结构升级的影响角度来研究汇率变动对于经济增长的作用。徐涛、万解秋、丁匡达(2013)认为,人民币汇率的调整会通过改变国内外相对价格,促使企业调整发展策略,从而影响行业技术进步和转型升级。他们通过构建包含技术更新投入和生产制造投入的制造业生产函数,考虑资本调整成本因素,分析企业最优决策下汇率调整对技术进步的影响机制,其研究表明,汇率调整对制造业技术进步具有显著影响,并且这种影响存在非对称特征。因此,他们在测算出中国制造业的行业实际汇率之后进一步估算出制造业的全要素生产率,然后根据行业的资本-劳动比率的不同将所有行业分为高比率组和低比率组,以此利用面板数据模型来分析行业实际汇率对制造业技术进步的非对称性影响机制。其研究结论如下:人民币升值对资本密集行业的技术进步作用不显著,但是人民币适度升值对于劳动密集型行业的技术进步推动作用显著。

二、汇率变动与通货膨胀

关于人民币汇率变动对通货膨胀的影响,国内学者的研究争论主要聚焦于人民币升值能在多大程度上缓解国内的通货膨胀。国内学者的研究主要是运用汇率传递理论。汇率传递是指汇率变化对一国进口价格或国内物价水平的影响。

王晋斌、李南(2009)立足于中国经济的高外贸依存度,主要着眼于分析中国主要贸易伙伴物价水平的变化通过汇率传递对国内物价水平的影响。从理论上讲,国外的物价水平与国内物价水平之间的汇率传递机制主要包括国外物价变化、汇率变动与进口物价变化、进口物价变化到国内CPI变化三个阶段。他们从一个垄断厂商的理论最大化出发,讨论其边际成本加价方式,构建了国内CPI成本与汇率传递的计量方程。其研究表明:2001年1月至2008年3月间,总体上进口价格指数的汇率传递系数较高,但进口品价格到国内CPI的传递效应较低。2005年7月汇改后,汇率的短期和长期传递效应明显增加,因此更为弹性的汇率制度改革可以更好地吸收国外物价变化对国内物价水平的冲击。

曹伟、申宇(2013)利用结构VAR模型估计了从1994年第一季度至2007年第二季度间人民币名义有效汇率变动对国内价格链条中进口价格、生产者价格和消费者价格的传递程度和速度。其研究表明:人民币名义有效汇率对国内价格的传递是不完全的并且存在着一定的时滞效应,并通过对2005年第三季度至2007年第二季度各种国内价格指数的历史分解得出2005年7月汇改后汇率冲击对于降低通货膨胀率有较大作用的结论。同时,其研究表明:汇率对于不同类别的消费者价格的传递率不同,其中对于食品、家庭设备和日用品类的价格传递率较高。

刘子寅、范科才(2015)认为汇率传递会受到通货膨胀的影响而呈现出非线性特征,因此他们将反映不同通胀状态的变量作为门限变量,运用门限向量自回归模型(TVAR)对我国人民币名义有效汇率和通胀的动态关系进行分析。他们将通胀环境分为低增长状态和高增长状态2个不同的通胀区制,然后运用广义脉冲函数来研究不同区制下汇率变动对国内消费价格的作用得出汇率变动与通胀变化存在明显负相关关系的结论,在高通胀状态下汇率传递效应更大。在此基础上,他们用预测方差分解研究外生冲击对通胀预测方差的贡献程度,发现不管处于高通胀环境还是低通胀环境,汇率冲击对通胀变动贡献虽然小,但是仍然表现出汇率传递的非线性特征。

三、汇率变动与就业水平

2005年之前国内对于汇率变动对就业的影响的研究不多,万解秋、徐涛(2004)构建了理论模型,探讨了汇率调整对就业的影响,并运用实证方法展开研究。2005年之后,随着汇率改革,对于这个主题的研究方法与研究视角开始发生变化。

张德远(2008)认为汇率变动对就业的作用随着时间变化呈现不同的特点。他从宏观角度出发,认为汇率与就业之间并非直接关联,单一的模型并不能充分体现经济各个层面间错综复杂的传导机制。因此,他采用空间计量经济学的方法来研究汇率对于就业的传导机制。具体来看,他先通过单个厂商的劳动需求推出市场的劳动需求,并结合市场的劳动供给求出劳动力市场达到均衡时就业与各经济变量的关系,从而分离出汇率对于就业的传导机制。他构建了各行业就业与总需求、资源价格、汇率等因素间的相互关系的方程式,并运用面板分析方法进行实证分析。其研究结论是:人民币汇率变动通过4种传导机制影响就业,短期内汇率变动主要通过贸易传导机制影响就业,且总体贸易部门就业与汇率变动的关系不显著;中长期内,汇率变动通过资源分配传导机制影响劳动力在贸易部门内部及贸易部门与非贸易部门之间的流动,从而造成一定程度的摩擦性失业和结构性失业;长期内,汇率变动主要通过生产方式和生产效率传导机制使得我国的企业从劳动密集型向资本、技术密集型转变,从而带来一部分劳动力的永久性失业。

何玉梅、孙艳青(2011)从微观经济学中的企业利润最大化目标出发,分析汇率从成本和收入两个渠道对企业边际产出和劳动需求产生的影响,利用2003—2008年32个行业的动态面板数据,构建了一个就业人数关于实际有效汇率、实际销售收入、出口退税率、行业集中度等变量的动态计量模型进行回归分析。其研究结果如下:汇率变动主要通过进口的成本途径和出口的收入渠道对劳动力就业产生影响,人民币升值降低了企业的生产成本,增加了就业人数,但是这一机制在2005年汇改之后发生了结构性变化,汇率变化的成本机制效果减弱,汇率升值通过收入渠道显著地减少了劳动力就业。

曹伟、周俊仰、罗浩(2011)认为两者存在负向关系。他们从跨期最优代理人模型入手,构建了就业水平与真实有效汇率、工资水平和利率水平的计量模型,并通过ADF检验、协整检验、格兰杰因果检验和向量自回归模型进行了实证检验。其研究结果表明：人民币实际有效汇率变动与就业水平之间存在着负向关系，并且汇率变动对就业呈现出非对称性特点：就升值而言，汇率变动主要通过收入效应和贸易收支效应作用于社会就业量；就贬值而言，主要通过资本产品价格作用于就业量。

四、汇率变动与国际收支

国内学者关于汇率变动与国际收支的研究主要聚焦于三个角度：从传统国际收支理论出发研究人民币汇率变动是否会促进我国国际收支的改善；汇率变动对于我国贸易条件与机制的影响；从某个地区或某个产业入手分析汇率变动对于进口或者出口产品的竞争力的影响。

理论上，国外学者关于实际（有效）汇率与贸易收支的关系的研究结论分为三种，即贸易收支与汇率变动间存在着双向影响、单向影响及互不影响。沈国兵、杨毅（2005）通过选取1990年1月至2004年12月共180个月度人民币实际有效汇率和中国进出口贸易数据进行长期协整分析。由于假定三个变量间有可能是相互影响的双向关系，他们使用Johansen协整检验法，结果表明进口、出口分别于人民币汇率在5%和1%水平上都不存在长期稳定的协整关系，并运用格兰杰因果检验分析出上述变量并无系统性的相互影响和决定关系，最后通过脉冲响应和方差分解得出短期内人民币实际有效汇率变动会对进出口变动存在一定影响的结论。杨凯文、臧日宏（2014）从总量贸易数据出发，构建了包含汇率、我国经济情况、贸易情况三个变量的VAR模型。他们通过协整分析及方差分解发现，在2005年汇改之后上述三个变量之间存在着长期协整关系，但人民币汇率变动对国际贸易不会产生显著影响，通过货币贬值来改善国际收支的方法并不适合我国。但从弹性分析论来看，随着我国进出口结构的升级，高技术含量的产品会提升我国的需求价值弹性，因此他们预测汇率变化对国际贸易的影响会加强。苏海峰、陈浪南（2014）运用函数化系数半参数模型得出了两者间存在负向关系的结论。他们认为传统的实证研究模型中隐含着常系数的假设，但是经济可能存在着结构性变化，因此他们通过函数化系数模型的半参数估计方法建立时变的回归方程，以考虑在经济结构发生变化的情况下汇率变动对贸易出口、进口及净出口的时变性。其研究结果表明，汇率变动对贸易收支的影响机制在2002年中国加入世贸组织和2005年汇改后有较为明显的变化。2002年前，汇率变动对出口的负向影响不断加强，在2005年达到最大；2005年汇改后，人民币升值引起国际资本进入从而使得出口增加,在进口受到影响不大的情况下,出现了货币升值与贸易顺差增长共存的局面。

部分学者着眼于个别产业和地区,对这一问题展开了研究。宋海英(2005)基于J曲线效应假说,研究人民币汇率变动对于我国农产品出口的影响。该研究首先提出两个假说:人民币汇率与我国农产品出口贸易呈反向相关关系;我国农产品出口贸易受人民币汇率变动的影响在不同阶段表现的程度是不一样的。基于两个假说,该研究构建了我国农产品出口额与人民币汇率变动及我国农产品出口额与人民币汇率变动滞后2期之间的回归估计方程进行实证检验。其研究证明了上述两个假设均成立,因此在我国农产品出口贸易与人民币汇率之间的关系上J曲线效应理论成立。笪家祥等(2008)首先从理论分析和统计计算中总结出人民币升值对于出口商品价格、出口增速、每美元出口成本和出口利润率的影响存在的特征化事实,然后将出口额作为人民币汇率变动影响出口企业承受力的代理变量,通过分别对机电行业和纺织行业的数据构建回归模型进行实证检验,通过协整检验得出如下结论:人民币实际汇率变动对机电出口、纺织出口的抑制效应逐年增加,对出口企业承受力的负面效应逐渐加大。

另外一些学者着眼于体制、机制问题。肖龙阶、苗建军(2009)立足于研究人民币汇率变动对于贸易条件的影响,根据国际经济学的定义,贸易条件主要分为价格贸易条件、收入贸易条件和要素贸易条件。他们先从理论论证出发,分析人民币实际有效汇率变动对于贸易条件影响的价格机制、弹性机制和劳动生产率机制,然后分别构建价格贸易条件和收入贸易条件关于人民币实际有效汇率、人均国内生产总值、居民消费物价指数的多元回归模型进行实证检验,发现汇率变动对我国价格贸易条件作用显著而对收入贸易条件作用不显著。

第三章 背景与影响机制分析

近年来,随着我国经济进入新常态,我国经济发展开始呈现一些新特征,产业结构也发生了新变化。在这种背景下,人民币汇率不可避免地受到产业结构调整的影响。本章首先分析经济新常态背景下我国产业结构的发展变化,进而考察产业结构对人民币汇率的主要影响机制。

第一节 经济新常态下我国经济发展分析

为了考察产业结构调整对人民币汇率的影响,本节首先分析我国经济发展的背景情况。

一、我国经济增长的优化

改革开放40多年来,我国经济发展取得了举世瞩目的成就,GDP从改革开放初期全球排名第11位跃升为全球第2位,经济总量从1495亿美元提高到14万亿美元,总量增长近100倍。长期以来,我国经济依靠要素投入的驱动实现了高速增长。在我国发展的初期和中期,以固定资产投资、外商投资和对外贸易拉动经济增长的模式对我国经济增长贡献巨大。特别是2001年年底我国加入WTO后,我国进出口贸易迅速增长,对外贸易总额从2002年的6207.7亿美元迅速增加到2007年的21765亿美元,年均增长率达到了28.6%。其中出口总额的增长率更是高达30.3%。2008年美国次贷危机爆发,世界经济整体陷入低迷,经济格局发生深刻变化,从此世界经济进入新常态,我国的对外出口增长规模大幅下降,对外贸易总额从2008年的2.56万亿美元增长为2017年的4.11万亿美元,年均增长率仅为5.4%。

对外出口对我国经济的影响巨大,但是仔细分析出口产品结构,就会发现我国的出口经历了三个阶段,即劳动密集型、资本密集型和技术资本密集型。改革开放初期,我国基础工业整体落后,没有成熟的工业体系,我国的对外出口多以服装、鞋帽、纺织等轻工产品为主。随着我国经济总量的提高、资本的积累,我国逐步过渡到资本密集型阶段,出口产品多以重型机械、运输设备和一些高科技产品为主。数据显示,我国2003年的资本密集型产品出口占比首次超过了劳动密集型,出口占比达到51.4%。2004年至今,随着我国国民收入提高,公众和机构的财富进一步积累,风险投资和科技创新掀起了一波浪潮,技术密集型产业的比重越来越高,我国的出口产品逐步以技术资本密集型占据主导地位。

我国作为"世界工厂",对外出口贸易一直在 GDP 增长过程中扮演重要角色。2018年,我国对外出口总额为16.4万亿元,同期 GDP 为90万亿元。近年来,随着国际经济新常态的持续及我国经济总量的基数变大,GDP 增速逐年降低,已经从2007年的14.2%下降至2019年的6.1%。虽然我国的经济增长速度在降低,但是仔细分析我国近年来产业结构变化、科技创新水平和消费需求增长的情况,不难发现我国的经济增长显现出减速增质的特征。虽然我国目前的增长速度降低,但是我国积累的技术和资本及发展中的消费市场却是在给我国经济的下一次发力储蓄能量。同时,我国对外贸易增速和产品结构的变化也反映了我国产业结构的变化和经济发展质量的变化。

总体来看,我国经济增长的优化主要体现在我国的产业结构优化、技术创新水平和消费需求增长三个方面。

(一)产业结构优化

Kuznets(1966)通过实证分析经济增长与产业结构的关系,认为随着经济的持续增长,劳动力逐渐从第二产业转向第三产业,城镇化效应使劳动力从第一产业向第二产业和第三产业转移。陈晓东、邓斯月(2019)认为产业结构的升级和优化会促进国民经济增长。刘伟和张辉(2008)分析了产业结构变化与科技进步对经济增长的影响关系,认为产业结构优化会提高生产效率、促进经济增长。

我国经济发展的整体进程也是产业结构不断调整的过程。中华人民共和国成立之初,我国基本以第一产业为主,随着经济的发展,第二产业的比重逐步提高,至改革开放初期,我国的第二产业远远超过第一产业和第三产业,第一产业比第三产业略大。之后的发展中,第二产业的比例基本没有明显变化,随着农业科技的进步和进出口贸易的发展,第一产业和第三产业此消彼长。至 2013 年,第三产业的比例首次超过了第二产业。2017 年,我国第三产业的比例为 51.6%。相对于发达国家服务业占比 70% 的水平,可以预见我国的产业结构在接下来的相当长的时间里还会继续调整和优化。

产业结构调整是产业协调与平衡的结果。随着我国科技实力的提升和内需的加大,生产效率在提高,第二产业就业的需求在降低,而随着公众财富的积累和消费需求的提高,服务业规模自然而然就会增加,这是经济发展的内在规律所决定的。产业结构的优化意味着我国的经济发展质量将会持续提高。表 3.1.1 显示了我国第一产业、第二产业和第三产业的结构比例的变化。

表 3.1.1 我国三次产业占比的变化

年份	第一产业	第二产业	第三产业
1978	27.70%	47.70%	24.60%
1979	30.70%	47.00%	22.30%
1980	29.60%	48.10%	22.30%
1981	31.30%	46.00%	22.70%
1982	32.80%	44.60%	22.60%
1983	32.60%	44.20%	23.20%
1984	31.60%	42.90%	25.50%
1985	27.90%	42.70%	29.40%
1986	26.60%	43.60%	29.80%
1987	26.30%	43.30%	30.40%
1988	25.20%	43.50%	31.30%
1989	24.60%	42.50%	32.90%
1990	26.60%	41.00%	32.40%
1991	24.00%	41.50%	34.50%
1992	21.30%	43.10%	35.60%
1993	19.30%	46.20%	34.50%
1994	19.50%	46.20%	34.30%
1995	19.60%	46.80%	33.60%
1996	19.30%	47.10%	33.60%
1997	17.90%	47.10%	35.00%

(续表)

年份	第一产业	第二产业	第三产业
1998	17.20%	45.80%	37.00%
1999	16.00%	45.40%	38.60%
2000	14.70%	45.50%	39.80%
2001	14.00%	44.80%	41.20%
2002	13.30%	44.50%	42.20%
2003	12.30%	45.60%	42.10%
2004	12.90%	45.90%	41.20%
2005	11.60%	47.10%	41.30%
2006	10.60%	47.60%	41.80%
2007	10.20%	46.90%	42.90%
2008	10.30%	46.90%	42.80%
2009	9.80%	45.90%	44.30%
2010	9.50%	46.40%	44.10%
2011	9.40%	46.40%	44.20%
2012	9.40%	45.30%	45.30%
2013	9.30%	44.00%	46.70%
2014	9.10%	43.10%	47.80%
2015	8.40%	40.80%	50.80%
2016	8.60%	39.80%	51.60%
2017	7.90%	40.50%	51.60%

资料来源:国家统计局。

(二) 技术创新水平

科技创新可以构造新的产业生态圈、促进传统产业转型升级,从而达到优化产业结构、实现经济高质量发展的结果。国内外学者的研究显示,技术进步是推动经济长期增长的根本动力。Solow(1956)和 Swan(1956)认为只有技术进步才能引起经济的长期增长。迈克尔·波特(M. Porter, 2002)认为,一个国家的经济发展要经过要素驱动、投资驱动、创新驱动、财富驱动等几个阶段,创新是发达经济体持续增长的动力源泉。总的来说,技术创新提高了全要素生产率,从而提高经济发展的质量(郝颖等,2014;刘海英等,2004)。

从人类发展的历史长河来看,科学技术是社会进步、经济发展和文明进化的第一生产力。公众生活质量的提高、世界经济的发展需要科学技术将原始生产资料转化为提高人民生活水平的物质资料,而技术创新加速了这一进程。从中国的四大发明到瓦特蒸汽机的出现再到今天的量子技术,人类的科技史在不断前进,技术创新在不断提高劳动生产率,催生新的技术产业,改造升级生产工具,从而起到保护生态环境和促使经济更持续、更稳健、更高质量的发展的作用。表3.1.2显示了我国技术市场的成交额,该指标可以从一个侧面反映我国技术创新的水平和技术成果转化的效率。数据显示,从1988年到2018年,我国技术市场的交易额从72亿元增长到1.76万亿元,增长超过240多倍。技术创新的发展使我国技术储备能力极大提升,保证了我国经济发展的潜力和后劲,这是我国的经济高质量发展的原动力。

表3.1.2 我国技术市场成交额

年份	技术市场成交金额(单位:万元)
1988	724881.00
1989	814639.00
1990	750969.00
1991	948054.00
1992	1508895.00
1993	2075508.00
1994	2288696.00
1995	2683447.00
1996	3002045.00
1997	3513718.00
1998	4358228.00
1999	5234123.00
2000	6507519.00
2001	7827489.00
2002	8841713.00
2003	10846728.00
2004	13343630.00
2005	15513694.00

(续表)

年份	技术市场成交金额(单位:万元)
2006	18181813.00
2007	22265261.00
2008	26652288.00
2009	30390024.00
2010	39065753.00
2011	47635589.40
2012	64370682.98
2013	74691253.67
2014	85771789.87
2015	98357896.37
2016	114069815.70
2017	134242244.69
2018	176974213.00

资料来源:WIND 资讯。

(三) 消费需求增长

消费、投资、政府支出和进出口是推动宏观经济发展的四个重要动力。近年来,由于中美贸易摩擦及由此而来的美国对我国技术产品的封锁,出口拉动经济发展的动能逐渐下降,刺激内需带动经济发展逐渐成为我国GDP 进一步提升的重要发展战略。

面对当前国际国内形势,很多学者开始重视消费在拉动经济增长方面所发挥的重要作用。王怡等(2013)认为,经济增长是消费结构转型升级的基础,消费结构升级反过来又可以促进经济增长。吴敬琏等(2010)认为消费主导型经济是促进中国经济转型和可持续发展的主要经济模式。江小涓(2010)主张通过消费、投资和出口的协调发展来优化经济结构,进而促进大国经济可持续发展。消费是居民对技术产品和服务的最终需求,消费需求的增长和消费结构的变化自发地调节市场资源有效配置,从而引导产业结构和投资结构合理化,促进经济的高质量发展。

表 3.1.3 为我国 2006 年至 2016 年间的服务业营业收入。服务业收入从 2006 年至 2016 年增长了 10 倍多,服务业收入的增长反映了我国居民对服务业需求的提高,体现了我国消费结构的优化和升级。

表 3.1.3 服务业营业收入水平

年份	服务业营业收入合计(单位:亿元)
2006	23814.83
2007	28834.70
2008	33659.35
2009	38325.07
2010	48196.75
2011	56607.08
2012	122652.15
2014	201385.45
2015	220523.70
2016	248869.67

资料来源:WIND 资讯。

表 3.1.4 为我国 2000—2018 年人均 GDP,人均 GDP 从 2000 年到 2018 年增长了近 10 倍。以上数据显示,我国的消费市场在健康稳定地扩大,消费基础日趋向好,消费内需的扩大是我国经济高质量发展的基础,同时消费升级通过引导产业结构的优化来促进经济高质量发展。

表 3.1.4 我国人均 GDP

年份	人均 GDP(单位:元)
2000	7942.00
2001	8717.00
2002	9506.00
2003	10666.00
2004	12487.00
2005	14368.00
2006	16738.00
2007	20494.00
2008	24100.00
2009	26180.00
2010	30808.00
2011	36302.00
2012	39874.00

（续表）

年份	人均GDP（单位：元）
2013	43684.00
2014	47005.00
2015	50028.00
2016	53680.00
2017	59201.00
2018	64644.00

资料来源：WIND资讯。

二、我国区域经济增长速度的差异

作为一个发展中大国，我国经济发展过程中一直存在区域差异较大的问题。

（一）我国区域经济差异的历史因素

我国国土面积约为960万平方千米，幅员辽阔，地形地貌丰富，气候多变。再加上周边地缘政治复杂，人口分布不均衡，国际经济发展不平衡，历史、现实等众多因素导致了我国区域经济发展不平衡，地区性差异比较大。

中华人民共和国成立之初，我国一穷二白，人口众多，基础工业非常落后。由于历史原因，当时的主要工业基础分布在东三省、山东、广东、上海等地，这主要是由于历史和区位原因造成的，东三省、上海、山东和广东都是沿海地带，相对工业基础较好，而内陆省份由于地势复杂、交通不便，因此基础相对薄弱。因此，当时主要工业基础大多集中在东北、上海、山东、广东等地。

20世纪60年代，为了应对错综复杂的国际环境，我国把全境划分为一线、二线和三线三类区域，重点在内陆地区建设重工业基地，通过行政命令的方式把沿海的重工业基地向内陆三线城市迁移，这在一定程度上加速了内陆省份工业体系的建立，缩小了内陆省份和沿海地区的经济差距。

这一系列区域经济发展政策虽然在当时国际环境背景下有一定合理性，却使我国沿海地区的发展错失了一次发展机遇。二战后美国、欧洲和日本的快速发展带动了亚洲其他地区的经济复苏，中国台湾地区、韩国和东南亚地区在美国和日本的经济援助下也逐步发展起来。相比之下，我国经济发展相对较慢。1965—1978年，中国国内生产总值与美国的差距由

10.1倍扩大到16.2倍,与日本的差距由0.4倍扩大到6.9倍,与联邦德国的差距由0.7倍扩大到4.2倍。就是与发展中国家印度相比,中国的地位也相对下降,1965年印度国内生产总值相当于中国的80%,而1978年则上升为90%(刘国平,2000)。

进入20世纪70年代末,随着中美关系的全面复苏,我国的经济发展战略也迅速进行了调整,在外向型经济发展战略的指引下,我国区域经济发展的重点放在了沿海地带。1978年12月召开的十一届三中全会吹响了改革开放的号角,提出了让部分人和部分地区先富起来的战略构想,这是确立我国经济发展由区域均衡发展向重点发展沿海地区的政策转变。1979年,中央政府决定设立深圳、珠海、汕头和厦门四个经济特区,以此推动东南沿海地区对外开放,带动东部沿海地区省份经济快速发展。1985年1月,我国把长江三角洲、珠江三角洲和闽南漳、泉、厦三角区确定为经济开放区,随后又发展到山东半岛和辽东半岛。

重点发展沿海地区这一战略思路是根据国际政治经济环境、地理地势和周边国家地缘经济生态所综合决定的。首先,从交通运输角度来看,与美国、日本、欧洲等的贸易大多需要走海运通道,东南沿海地区在发展海运方面拥有得天独厚的优势,发展沿海地带的经济区节省了运输成本。其次,沿海地区人口密集,劳动力丰富,工业基础较好,商业文化沉淀浓厚,在此区域重点发展经济可以集中优势资源,实现经济更快、更好的发展。再次,我国内陆地区的毗邻国家经济不发达,消费能力弱,而且边境地区地形复杂,以高原、山地为主,交通不便利,我国当时的经济条件也无法承受大规模的投资基础设施建设。显然,改革开放初期重点发展沿海区域经济的战略是综合自然、政治和经济因素所决定的。这一战略对我国改革开放40多年来影响巨大,短时期内带动了我国经济的快速发展。

从图3.1.1可以看出,我国目前区域经济最发达的地区是长三角地区和珠三角地区,这两个沿海地区在改革开放之初吸引外资的力度最大、经济发展基础最好。

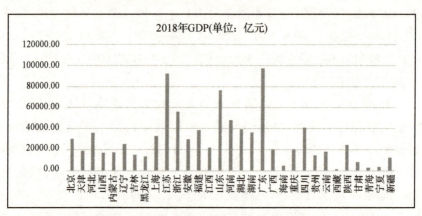

图 3.1.1 我国各省(市)2018 年 GDP 水平

数据来源:Wind 资讯。

沿海地区的快速发展一方面推动了国内经济的发展,但另一方面也拉大了各个地区的差距。图 3.1.2 显示了我国 1960 年、1970 年和 1980 年各省份 GDP 变动情况。总体而言,20 世纪六七十年代我国的 GDP 整体水平落后,各省(市)之间的差距不十分显著。但是,80 年代各个地区的差距开始拉大。

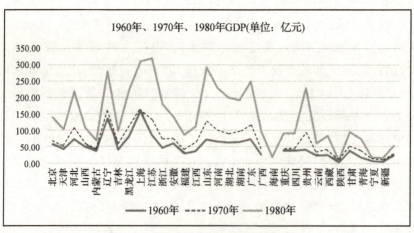

图 3.1.2 我国各省(市)GDP 增长趋势

数据来源:Wind 资讯。

进入 20 世纪 90 年代之后,我国开始把经济发展的重点逐步转向为协调区域经济发展。1992 年 10 月,党的十四大会议提出了充分发挥区域优势、加快地区发展、促进全国经济布局合理化的建议,标志着我国开始统筹各地区经济发展的工作。1999 年 11 月,中央经济工作会议提出要积极发展西部地区经济,2002年党的十六大报告指出要加大中部地区的经济结构调整力度,2003年10月党中央提出了振兴东北的战略。

这种区域协调发展的政策一直延续至今,并且其经济成果在不断深化。特别是随着我国交通基础设施建设的全面推进,区域之间的运输成本降低,增加了经济要素的流动,进而提高了区域之间的贸易来往,缩小区域经济发展差距,促使区域经济均衡发展。交通基础设施有利于促进区域均衡发展(Calderon & Serven,2010),交通发展整体上缩小了我国区域经济差距(罗能生、孙利杰,2019)。

由图3.1.3和图3.1.4可见,与2000年相比,虽然2018年发达地区与内陆地区的人均GDP绝对值的差距在扩大,但是人均GDP的相对差距在缩小,2000年上海地区和内地省份的平均差距为5~6倍,而2018年的差距为3~4倍,如果剔除GDP成分里的房价因素,人民生活水平的差距其实更小。

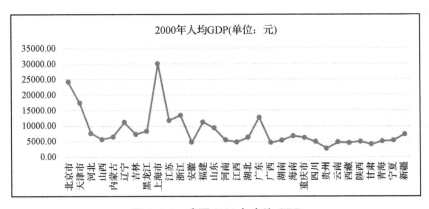

图 3.1.3　我国 2000 年人均 GDP

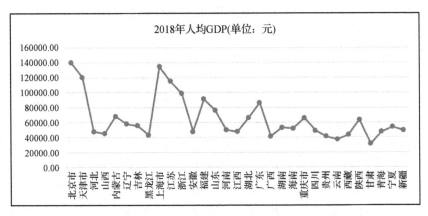

图 3.1.4　我国 2018 年的人均 GDP

（二）我国区域经济差异的现状及未来发展趋势

回顾我国区域经济发展历史，区域经济发展的不平衡与工业基础、交通设施、国际政治经济环境、人才和科技等相关因素有关，因此区域经济差异的问题是复杂的。根据2020年最新的统计数据，我国2019年区域经济发展呈现了南高北低、西南快速崛起、中部稳步发展的新态势。2019年，广东省GDP突破10万亿元，江苏省为9.96万亿元，紧随其后，2020年江苏省GDP顺利突破10万亿元。就GDP增速而言，西南诸省和直辖市，如云南、贵州、四川、重庆等，增速都在8%以上，超过了全国平均水平。贵州省通过大数据产业链成为数字经济的领跑者，云南省第二产业发展迅速。得益于多年对风险投资的高度重视，2019年四川和重庆的GDP分别保持7.5%和6.3%的增长，其中高科技产品的比重有所提升，四川和重庆的高新技术产业增加值分别为11.7%和12.6%，保持高速发展。中部各省的经济规模也发展较快。江西省GDP增速超过8%，湖南、湖北和安徽都超过了7.5%，这些省份的快速发展得益于科技创新和产业结构调整。浙江和河南继续保持全国第四和第五的位置，福建省异军突起，GDP超过湖南和河北，成为全国第八。

在这些区域快速发展的同时，山东、河北、天津和东北地区的经济出现了下滑。山东2019年经济总量比2018年减少了5402亿元，天津2019年经济总量相比2018年减少了4705亿元。黑龙江、吉林和辽宁的经济总量分别下降了2749亿元、3348亿元和406亿元。总体来看，北方地区的区域经济下滑的主要原因是气候、科技创新、产业结构、人才外流、政策导向等多因素造成的。

北方地区气候寒冷干燥、雾霾严重，工资水平整体较低，导致北方地区的人才外流现象严重。再加上南方地区的科技创新基础已经具备了一定优势，对人才和科技项目具有虹吸效应，这种效应进一步削弱了北方地区的竞争力。从产业构成方面来看，北方地区还是以传统的重工业为主，在产业结构转型中没有紧跟时代潮流，因此经济下滑不可避免。21世纪竞争的核心是人才竞争，如果北方地区没有好的环境和政策来吸引创业人才留下，未来的发展还会面临诸多困难。

综上所述，目前我国的整体区域经济发展态势良好，很多省（市）的后起之势比较明显。西南地区由于地理环境原因，历史上并不具备人才和产业竞争优势，但是随着我国交通基础设施建设的推进，科技创新水平的提高及"一带一路"的政策发力，西南地区逐步加速发展。东部和南部沿海地区还要继续保持外向型经济的传统优势,同时加大科技创新成果转换的效率,稳步发展。北方地区需要尽快加大力度整治生态环境,推出减税等政策来吸引人才,鼓励中小企业创业,加大教育投资。

三、我国经济增长潜力分析

(一) 新常态下的经济增长

2008年的美国次贷危机给世界经济格局产生了深远影响,从此世界经济进入了新的发展阶段。美国和欧洲的金融动荡给世界经济造成了严重伤害,世界各国消费需求的下降影响了我国的出口贸易。2008年我国的出口贸易总额为14285.5亿美元,增速同比2007年下降了8.6%。虽然以美国为首的发达国家采用了量化宽松的货币政策,经济有所复苏,但是到2012年各国经济复苏势头减缓,量化宽松货币政策的刺激效应逐渐减弱。在此期间,我国的对外贸易持续扩大,但是增长势头大幅减缓,数据显示,我国对外贸易总额从2008年的2.56万亿美元增长为2017年的4.11万亿美元,年均增长率仅为5.4%。出口贸易增长速度的降低使国民收入整体增速下降,GDP增速从2007年的14.2%下降为2019年的6.1%。我国经济减速换挡的发展格局已经基本形成。

2014年党中央对我国经济新常态的总结是对我国目前经济发展的高度概括,也对未来我国经济发展指明了方向。2015年又首次提出了供给侧改革,从此拉开了我国经济结构性调整的序幕。供给侧改革的核心目的是提高劳动生产率,强调科技创新对未来经济发展的重要性和迫切性,有针对性地对产业结构进行调整,把拉动内需、提高消费潜力作为我国未来经济发展的主要着力点。

(二) 我国经济增长的潜力

总体来看,当前情况下,我国经济增长潜力巨大,主要是由以下几个方面决定的。

1. 科技创新为我国经济增长储备了能量

我国历经改革开放40多年的发展,积累了雄厚的资本和技术。近年来,我国连续出台政策鼓励风险投资基金和民间资本参与科技创新企业投资,风险投资的发展推动了企业科技创新成果转化,提高了我国经济发展的含金量。另外,多层次资本市场建设也不断完善,为我国科技创新提供了新的动能。2009年我国资本市场推出了创业板,2019年推出了科创板,资本市场体系的建设帮助了科技类企业上市融资发展,而退出渠道的完善也鼓励了风险投资在我国的加速发展。在风险投资的推动下,我国已经成为世界技术创新最活跃的国家之一。2018 年,我国研发费用支出总额为 19677.93 亿元,技术市场交易额为 17697.4 亿元。根据世界知识产权组织发布的《2019 年全球创新指数报告》,我国创新指数在全球排在第十四位。目前我国是世界上最大的光伏生产基地和风电设备提供国,也是世界上唯一拥有 100 万伏特高压输电线路的国家。华为的 5G 技术已经领先世界,这将为我国未来的物联网应用、产业技术革命和人工智能发展提供良好的发展基础。

从根本上说,世界的发展史就是科学技术的发展史,我国的目前所拥有的研发创新体系及常年积累的雄厚技术实力将会成为我国经济增长的引擎,引领国民经济高质量发展。

2. 产业结构升级和完备工业体系促进我国的经济增长

伴随着我国改革开放的深入,我国的产业结构也在不断调整升级,我国目前已经形成了以服务业为龙头、制造业次之、农业为辅助的产业结构。对比发达国家的产业发展历史,我国的产业发展过程和发达国家非常类似,目前我国服务业的收入占比已经在国民经济中超过了 50%,尽管距离发达国家 70% 的平均水平还有一段距离,但也预示着我国的经济增长潜力还比较大。此外,在政府产业政策指导和供给侧改革的影响下,我国第二产业逐渐从简单加工制造向高端制造转变,我国已经从原来的单向技术输入逐步转变为技术输出和输入并行的结构。

目前,我国是世界上唯一的拥有全部工业部门的国家,产业体系完备。2018 年,我国有 200 多种工业产品产量居世界首位。完备的工业体系和强大的工业产品配套生产能力使我国的工业生产拥有强大的竞争力,尽管 2018 年以来个别国家不断在世界范围内挑起贸易摩擦,但是我国吸引外资的能力却不断增强。数据显示,我国 2019 年吸引外资达到 1400 亿美元,同比增长 5.8%,位居世界第二位,这均有赖于我国产业体系和配套工业制造能力的完整。

产业结构的优化和工业体系的完整使我国在未来的经济发展中处于优势地位,这将极大地激发我国的经济发展潜力。

3. 消费持续增长为我国经济发展提供了原动力

我国拥有世界最大的消费人口,消费潜力巨大。2019 年,我国社会消费品零售总额为 41.2 万亿元,同比增长 8%,消费对经济增长贡献率达到 57.8%,连续 6 年成为经济增长第一拉动力。我国目前是世界电商最发达的国家,2019年"双十一"淘宝单日成交额为4101亿元,超过2018年"双十一"的交易额3143亿元,同比增长30.1%。随着我国城镇化发展的深化及长三角和珠三角城市群的形成,越来越多的人口进入城市,新建的城市基础设施和消费娱乐设施在不断投入使用,我国的消费潜力将会越来越大。

巨大的消费市场是我国未来经济增长的强大推动力,目前我国的人均GDP已经突破1万美元,随着我国经济的进一步增长,人均收入和消费水平还会稳步提高,长远看来,消费在国民收入中的占比还会持续提高,这是我国经济增长的原动力。

4. 稳定的政治经济环境和改革开放的深化有效地促进经济增长

历史证明,我国现行的政治体制是保证我国经济持续增长的重要基础,我国稳定的政治经济环境有利于吸引外资。外国资本对一个国家的投资首先要考虑的就是政治经济环境的稳定性。没有稳定的政治经济环境,外国资本的投资需要承担额外不确定风险,国家对外资政策的不连续性加大了外国资本的成本,使其在考虑投资时顾虑重重。我国社会稳定,政治体制保证了经济政策的稳定和延续性,可以集中精力进行国家经济建设,人民安居乐业,具有良好的投资环境。此外,近年来我国一直在深化改革,进一步简政放权,降低或取消企业面临的各种收费,提高政府管理效率,稳定地带动了经济持续增长。

综上所述,改革开放以来的技术和资本积累、产业结构优化升级、消费市场的进一步扩大及稳定的政治经济环境都有效地促进我国经济增长,提升了发展潜力。

第二节 产业结构影响汇率的国际贸易机制

一、背景分析

我国经济进入新常态以来,从中央到地方都将供给侧结构性改革作为主线,持续将改革推向纵深,着力破解经济运行中的结构性矛盾和问题,促使宏观经济运行始终保持在合理区间,也推动了经济发展质量效益的稳步提升。随着我国供给侧结构性改革的不断深化,我国产业结构的调整速度加快,生产效率也不断提高。2019年全国工业产能利用率为76.6%,比上年提高0.1个百分点;年末商品房待售面积比上年末减少2593万平方米;

规模以上工业企业资产负债率下降0.2个百分点；教育、生态保护、环境治理等领域的固定资产投资分别比上年增长17.7%和37.2%。与此同时，我国国际贸易商品长期以来大多以技术含量低、附加值较低的商品为主，"中国制造"在很长一段时间内都和价格低廉联系在一起。在经济新常态下，我国供给侧结构性改革是否会通过产业结构的调整影响我国出口呢？在我国，出口对于宏观经济发展具有十分重要的影响，因而研究这个问题也具有十分重要的意义。本节将从国际贸易视角出发，分析产业结构调整对国际贸易的影响，从而研究产业结构影响汇率的国际贸易机制。

国际贸易影响因素方面的理论较多，20世纪90年代涌现的新贸易理论着手从市场失衡、规模经济等角度解释国际贸易的形成机理。但是，现有理论很少研究产业结构等相关因素对国际贸易的影响，部分研究从产业内贸易角度展开研究。针对发达国家之间的贸易不是工业制成品和初级产品之间的贸易，而是产业内同类产品的相互交换，即产业内贸易这一现象，加拿大格鲁贝尔和澳大利亚劳埃德在1975年出版的《产业内贸易：差别化产品国际贸易的理论与度量》中系统提出产业内贸易理论。该理论从不完全竞争、产品差异化和规模经济入手，为同质产品和异质产品的产业内贸易提供了理论基础。此后，学者们在20世纪70年代末和80年代初提出了各种产业内贸易的理论模型，如新张伯伦模型、兰卡斯特模型、布兰德模型、克鲁格曼模型等，对该理论作了进一步的丰富和发展。该理论突破了传统国际贸易理论的一些假定（如完全竞争的市场结构、规模收益不变等），从规模经济、产品差异性等方面考察贸易的形成机制，从而解释了产业内贸易日益占据国际贸易主要地位的现象。

本节将构建理论模型，分析产业结构调整对出口的影响，拓展现有研究对出口影响因素的分析。此外，现有研究大多没有区分发达国家和发展中国家产业结构调整对出口的影响，本节将在这一方面展开研究。当前，随着我国经济结构不断加速调整，出口难免会受到影响。在此背景下，研究产业结构对出口的影响机制，为后续研究构建基础，对我国在经济新常态下稳定出口、维持宏观经济的稳定具有十分重要的意义。

二、国际贸易机制的相关论述

在20世纪80年代，新贸易理论放松了一些原本严格的假设，融入了其他来源的比较优势，在不完全竞争和规模经济决定国际贸易模式的情况下，建立了各种模型研究技术、要素等与产业升级相关的因素对国际贸易的影响问题(Helleiner,1992)。

根据新技术理论,现有文献大多以研发作为技术的衡量指标,在此框架下研究国际贸易的影响因素。Willmore(1992)和 Wagner(2001)分别发现,巴西和德国企业的研发对出口有积极影响。Lall(1981)发现,对大约100家印度工程公司的样本而言,研发对国际贸易的影响显著为负。对于一些专业供应商公司来说,研发根本不重要。对于不同的结果,可以给出两种解释。首先,研发对出口强度的重要性因行业和/或国家而异。其次,研发只是技术的一部分,它没有考虑到产品和过程的增量改进,尤其是没有正式研发部门的中小型企业(Brouwer & Kleinknecht,1993)。一般而言,发展中国家的企业研发水平较低,因为总体技术变革一般都是在现有技术水平上演进的(Kumar & Siddharthan,1994)。

科技和发展领域的文献认为,对技术能力的投资有助于技术的成功积累(Bell & Pavitt,1993;Katz,1987;Bell & Pavitt,1993)。技术能力是生产和管理技术变革的技术、管理和组织技能。在发展中国家,正式的研发只是经济建设的一小部分。它主要包括实际的、以车间为基础的、解决问题的方法,涉及设置、运行、维护、修理和根据不同于技术开发环境的当地条件对技术进行微小的改变(Romijn,1997)。有几项研究试图将技术能力量化为特定公司的技术指数,方法是将技术能力各个组成部分的得分相加,如产品和工艺改进、联系和对新设备的投资。Wignaraja(2001)和 Wignaraja & Ikiara(1999)分别检验了毛里求斯和肯尼亚企业的出口与技术指数之间的关系,发现出口和技术指数之间存在显著的正相关关系。Sterlacchini(1999)和 Nassimbeni(2001)测算了一些研发以外的其他创新活动指标对意大利中小企业出口的影响。他们发现,设计和工程的销售份额、资本存量的技术水平和产品创新与出口倾向正相关。与技术能力密切相关的是人力资本指标,如熟练员工的比例或培训支出。Wagner(2001)和 Wakelin(1998)发现,德国和英国公司样本的人力资本与出口正相关,而 Willmore(1992)和 Ramstetter(1999)则发现,巴西和印度尼西亚公司样本大的情况呈负相关。后一种结果符合 Heckcher-Ohlin 理论。该理论认为,在非熟练劳动力丰富的国家(如巴西和印度尼西亚),熟练劳动力是一个昂贵的生产要素,因此与出口商品数量呈负相关。然而,新技术理论预测,人力资本对出口有积极影响,因为技术水平与企业的技术能力正相关。此外,受过高等教育的人也具有更强的技能,他们的外语水平更高,因而更容易与外国客户建立和保持联系。这一点对发展中国家尤为重要。因此,人力资本的成本劣势和技能优势之间似乎存在某种权衡。

研究出口与人力资本关系的文献也将固定资产纳入其实证模型中,研究结果也和 Heckcher-Ohlin 理论结论一致,即资本密集型工业化国家的资本系数为正,而资本稀缺的发展中国家则相反。资本密集度促进出口成功的另一个论点是,资本密集度是过去创新的结果(Wakelin,1998)。

部分学者从技术创新视角研究了产业结构调整对国际贸易的影响。Loungani et al.(2002)认为,技术创新能够降低交易成本,从而减少地理距离对国际贸易的不利影响,促进国际贸易的发展。Fink et al.(2005)研究了通信技术的发展对国际贸易的影响,认为通信技术的进步对国际贸易的影响存在行业差异。

三、理论分析

Anderson & van Wincoop(2003)构建了一个 CES 效用函数,在产品存在国别差异性的前提下构建了贸易引力模型。但是,从国际贸易产品结构来看,更多的国际贸易发生在产品结构类似的国家之间,产品内分工(within product specialization)超越了产业内贸易(within industry specialization)(Schott,2004;Pham,2008)。因此,本节将在产品内分工视角下构建国际贸易引力模型,考察产业结构调整对国际贸易的影响。

假定 i 国和 j 国生产同一产品的不同部分,通过双边贸易,两国均能获得所需部分,并生产所需产品。否则,两国均不能生产该产品。j 国消费者对来自 i 国产品的消费量是 c_{ij},j 国消费者的消费决策行为将会以最大化下述效用函数为目标:

$$\left(\sum_i \beta_i^{(1-\sigma)/\sigma} c_{ij}^{(\sigma-1)/\sigma}\right)^{\sigma/(\sigma-1)} \quad (3.2.1)$$

其中,σ 是所有商品之间的替代弹性系数,β_i 是大于 0 的参数。

j 国消费者面临如下的预算约束:

$$\sum_i p_{ij} c_{ij} = y_j \quad (3.2.2)$$

其中,p_{ij} 是 i 国从 j 国进口的商品价格,y_j 是 j 国居民的名义收入水平。

在一般均衡视角下,如果经济中仅存在 i、j 两国,则 j 国用于进口的总支出等于 i 国对外出口的总收入,则 i 国出口品总价值可以表示如下:

$$x_{ij} = \left(\frac{\beta_i p_i t_{ij}}{P_j}\right)^{1-\sigma} y_j \quad (3.2.3)$$

其中,t_{ij} 为贸易成本因子,满足:$p_{ij} = p_i t_{ij}$。P_j 为 j 国的消费者价格指数,

满足:

$$P_j = \left[\sum_i (\beta_i p_i t_{ij})^{1-\sigma} \right]^{1/(1-\sigma)} \quad (3.2.4)$$

为了进一步考察专业化生产不断深化情况下国际贸易的发生机理,本章在现有研究框架的基础上从产业结构相似度角度展开研究。i 国的总收入受该国出口总和影响。根据寡头垄断理论,消费者对特定产品的偏好会降低这类产品的替代性,因而产品越细分,其替代性反而可能越低(Syverson,2006)。随着专业化程度的提高及产品的不断细分,产品的专用性水平也会提高。在这种情况下,产品配件的可替代性降低。也就是说,一个专用性高的产品厂商很难寻找到合适的零配件供应商来替代现有的供应商。因此,在国际贸易中,处于同一个产品生产链中的企业之间的贸易联系比处于不同产品生产链的企业的贸易活动要更为活跃。

在多国经济中,i 国收入水平受该国与 j 国产业相似度影响,即

$$y_i = \lambda_{ij} \sum_j x_{ij} \quad (3.2.5)$$

其中,λ_{ij} 为 i、j 两国产业结构相似度对 i 国出口的影响。当两国产业结构完全相似,则 $\lambda_{ij}=1$。两国产业结构相似度越低,λ_{ij} 越小,j 国对 i 国产品需求就越小,i 国对 j 国出口就越低。

在市场出清假设下,可得:

$$y_i = \lambda_{ij} \sum_j x_{ij} = \lambda_{ij} (\beta_i p_i)^{1-\sigma} \sum_j (t_{ij}/P_j)^{1-\sigma} y_j \quad (3.2.6)$$

在贸易成本对称假设下,可得: $t_{ij} = t_{ji}$

Anderson & van Wincoop (2003) 得到了贸易引力模型的基本形式,即

$$x_{ij} = \frac{y_i y_j}{y^W} \left(\frac{t_{ij}}{P_i P_j} \right)^{1-\sigma} \lambda_{ij} \quad (3.2.7)$$

其中,P_j 为 j 国的价格指数,y^W 为世界收入总和,在两国假设下为两国的收入总和。

参考 Anderson & van Wincoop (2003),本节得出了国际贸易引力模型的实证分析公式,即

$$\ln x_{ij} = k + \ln y_i + \ln y_j + (1-\sigma)\rho \ln d_{ij} + a \cdot IS_{ij} \quad (3.2.8)$$

其中,IS_{ij} 为两国产业结构的相似度,a 为产业结构相似度对国际贸易的影响系数,且 $a>0$。k 为常数项,d_{ij} 为 i 国和 j 国之间的地理距离,用于反映两国的贸易成本。显然,i 国和 j 国产业结构相似度越高,两国间的贸易就越活跃。当 i、j 两国产业结构差异较大时,两国间的贸易反而下降。

由此可见,对于高科技产业增加值占 GDP 比重更为接近的国家,其贸

易就越多。高科技行业出口占比接近的国家,其行业内贸易较多。高科技行业出口占比接近,说明这两国在高科技行业出口方面具有类似的竞争力,两国高科技行业发展水平接近。高科技行业非常显著的特征是行业内企业间的协作要求比较高,因此高科技行业发达的国家之间的产业内贸易比较活跃。

四、方法与数据

1. 研究方法

Anderson(2012)认为,与其他模型相比,引力模型(gravity model)在刻画国际经济交往方面更有优势,拟合效果更好。因此,本节将利用引力模型,运用实证方法研究产业结构对我国国际贸易的影响。

在具体研究方法上,首先运用对数线性模型(loglinear model)研究产业结构对国际贸易的影响。对数线性模型是国际贸易引力模型实证分析中最传统的方法,在现有文献中得到广泛运用(Xu,2019)。但是,对数线性模型只能研究国际贸易额大于0的情境,无法解释部分国家之间没有发生国际贸易的原因。

现有文献从两个方面研究了导致部分国家之间未发生国际贸易的原因。首先,Santos Silva & Tenreyro(2007)建议运用PPML(poisson pseudo maximum likelihood)方法,该方法可以把贸易量为0的样本纳入考虑。其次,Helpman,Melitz & Robinstein(2007)认为,类似Heckman两步法的估算方法不仅可以解决贸易量为0的问题,还可以从理论上揭示贸易发生的机制。他们认为,由于存在交易成本,国际贸易中存在贸易选择问题。也就是说,交易成本会使部分国家之间没有贸易,其他国家之间才会存在贸易往来。因此,在研究国际贸易影响因素时,先要研究影响国际贸易是否发生的因素,在此基础上再研究影响贸易规模的因素。在具体实证分析过程中,Helpman,Melitz & Robinstein(2007)运用了Heckman(1978)的两阶段分析方法,充分考虑了贸易选择问题。为了全面研究产业结构对我国国际贸易的影响机制,本章将在传统方法的基础上运用Helpman,Melitz & Robinstein(2007)的方法展开研究。

2. 数据说明

本章将在国际视角下运用引力模型展开实证研究,所涉及的主要指标包括以出口计的双边国际贸易、进口国和出口国的经济规模、双边地理距离、双边产业结构相似度等。其中,进口国与出口国的经济规模以两国的

GDP 表示,双边地理距离取自 CEPII 数据库。双边产业结构相似度包括三个方面的指标:(1)进口国和出口国高科技产品出口占制造业出口比重的差异;(2)进口国和出口国高科技产业增加值占制造业增加值比重的差异;(3)进口国和出口国工业增加值占 GDP 比重的差异。此外,为了控制汇率的影响,实证分析里也增加了汇率作为控制变量,汇率为出口国以直接标价法表示的对进口国的双边汇率。双边国际贸易数据取自 OECD 数据库,GDP 取自世界银行数据库,单位均为亿美元。产业结构指标由相关数据计算得出,数据均取自世界银行数据库,共包括 170 个国家的数据。

在运用引力模型研究出口决定因素时,不仅要研究进口国和出口国两个国家的特征,还要注意到其他国家的因素也会产生影响。在出口国或者进口国因素都没有发生变化的情况下,其他国家因素的改善或者恶化均会影响出口国与进口国之间的贸易。Baier & Bergstrand(2009)在现有研究的基础上提出了控制第三国效应的方法,该方法相对其他方法更为简便。因此,本节将运用该方法控制第三国效应对双边贸易的影响。

五、实证检验

表 3.2.1 显示了主要变量的描述性统计检验结果。

表 3.2.1 描述性统计检验

Variable	样本数	平均值	标准差	最小值	最大值
export	250235	819127.4	7142850	-0.032	$4.80e+08$
GDP	381800	$4.14e+11$	$1.56e+12$	$1.36e+08$	$2.05e+13$
GDPPC	381800	14872.26	20060.5	151.6815	118823.6
distw	408375	7657.055	4396.749	8.4497	19650.13
第三国效应	377896	8784.266	2721.88	3200.216	22623.76
htexp_exp	245680	10.7539	11.5736	0	89.2508
industry_exp	372670	26.9727	11.9927	2.073173	77.4137
mh_ind_exp	308594	24.3419	17.1874	0.2595	88.037
er_export	297801	1151773	$1.10e+08$	$3.18e-11$	$3.15e+10$

由表 3.2.1 可见,出口额平均值达到 819127.4 美元,但是出口额的差异较大,最小值为 0。各国的 GDP 和人均 GDP 差异也较大,反映了世界各国经济规模和经济发展水平不一致的特征。地理距离及第三国效应项是引力模型的主要指标。样本国家高科技产品出口占制造业出口比重差异也较大,最大值达到 89.25%,最小值为 0。样本国家高科技产业增加值占制造业增加值比重平均为 26.9727%,最大值为 77.4137%,最小值仅为 2.

0731%。工业增加值占 GDP 比重的平均值为 24.3419%,同样也表现出较大的国别差异。

表 3.2.2 显示了主要变量之间的相关系数。由表 3.2.2 可见,出口对数与进口国及出口国 GDP 对数的相关系数均大于 0,且在 5%的水平上显著,说明进口国和出口国经济规模与贸易规模具有正相关关系。此外,所有变量之间的相关系数均不大,说明变量之间不存在高度相关关系,模型不存在多重共线性。

表 3.2.2 相关性检验

	lexp	lgdp_ex	lgdp_im	lgdppc_ex	lgdppc_im	lgeodist	lmrdis	htexp_simi	Indust_simi	mh_ind_simi	ler_exp
lexp	1.0000										
lgdp_ex	0.5539 *	1.0000									
lgdp_im	0.3823 *	0.0118 *	1.0000								
lgdppc_ex	0.3150 *	0.4711 *	0.0128 *	1.0000							
lgdppc_im	0.2129 *	0.0128 *	0.4711 *	0.0145 *	1.0000						
lgeodist	−0.2413 *	−0.0381 *	−0.0381 *	−0.0375 *	−0.0375 *	1.0000					
lmrdis	−0.1052 *	−0.0890 *	−0.0890 *	−0.0373 *	−0.0373 *	0.5519 *	1.0000				
htexp_simi	0.0656 *	0.0432 *	0.0432 *	0.1076 *	0.1076 *	0.1061 *	0.0680 *	1.0000			
industry_simi	−0.0625 *	−0.0240 *	−0.0240 *	0.0679 *	0.0679 *	0.0613 *	0.0049 *	0.0184 *	1.0000		
mh_ind_simi	0.0482 *	0.1350 *	0.1350 *	0.1442 *	0.1442 *	0.1063 *	−0.0145 *	0.3260 *	0.0127 *	1.0000	
ler_exp	−0.0792 *	−0.0691 *	−0.0308 *	−0.3860 *	−0.0316 *	−0.0028 *	−0.0251 *	−0.0081 *	−0.0331 *	−0.0140 *	1.0000

注:(1)" * "表示在 5%的水平上显著。

(2)符号含义:lgdp_ex:出口国 GDP 对数;lgdp_im:进口国 GDP 对数;lgdppc_ex:出口国人均 GDP 对数;lgdppc_im:进口国人均 GDP 对数;lgeodist:进口国与出口国地理距离的对数;lmrdis:第三国效应;contig:两国是否有共同边界虚拟变量;htexp_simi:进口国和出口国高科技产品出口占制造业出口比重的差异;industry_simi:进口国和出口国工业增加值占 GDP 比重的差异;mh_ind_simi:高科技产业增加值占制造业增加值比重的差异;ler_exp:出口国以直接标价法表示的汇率的对数。

这一部分接下来运用对数线性模型、面板数据模型和 PPML 分析产业结构对贸易的总体影响。其中,由于特定出口国和进口国之间的地理距离固定,无法运用固定效应,所以面板数据模型运用了随机效应。结果见表 3.2.3。

表 3.2.3 回归分析结果

	LogLinear	Panel	PPML
lgdp_ex	1.3193***	1.2904***	0.7779***
lgdp_im	1.0213***	0.9774***	0.7595***
lgdppc_ex	0.1100***	−0.0304*	0.0462**
lgdppc_im	0.0599***	−0.0230	0.1063***
lgeodist	−1.8875***	−2.0779***	−1.1016***
lmrdis	1.5536***	1.7148***	1.2405***
contig	0.9056***		
htexp_simi	0.0187***	0.0074***	0.0081***
industry_simi	−0.0204***	−0.0071***	0.0302***
mh_ind_simi	0.0033***	0.0070***	−0.0032**
ler_exp	−0.0007	−0.0049	−0.0189*
_cons	−49.5108***	−45.7269***	−30.8719***
R^2	0.6655	0.6594	0.8527
F	15514.52***		
Wald chi_2		33247.72***	10941.10***
obs	77360	77360	77360

注:"*""**""***"分别表示 $p<0.10$、$p<0.05$ 及 $p<0.01$。

由表 3.2.3 可见,三个模型的 R^2 值均较高,说明模型具有较高的解释力。特别是 PPML 模型中增加了零观测值后,解释有了进一步提高。F 检验值和 Wald 卡方检验结果说明,两个模型的拟合效果较好。由表 3.2.3 可以得到以下几点发现。

第一,引力模型的拟合效果较好,说明引力模型对国际贸易的拟合效果较好。在两个模型中,出口国和进口国的 GDP 对数均在 1% 的水平上显著,且系数值接近 1。距离对数的系数均小于 0,而第三国效应的系数均大于 0。模型参数的估计结果和经典引力模型文献中一致(Baier & Bergstrand,2009),说明本章中样本国家间的贸易决定机制与引力模型一致。

第二,产业结构对国际贸易具有显著的影响。在对数线性模型和面板数据模型中,进口国和出口国高科技产品出口占制造业出口比重的差异(htexp_simi)、进口国和出口国高科技产业增加值占制造业增加值比重的差异(mh_ind_simi)的系数均大于 0,且在 1% 的水平上显著,说明高科技产品出口比重越接近、工业增加值占 GDP 比重越接近,两国间的贸易就越活跃。相反，进口国和出口国工业增加值占 GDP 比重的差异（industry_simi）的系数小于 0，且也在 1% 的水平上显著，说明高科技产业增加值占比越接近，对该国出口就越少。但是，在 PPML 模型中，进口国和出口国高科技产品出口占制造业出口比重的差异（htexp_simi）和前两个模型一致，但进口国和出口国工业增加值占 GDP 比重的差异（industry_simi）、高科技产业增加值占制造业增加值比重的差异（mh_ind_simi）的系数符号与前两个模型不一致。产业结构相似度的影响表现出一定差异，其主要原因是工业增加值和高科技产品这两个指标中产业划分范围太大，不能真正反映产业结构对出口的影响。因此，如果仅仅从高科技产品出口占制造业比重差异的系数来看，产业结构相似度越高，国际贸易就越活跃。另外，PPML 模型的结果与对数线性模型及面板数据模型有一定差异，说明考虑了贸易额为 0 的样本后产业结构对贸易的影响出现了一定的差异。因此，有必要运用 HMR 两阶段模型进一步研究产业结构对国际贸易的影响，深入探究产业结构对汇率的作用机制。

表 3.2.4 显示了 HMR 两阶段模型的估计结果，其中选择方程反映了双边国际贸易发生概率的主要影响因素，规模方程反映了在发生国际贸易的情况下影响国际贸易发生规模的主要因素。由两个方程的样本数量的差异可见，大约有 17000 个国际贸易观测值为 0，没有发生国际贸易。

表 3.2.4　HMR 两阶段模型

	选择方程	规模方程
lgdp_ex	0.3795 ***	1.1337 ***
lgdp_im	0.2910 ***	0.8748 ***
lgdppc_ex	0.0277 ***	
lgdppc_im	0.0062	
lgeodist	-0.0820 ***	-1.9486 ***
lmrdis	-0.2421 ***	1.8117 ***
htexp_simi	0.0059 ***	0.0158 ***
industry_simi	-0.0102 ***	-0.0132 ***
mh_ind_simi	0.0150 ***	-0.0047 ***
ler_exp	-0.0080 *	-0.0119
_cons	-13.1621 *** ***	-40.9616 ***
delta		0.3549 ***

(续表)

	选择方程	规模方程
sigma		2.3154***
Pseudo R2	0.3255	
Wald chi2	3110.61***	7777.39***
obs	94270	77360

注:"*""**""***"分别表示 $p<0.10$、$p<0.05$、$p<0.01$。

由表3.2.4的结果可以得到以下两点结论:

第一,引力模型对贸易发生概率的解释力不及对贸易规模的解释力,但仍然可以发现主要因素对贸易概率和贸易规模的不同影响。贸易双边国家的经济规模对贸易概率和贸易规模都有积极影响,但是对贸易规模的积极影响更大。地理距离对贸易概率和贸易规模都存在不利影响,但第三国效应会降低贸易发生概率,然而能够提高贸易规模。

第二,产业结构既能影响贸易发生概率,也会影响贸易规模。从选择方程的拟合结果来看,进口国和出口国高科技产品出口占制造业出口比重的差异(htexp_simi)对贸易发生概率和贸易规模均存在积极影响,且在1%的水平上显著。这说明高科技产品出口占制造业出口比重越接近,就越能促进两国贸易。但是,与表3.2.3结果相似,另外两个产业结构指标的结果却存在一定差异,其原因是这两个指标的口径过于宽泛,细分程度不够,难以准确刻画产业结构的影响。

第三节 产业结构影响汇率的国际投资机制

一、背景分析

在过去的二十年,世界范围内各大产业比重发生了显著的结构性变化。在传统经济增长的理论分析中,产业结构产生细化和分化的原因是市场分工,从而导致了旧有行业的衰落和新行业的兴起,因而得出产业结构的转变和升级。而伴随着新兴工商业的出现和发展壮大,第一产业不再是国民经济的主导产业而只是基础产业,而主导产业在国际劳动分工中的地位越高,主导产业就越专业化、越高级,从而促进跨境直接投资的产生。外商直接投资（FDI）不仅为流入国提供资金支持，而且会对该国产生技术吸收或外溢的影响，但无论从资本累计角度还是技术溢出角度，都与该国的自身吸收能力有关，该国的产业结构转型升级越深入，该国越容易吸收跨国资本流入。因此，促进国家经济发展新动力，探寻各个国家未来发展主力优势产业，必须要推进产业结构优化升级，以实现可持续发展。随着国家转型发展被国内外学者日益重视，研究中国与东道国产业结构比重差异对外商直接投资的影响变得尤为重要。

根据中国的产业结构数据，自从我国经济进入新常态以来，产业结构作为过往经济增长的结果和未来经济增长的基础，成为推动经济发展的根本因素之一。工业化的过程也是产业结构不断变动和调整的过程。其中第三产业就业比重的演变起到了重要的作用。自中华人民共和国成立以来，尤其是改革开放以来，我国第三产业就业比重在不断提升，近几年占比50%左右，虽然这能够部分地反映出我国工业化和产业结构的改进，但是与发达国家的70%占比存在差距，且三个产业的劳动生产率的效率和合理程度仍然较低，可能与资源密集型产业向加工资本密集型产业转移有关，劳动分配在一、二产业之间的配置效率越低，与发达国家越存在差距。产业结构优化升级既要求产业结构合理化，也要求产业结构高度化。合理化表现为供给结构和需求结构之间的动态均衡，即供给结构要适应需求结构及其变化，一、二、三产业合理配置，相互贯通。高度化表现为产业从低级到高级、从低附加值到高附加值的过程，由技术驱动，通过创新实现，从生产型制造业到服务型制造业的演进就是产业结构合理化和高度化的综合体现。自从改革开放以来，中国在产业结构合理化、高级化方面与 FDI 东道国之间存在差异，而这差异使得中国对东道国的 OFDI 存在影响。具体而言，产业结构的合理化可以使产业更好地与自身资源相整合，提高专业生产的效率和多样化，吸收先进产业，转移落后产业，促进产业发展国际一体化，促进各个产业的协调发展。同时，通过增加产品的附加值从而实现产业结构的高级化，可以促进产业链的进一步扩展，对相关产业产生更大的辐射作用，进一步扩大全球产业价值链，带动产业全面转型升级。因此，从机制的角度看，产业结构的合理化和高级化将导致外国直接投资的规模日益扩大，对 OFDI 产生正向影响。

产业结构包含两层含义：第一层是指不同产业之间的大小比重关系构成，尤其是一、二、三产业之间占国内生产总值构成之间的关系。第二层指的是生产率在各产业之间的相互关系、生产要素在各产业之间的占比、生产效率在各产业之间的协调,即一个国家或地区的资金、劳动力和各种自然资源在国民经济各部门之间的优化配置结构及相互制约方式。因此,在资源环境约束日益严重的当下,实现由粗放型发展方式向集约型经济转型时不我待,技术进步面临内部动力和外部压力,在未来必将在经济增长中扮演更加重要的角色。产业结构的转变,尤其是与之相结合的劳动力就业结构的转变,将直接决定劳动力的产出效率。

根据2018年中国的OFDI数据,中国对美国的对外直接投资比值最大,其次依次为新加坡、澳大利亚、印度尼西亚、马来西亚、加拿大。为了更好地把握中国与各个对外直接投资国之间的产业结构差异和产业结构转型升级对OFDI的影响,本节的研究目标是厘清产业结构对我国对外直接投资的影响,为本书后续研究构建基础。

二、国际投资机制的相关论述

本节通过对模型选取及产业结构两层含义数据的选取方法进行文献分类,在所有国内外文献中只有极少数文献涉及中国与东道国产业结构差异对OFDI的影响,大多数论文分析的是产业结构本身对外商直接投资的影响,并且对产业结构的衡量指标都是以行业生产率作为分析指标,缺少对中国宏观经济的分析。

Montobbio & Rampa (2005)利用技术能力水平来分析产业结构,通过面板回归模型提出结构性变化(无论是进入扩展部门还是退出低机会市场),这些都是将技术能力转化为对外直接投资的主要渠道。提高技术能力水平,可以提高对外直接投资的竞争地位。在高科技和低技术领域,外国直接投资绩效还受到生产力和技术技能初始水平增长的影响。

Globerman (1994)利用生产率来衡量产业结构。他认为,跨国公司与非跨国公司之间存在生产率的差异,从静态的角度来说,从事对外直接投资的企业的生产率要高于仅在国内发展的企业。而Helpman, Yeaple & Melitz (2004)对Globerman等人理论进行了补充,他们基于1996年欧洲公司数据的经验分析证实了跨国企业的生产率明显高于非跨国企业。模型表明,生产率越高的企业对外直接投资会更多,生产率最低的企业仅在国内市场上服务,生产率相对较高的公司出口,而生产率最高的公司从事外国直接投资。Kimura & Kiyota (2006)使用日本公司的面板数据,发现生产率最高的企业国际业务同时包含出口和对外直接投资,中等生产率的企业仅从事出口或外国直接投资,而生产率最低的公司仅留在国内市场。

Zhao & Tang（2018）对比分析了中国与俄罗斯通过细分行业产业的生产率衡量产业结构变化的本质，得出以下结论：中国经济相对集中于制造业，服务业相对较少，而俄罗斯集中于服务业，其次是采矿。中俄产业结构互补，有利于两国之间进一步的经济合作与外商直接投资。Griffin & Karolyi（1998）利用道琼斯指数，把行业分类的回报率作为产业结构差异的行列指标，他们的研究结果表明产业结构差异互补是国际多元化、全球投资获得收益的原因。

从动态的角度来看，Chunhui et al.（2011）重新测度产业结构升级，而产业结构的转型升级不仅可以通过优化资源配置使产业结构合理化，而且还可以促进产业形态由低到高的演进，从而实现高级的产业结构。因此，产业结构转型升级具有两个维度：产业结构合理化和产业结构高级化。李洪亚（2016）通过一阶滞后动态面板模型分析了产业结构转型升级对中国对外直接投资的影响机制，这主要体现在这两个方面。他的研究结果表明，产业结构合理化和高级化对 OFDI 均具有显著的正向影响，且两者之间对 OFDI 具有交互效应。

上述文献通过面板回归模型研究了产业结构差异、转型升级如何影响外商直接投资，但在模型使用方法上缺少地理位置对外商直接投资的影响。Berden 等（2014）在研究东道国政府治理对外国直接投资的影响时采用引力模型，Xu（2019）通过引力模型研究经济自由对外商直接投资的关系。传统的面板回归模型忽略了国家的相对距离，国家之间的商品价格、甚至国与国之间的 GDP 差异等影响因素对外商直接投资的投资量有影响。

三、数据模型分析

（一）引力模型

本节选取 51 个国家 2007—2018 年面板数据为样本。为考察中国与东道国产业结构及其差异对外商直接投资的影响机制，本节设定引力模型作为计量分析模型，基本回归模型形式如(3.3.1)式：

$$\ln OFDI_{ijt} = \alpha_0 + \beta_1 GDP_{it} + \beta_2 GDP_{jt} + \beta_3 \ln OPEN_{it} + \beta_4 \ln OPEN_{jt} + \beta_5 E_{it} + \beta_6 E_{jt} + \beta_7 \ln TECH_{it} + \beta_8 \ln TECH_{jt} + \beta_9 GEODIST_{ijt} + \beta_{10} MRDIST_{ijt} + Control_t \otimes \Theta + \in_{ijt} \quad (3.3.1)$$

产业结构只是对外直接投资中的一个影响因素，为更好地衡量两者相互关系，需控制其他变量之间的影响。式中 i 表示中国，j 表示东道国，t 表示时间，ln 表示对数，OFDI 表示中国对东道国 j 国的对外直接投资，OPEN 表示贸易开放度，E 表示产业结构合理化，TECH 表示产业结构高级化，$DIST_{ijt}$ 表示中国(i)距离东道国(j)的距离，而 $MRDIST_{ijt}$ 表示中国对东道国用 GDP 加权平均对数计算的阻力地理距离(Baier & Bergstrand, 2009)。

（二）对外直接投资(OFDI)

OFDI 表示中国对东道国的对外直接投资额，正值表示中国对该国的正投资额。双边对外直接投资额为负值或者零值是常有的现象，在选取的 51 个东道国中存在此类现象。在引力模型中可采取以下几种方法处理：第一种是直接删除包含零值的样本数据，本节采用此方法处理零值的东道国。对于负值采用第二种方法，采用 Santos Silva & Tenreyro 提出的泊松伪最大似然估计方法(Poisson Pseudo Maximum Likelihood，简称 PPML)，假定引力模型中双边投资流量服从泊松分布，不需要对投资流量进行对数变形，可以用双边投资流量的数值直接估计，从而忽略零值和负值的影响。

（三）产业结构

1. 产业结构高级化(TECH)

产业结构高级化实际上是产业结构升级的一种衡量，是产业结构在升级发展方式的转变，技术创新和技术进步在其中都扮演了极其重要的角色。Chunhui et al. (2011)采用第三产业增加值占 GDP 比值作为产业结构高级化的衡量指标。近年来，世界各国在研发方面的投入快速增加，产成品(包括高技术产品)出口的增长速度大大快于初级产品出口，从国际产业低端制造向高端研发和服务转变升级。最高生产率的企业大部分同时从事出口和外国直接投资，中等生产率的企业从事出口或外商直接投资的活动，而生产率最低的公司市场则仅关注国内市场。因此，从这方面可以看出，对外出口高科技业务越多，则该企业生产率越高。本节利用高科技出口额占制成品出口的百分比来衡量产业结构的高级化程度，该指标越大，则产业结构越高级。其中，$TECH_{it}$ 表示中国的产业结构高级化，$TECH_{jt}$ 表示东道国各国的产业结构高级化。数据来源于联合国商品贸易统计(Comtrade)数据库。

2. 产业结构合理化(1/E)

产业结构合理化是产业结构转型的表示，采用泰尔指数衡量，最早是由泰尔(Theil, 1967)提出，是一个评价体系，多研究变量之间的差距。干春晖等(2011)的研究表明，泰尔指数考虑产业的相对重要性并避免绝对值的计算同时还保留结构偏离度的理论基础和经济含义，是一个很好的度量产

业结构合理化的指标,其计算公式如(3.3.2)式:

$$E = \sum_{i=1}^{n} \left[\frac{Y_i}{Y} \ln\left(\frac{\frac{Y_i}{Y}}{\frac{L_i}{L}} \right) \right] \quad (3.3.2)$$

其中 Y_i 表示第 i 产业增加值,L_i 表示第 i 产业就业人数,根据古典经济学提出的假设,要使经济最终处于均衡稳定状态,各产业生产率水平保持一致,经济处于均衡状态时 $E=0$,比值离 0 越远,经济越偏离均衡状态,代表产业结构越不合理,即指标越大,产业结构则越不合理。通过计算,中国的 2018 年产业结构合理化程度约为 12,而发达国家(如美国)指标为 0.2 左右,相差甚大。为了使数据结果更易分析,用 1/E 表示产业结构越合理,即熵的倒数,1/E 系数为正,代表对 OFDI 产生正向影响。数据来源于世界银行统计而得。

3. 产业结构差异

本节研究中国与东道国产业结构差异对中国对外直接投资的影响,表达式如下:

第一,产业结构合理化差异:E_cfd = 1/E_CHN - 1/E,代表中国的产业结构合理化与东道国合理化指数之差。

第二,产业结构高级化差异:TECH_cfd = TECH_CHN - TECH,代表中国的产业结构高级化与东道国高级化指数相减。其值越大,代表中国与东道国的产业结构差距越大,便于分析中国的产业结构向更高级合理的方向发展。

4. 贸易开放度(OPEN)

本节通过贸易总额与 GDP 比值作为贸易开放程度的衡量指标,比值越大,代表贸易总额越多,GDP 也越大,贸易开放程度越大。数据来源于世界银行统计而得。

5. 地理距离(geodist)

地理距离通过中国与东道国经济中心的直接距离计算而得。数据可以在 CEPII 数据库获得。

MRDIST 表示中国对东道国用 GDP 加权平均对数计算的阻力地理距离,意味着中国对东道国的对外直接投资虽然距离相差甚远,但由于与东道国的 GDP 差距而采取投资行为。比如中国与美国和中国与越南的对外直接投资的对比,中国虽然距离美国对比距离越南来说更远,但由于美国与中国的 GDP 相似,对外直接投资项目更多,更利于对外直接投资,且投资利得更丰厚,所以加入 GDP 加权的距离计算更利于分析距离对外商直接投资的影响。

四、实证结果

主要变量的描述性统计数据如表 3.3.1 所示,包括 OFDI,GDP_chn,GDP_host,geodist,mrLnDist,OPEN,TECH,1/E,1/E_chn,tech_chn,E_cfd,TECH_cfd。对外直接投资的最大值为 16980.81 百万美元,最小值为 -814.91 百万美元,均值为 505.307 百万美元,但标准差非常大,说明中国对每个国家之间的 FDI 流出的差异很大,这个差异使得研究这个对外直接投资的意义更为重要。在数据中,2018 年中国对美国的投资最多,对缅甸的直接投资最少且为负值,说明东道国向中国贷款或者进行投资的数值、中国与这些国家的产业结构是怎样影响对外直接投资的,是本节的重点。同样,中国的 GDP 的标准差也很大,说明 2007—2018 年间中国的 GDP 发生了突飞猛进的进展,也表明中国的经济在不断发展。且东道国之间的 GDP 相距甚远,这表明每个国家的经济规模不同,经济实力也不一样,最小值与最大值相距 10 位数以上,差距非常大。就产业结构高级化和合理化来说,各个国家的合理化标准差比高级化小,东道国之间的产业结构高级程度差异更大,这说明产业结构高级化还是各个国家需要发展与改进的,产业结构越高级的国家越受青睐,这种差异使得各个国家之间的投资更有意义。中国与东道国关于距离的描述性统计中,距离最小值与最大值相差 20 倍左右,说明中国的对外直接投资国家遍布全球,并不局限于邻近国家,全球经济一体化使得交易更加便捷。由产业结构差异化指标可知,各国的产业结构差异较大。

表 3.3.1 表示各个变量之间的相关系数分析,因为产业结构合理化差异指标是由产业结构合理化指标计算而得,因此出现了系数为 1 的完全相关。因此,在引力模型中,只需要分别做回归模型分析即可,其余指标的相关系数大于 0.65,这说明这些指标做线性回归模型不会遭受多重共线性的影响,指标之间不存在多重共线性。因此,外国直接投资可以在经济发展水平和经济规模不相同的国家之间流动。如表 3.3.2 所示,由相关性分析可以看出,对外直接投资与距离和产业结构高级化差异负相关,与其他变量之间存在正相关关系。

表 3.3.1　变量的描述性统计

Variable	Obs	Mean	Std. Dev.	Min	Max
OFDI	609	505.307	1347.743	814.91	16980.81
GDP_{it}	624	8.61e+12	3.10e+12	3.55e+12	1.36e+13
GDP_{jt}	624	1.66e+11	1.26e+12	4222.96	1.36e+13
geodist	624	8528.005	4367.197	955.651	19297.47
mrLnDist	624	8.66	0.288	8.225	9.313
$OPEN_{jt}$	624	60.864	42.823	10.755	339.832
$TECH_{jt}$	507	14.714	11.959	0.002	53.149
1/E	616	1.465	5.227	0.013	62.23
1/E_chn	612	0.062	0.015	0.041	0.082
tech_chn	561	30.715	0.844	29.389	32.149
E_cfd	604	1.4420	5.2219	0	62.1643
TECH_cfd	459	17.8084	9.0242	0	32.1471

注:Obs:观测值总数;OFDI:中国对外直接投资;GDP_chn:中国的国内生产总值;GDP_host:东道国国内生产总值;geodist:地理距离;MRDist:地理距离的加权多边阻力;OPEN:东道国贸易开放度;TECH:东道国的产业结构高级化程度;E:东道国的产业结构合理化程度;E_cfd:中国与东道国产业结构合理化程度相减的绝对值;TECH_cfd:中国与东道国产业结构高级化程度相减的绝对值。

表 3.3.2　相关性分析

	lOFDI	GDP_{it}	GDP_{jt}	lDIST	MRDIST	$lOPEN_{jt}$	$TECH_{jt}$	1/E	ECFD	TCFD
lOFDI	1.0000									
GDP_{it}	0.434***	1.0000								
GDP_{jt}	0.393***	0.0527	1.0000							
lDIST	−0.22***	−0.4***	0.000	1.0000						
MRDIST	0.128***	0.0251	0.000	0.2***	1.0000					
$OPEN_{jt}$	0.086**	−0.0695	−0.043	−0.3**	−0.2***	1.0000				
$lTECH_{jt}$	0.188***	0.38***	−0.031	−0.3**	0.0167	0.36***	1.0000			
1/E	0.174***	0.14***	0.0051	0.12**	0.13***	−0.0714	0.1***	1.0000		
ECFD	0.17***	0.13***	0.004	0.12**	0.13***	−0.0721	0.1***	1.0***	1.00	
TCFD	−0.15***	−0.4***	0.04	0.3***	−0.0175	−0.27***	−0.99***	−0.1***	−0.2**	1.0

注:"*""**""***"分别表示 $p<0.10$、$p<0.05$ 及 $p<0.01$。

对基本模型估计回归系数结果如表 3.3.3 所示，四个模型的 R^2 都在 0.4 左右，因此这些回归方程均具有合理的拟合优度去解释被解释变量，这四个模型能够有效估计 OFDI。模型 Ⅰ—Ⅳ 分别是加入控制变量，以 lnOFDI 作为被解释变量，以产业结构高级化 TECH、产业结构合理化 1/E、中国与东道国产业结构合理化差距 ECFD、中国与东道国产业结构高级化差距 TCFD 为解释变量的估计结果。

本节计量模型设定为：

$$lnOFDI_{ijt} = \alpha_0 + \beta_1 GDP_{it} + \beta_2 GDP_{jt} + \beta_3 GEODIST_{ijt} + \beta_4 MRDIST_{ijt} + \beta_5 lnOPEN_{jt} + \beta_6 E_{it} + \beta_7 E_{jt}(+ \beta_6 lnTECH_{it} + \beta_7 lnTECH_{jt}/\beta_6 ECFD/\beta_6 TCFD) + Control_t \otimes \Theta + \in_{ijt}$$

（3.3.3）

根据（3.3.3）式进行的回归分析结果见表 3.3.3。其中，模型 Ⅰ 显示，东道国产业结构越高级，中国对该东道国的 OFDI 越少，即产业结构高级化程度与中国的 OFDI 具有显著的负向影响。但也看出中国的产业结构高级化程度与中国的外商直接投资无显著影响。该模型说明中国的对外直接投资与中国本国的 GDP 呈正相关关系，也与东道国的 GDP 呈正相关关系，与距离存在显著的负相关，与距离加权正相关，与东道国的贸易开放度存在显著的正相关，但与东道国的产业结构高级化程度、东道国的贸易开放度相关关系比较弱。

模型 Ⅱ 是加入中国和东道国产业结构合理化指标进行分析的回归结果。结果显示，中国的产业结构合理化对中国的 OFDI 无显著影响，东道国的产业结构合理化对中国的 OFDI 呈显著的正向影响，这说明东道国的产业结构越合理，中国对其外商直接投资增加以弥补中国国内缺失的产业资源，这是一种弥补型投资。加入了合理化指标后的回归模型和模型 Ⅰ 相比，合理化的系数比高级化系数小，这说明合理化程度对外商直接投资解释力弱些。

模型 Ⅲ 是产业结构合理化差异对 OFDI 的影响，显示产业结构差异与 OFDI 呈正向关系，这说明中国的对外直接投资是由于中国与东道国的产业结构合理化差异而进行的，即中国缺乏第三产业的资源，会对第三产业结构发达的国家进行外商直接投资，从而弥补国内产业结构不平衡的差距。

模型 Ⅳ 是衡量产业结构高级化差异对 OFDI 的影响。结果显示，中国与东道国的产业结构高级化差异和 OFDI 也是正向关系，比合理化程度差距的系数大,这说明产业结构差异越大,中国将越会增加对外投资额度,而产业结构更高级、更合理的国家更具有丰富合理的资源来吸引世界各国进行投资。

表3.3.3 产业结构各变量OLS回归系数

被解释变量	lnOFDI	lnOFDI	lnOFDI	lnOFDI
估计模型	I	II	III	IV
GDP_{it}	2.1365***	1.4507***	1.8835***	2.0435***
	(0.000)	(0.008)	(0.000)	(0.000)
GDP_{jt}	0.6333***	0.4297***	0.4288***	0.6411***
	(0.000)	(0.000)	(0.000)	(0.000)
$lDIST$	-0.7160***	-0.7662***	-0.7694***	-0.7231***
	(0.000)	(0.000)	(0.000)	(0.000)
$MRDIST$	1.6282***	1.4408***	1.4411***	1.6091***
	(0.000)	(0.000)	(0.000)	(0.000)
$OPEN_{jt}$	0.0099***	0.0046	0.0045***	0.0093***
	(0.000)	(0.008)	(0.009)	(0.000)
$lnTECH_{jt}$	-0.3014***			
	(0.000)			
$lnTECH_{it}$	3.1699			
	(0.302)			
$1/E$		0.0285**		
		(0.038)		
$1/E\_CHN$		12.727		
		(0.373)		
$ECFD$			0.0286***	
			(0.000)	
$TCFD$				0.3378***
				(0.000)
constant	-85.31***	-50.5622***	-62.603***	-74.402***
	(0.000)	(0.001)	(0.000)	(0.000)
R^2	0.4028	0.3880	0.3972	0.40.69

注:"*""**""***"分别表示$p<0.10$、$p<0.05$及$p<0.01$。括号中列出的是稳健标准误。

对全部变量及控制变量进行OLS估计如表3.3.4所示:模型Ⅰ表示包含全部变量的回归方程;模型Ⅱ表示产业结构对OFDI的影响,即去掉产业结构合理化和高级化差异化单个指标的模型估计。结果显示,三种估计结果的R^2都在40%左右,拟合优度较好,因此变量能够很好地估计被解释变量。

在回归方程中,所有方程均显示OFDI与中国的GDP呈显著正向关系,与东道国GDP也是显著正向关系,与实际距离呈显著负向影响,与GDP加权距离呈正向影响,与贸易开放度呈正向影响。这说明,GDP越高,越会增加对外直接投资的额度,而中国的GDP系数更大,表明中国的GDP对中国的对外直接投资影响更大。实际距离越远,越会增加交易成本从而减少对外直接投资,但GDP加权的距离表明,距离远并不是阻碍贸易投资的原因,若该国GDP与中国相近或者比中国强劲,说明有利可图,便可促进对外直接投资的增加。东道国贸易开放度越高,该国吸收外资投资和外贸越多,因此贸易开放度对OFDI产生积极影响。

含有全部解释变量的方程显示东道国产业结构高级化程度都与中国的OFDI呈正向显著影响,说明东道国的产业结构高级化程度是中国对该国进行OFDI的原因,该东道国产业技术越高级,高科技产品越多,越会促使中国增加对该国的外商直接投资。两个衡量产业结构差异的指标与表3.3.3的结果一致。表3.3.4显示,中国与东道国的产业结构合理化差异与OFDI产生正向影响,产业结构高级化差异与OFDI也存在正向关系,说明在高级化和合理化程度的共同作用下,中国与东道国的产业结构合理化差异越大,中国为了弥补国内自身的资源,越会增加对外直接投资。中国在第三产业的占比相对较少,也就是说缺乏高科技产品,因此与东道国的产业结构高级化程度存在差距,这促使中国向高科技产业国家进行对外直接投资,且产业结构合理化差异的系数比东道国产业结构高级化差距的系数大。因此,与东道国的产业结构合理化程度比产业结构高级化程度更影响OFDI的额度,产业结构合理化发挥了更大的作用。模型Ⅱ表示,剔除差距指标的回归方程显示产业结构高级化程度对外商直接投资呈反向影响,但产业结构合理化程度依旧为正向影响,与上表估计结果一致,说明在没有差距变量的影响下,东道国产业结构高级化程度越高,越会减少中国的对外直接投资,原因可能是高级化程度越高成本会越高。

表 3.3.4 回归系数

OFDI	OLS		
	I	II	III
GDP_{it}	2.3017***	2.032***	2.0293***
	(0.133)	(0.000)	(0.000)
GDP_{jt}	0.755***	0.6043***	0.6163***
	(0.000)	(0.000)	(0.000)
$lDIST$	-0.615***	-0.759***	-0.7659***
	(0.000)	(0.000)	(0.000)
$MRDIST$	1.331***	1.5914***	1.5103***
	(0.000)	(0.000)	(0.000)
$lOPEN_{jt}$	0.006***	0.0104***	0.0093***
	(0.008)	(0.000)	(0.000)
$lTECH_{jt}$	1.6584***	-0.314***	
	(0.000)	(0.000)	
$1/E$		0.0295**	
		(0.025)	
$ECFD$	13.591***		0.0290**
	(0.000)		(0.025)
$TCFD$	2.0485***		0.3499***
	(0.000)		(0.000)
常数项	-85.34***	-56.10***	-72.61
	(0.000)	(0.000)	(0.000)
R^2	0.4453	0.4112	0.4105

注:"*""**""***"分别表示 $p<0.10$、$p<0.05$ 及 $p<0.01$。括号中列出的是稳健标准误。

I 和 II 表示含有和没有产业结构差异下的回归模型。

第四节 产业结构影响汇率的短期资本流动机制

一、背景分析

在国际金融市场上，由跨国组合投资（foreign portfolio investment，FPI）引发的短期资本流动也会改变外汇市场供求关系，从而影响均衡汇率。要全面考察产业结构调整对汇率的影响机制，就必须深入分析短期资本流动的影响。与国际贸易和外商直接投资相比，国际短期资本流动更容易受到制度性因素和随机性因素的影响。因此，有必要利用更加合理的指标来反映产业结构，才能准确分析产业结构对短期资本流动的影响。因此，本节将采用两个指标来反映各国产业结构的差异，即是否属于经合组织国家（OECD）及金融开放度。首先，较早加入经合组织的国家大多为发达国家，这些国家的产业结构相似度较高，并且都是市场经济国家，因此经合组织国家和非经合组织国家在产业结构方面还是存在一定差异。其次，金融开放度是一个国家对本国金融市场开放程度管控的结果，在很大程度上可以反映一个国家经济金融系统抵御外部冲击的能力。但是，较高的金融开放度具有双重效应：一方面有助于一国更好地利用国际金融市场的资源，但是另一方面又会加大该国受到外部冲击的概率。一般来说，一个国家经济越发达、产业结构高度化程度越高，该国抵御外部冲击的能力就越强，也会提高自身的金融开放度。因此，金融开放度的差异也在一定程度上反映了产业结构的差异。从跨境短期资本流动的发生机理来看，流入国和流出国的经济金融体制特别是金融开放度发挥了十分重要的作用。根据金融发展理论，在一国经济金融发展水平较低时，国内金融体系抵御外部冲击的能力不强，政府往往会放缓本国金融开放的速度，金融开放度会处于较低水平。随着一国经济的发展和产业结构的转型升级，本国金融抗风险能力提高，政府也会逐步提高金融开放水平。

作为金融自由化和金融发展（Rajan & Zingales，2003）的一个重要方面，金融开放能在很大程度上影响一国的金融稳定（Baum 等，2015）。Rajan & Zingales（2003）从政治经济学的角度提出，为了削弱利益集团对金融发展的抵制，一个国家应该在贸易开放的同时进一步扩大金融开放，这可以为利益集团的竞争对手提供新的融资来源。然而，Haider, Khan &

Abdulahi（2016）发现，金融开放可以促进跨境证券投资，而跨境证券投资流入在短期内有利于经济增长，但在长期内却不利于经济增长（Fratzscher & Bussiere，2004）。Stiglitz（2000）认为，如果没有首先建立有效的监管框架，完全的资本账户自由化将会由于短期投机资本无序流动而给发展中国家带来金融不稳定。2008 年全球金融危机揭示了金融流动可能对金融稳定有更直接的影响（Erturk，2005；Kaminsky & Reinhart，1999）。

然而，尽管国际短期资本流动对金融稳定发挥着至关重要的作用，但现有的研究很少就产业发展对国际短期资本流动的影响从动态角度进行研究。一个可能的原因是，FPI 在全球资本流动中的比例远远小于另一种类型的资本流动——外商直接投资（FDI）（Chakraborty & Boasson，2013），所以大多数文献都集中在金融开放在外商直接投资波动中的作用。FDI 作为一种重要的经济投入，对全球经济增长的贡献很大（Kinoshina & Campos，2003）。在对经济长期稳定性的研究中，针对 FDI 的研究比针对 FPI 的更多。此外，金融开放度不易衡量，很难正确衡量跨境金融交易的开放程度或限制程度（Chinn & Ito，2008）。此外，此类研究还没有形成成熟的分析框架。证券投资主要是金融市场的一个课题，大部分的研究都是从个人投资者的角度出发。然而，跨国组合投资通常是在国家层面上进行衡量的，所以大多数证券投资的分析框架不能适用于跨国组合投资。

本节将利用引力模型研究产业结构对跨国组合投资的影响。引力模型已经被证实是研究包括跨国组合投资在内的国际经济问题最有效的工具之一（Anderson，2011）。已有文献发现，引力模型可以很好地解释跨国间的货物贸易和投资品的流动（Okawa & van Wincoop，2012）。在本节的引力模型中，双边距离对跨国组合投资有负面影响，因为双边距离可以代表信息摩擦：距离较短的国家相互之间更为了解，信息成本更低（Portes，Rey & Oh，2001）。为了全面衡量金融开放度，本节将采用 Chinn 和 Ito（2008）的金融开放度指数，作为金融开放度指标。此外，IMF 的跨国组合投资数据库提供了 77 个国家之间的详细双边证券投资数据。由于样本足够大，本节在实证研究中能够对样本国家进行分类分析，从而以国家类型来反映产业结构，综合金融开放度和分样本分析，来研究产业结构对跨国组合投资的影响。

本节试图在两个方面有所推进。首先，本节是第一个利用引力模型研究产业结构差异在 FPI 中的作用的研究。目前关于跨国组合投资的研究很多，但是大多忽略了产业结构因素，而且在研究方法上大多没有意识到引力模型优势。其次,本节运用引力模型文献的最新发展,对实证研究进行部分改进。例如,在引力模型中加入了多边阻力项,以控制可能存在的第三国效应。此外,现有文献中普遍采用的对数线性模型无法估算两国间FPI为零时的情况下,本节采用泊松伪极大似然估计方法(Poisson pseudo maximum likelihood estimator),可以有效地纳入FPI的零值,从而利用尽可能多的数据,获得更多的信息,从而更加科学地分析产业结构对国际短期资本流动的影响。

本节由以下几个部分组成:现有研究综述、方法和数据、实证研究结果。

二、现有研究综述

本节涉及两个方面的文献。首先,本节与国外证券投资的引力模型研究相关。Martin & Rey(2004)提出了一个内生金融资产数量的两国模型,其中风险分散动机、市场细分等因素可以解释FPI的流动。尽管将引力模型应用于国际资产交易的研究很多,Portes & Rey(2005)研究被广泛认为是该领域引力模型理论基础的突破。利用14个国家的样本,他们发现总交易流量取决于来源国和目的地国的市场规模。地理距离所代表的信息成本也是FPI的重要决定因素。他们的结论是:双边股权持有可以用引力模型来表示,原产地和目的地国家的市值作为方程的质量项的代理。Okawa & van Wincoop(2012)构建了双边资产持有的Anderson和van Wincoop型引力模型。他们发现,在某些严格的假设下,引力模型通常适用于双边资产持有。但是,如果资产收益服从一般协方差结构,或者存在金融摩擦,双边资产持有就不服从引力模型。Ahamra等(2014)分析了在不完全一体化的股票市场背景下全球股票投资组合和股票收益的确定。他们考虑了一个连续时间的两国经济模型。在他们的模型中,金融一体化的水平是通过对外国股息按比例征税来衡量的。与Portes & Rey(2005)不同,Ahamra等(2014)规模变量是来源国的总财富和目的国的相对市场总市值。

一些研究试图通过引入更多的FPI变量来扩展基本引力模型。Portes, Rey & Oh(2001)包含了一个市场复杂性变量。Aggarwal等(2012)在研究的基础上,在引力模型中增加了地理距离和文化因素,他们的发现支持了包含文化因素的引力模型。然而,相对于对外直接投资的研究,FPI文献很少研究制度因素在引力模型中的作用,没有关注金融开放的影响。此外,大多数研究没有讨论国际经济学中最新的引力模型文献中的问题,如多边阻力和数据零观测值问题。

本节还涉及金融开放对双边资本流动的影响研究。大多数文献关注的是以资本账户开放表示的金融开放对跨境资本流动的影响。Neumann 等（2009）以 1973—2000 年 26 个国家为样本，研究了金融开放的影响，发现无论是成熟市场还是新兴市场，投资组合流动对资本账户开放的响应都不显著。相反，由于金融开放，新兴市场的外国直接投资变得更加不稳定。有研究认为，金融开放对资本流动的影响是有条件的。例如，Kraay（1998）和 Becker & Noone（2008）发现，如果可替代性程度高，资本账户开放可能会导致更剧烈的跨境资本流动。在发达经济体中，金融市场较为发达，一体化程度较高，不同资本形式之间的可替代性较高，资本账户开放可以降低资本账户的波动性。另外，在国内货币不能用于对外借贷的欠发达经济体中，资本账户的开放增加了跨境资本流动的波动性（Park & An, 2008）。其中，Haider 等（2016）集中研究了金融开放的一般测度的影响。他们对中国的证券投资进行了调查，发现资本的流入和流出与目的国的开放程度具有正相关关系。

虽然相关文献研究了金融开放对资本流动的影响，但大多数的实证模型只是简单地采用了回归分析来考察金融开放对资本流动的影响，缺乏理论基础。

三、方法和数据

本节扩展了 Aggarwal 等（2012）提出的引力模型，加入了一个多边阻力项。此外，为了将国际组合投资中的零观测值（zero observations）考虑进来，本节还运用了泊松伪极大似然（PPML）估计方法。

（一）模型设定

传统的引力模型将外国证券投资描述为地理距离的函数，以及来源国和目的国的规模变量。因此，基本引力模型的形式如下：

$$\ln FPI_{ijt} = \alpha_0 + \alpha_1 \ln Cap_{it} + \alpha_2 \ln Cap_{jt} + \alpha_3 \ln Dist_{ij} + \varepsilon_{ijt} \quad (3.4.1)$$

在（3.4.1）式中，ln 是自然对数符号。FPI_{ijt} 是指第 t 年从 i 国流向 j 国的跨境组合投资总额。$Dist_{ij}$ 指 i 国与 j 国之间的地理距离。根据 Portes, Rey & Oh（2001），地理距离可以影响 FPI 的过程，代理信息包括信息不对称的成本。对于地理距离较大的两个国家，信息成本较高，因此这两个国家之间的 FPI 较少。

在过去的几十年里，引力模型文献得出结论：第三国效应可能存在于跨境货物或要素流动中。现有文献提出了几种不同的方法来估计第三国效应的影响。Anderson & van Wincoop（2003）在估计引力模型时使用固定效应来控制第三国效应，但他们的方法无法估计第三国效应的大小。Baier & Bergstrand（2009）提出了一种用泰勒扩展确定第三国效应的方法，可以用来衡量各种因素引起的第三国效应。因此，本节采用 Baier & Bergstrand（2009）方法衡量第三国效应，并将其纳入引力模型(3.4.1)，可得：

$$\ln FPI_{ijt} = \alpha_0 + \alpha_1 \ln Cap_{it} + \alpha_2 \ln Cap_{jt} + \alpha_3 \ln Dist_{ij} + \alpha_4 MRLnDist_{ijt} + \alpha_5 KAOPEN_{it} + \alpha_6 KAOPEN_{jt} + \eta_{ijt} \quad (3.4.2)$$

其中 $MRLnDist_{ijt}$ 为用 Baier & Bergstrand（2009）方法估计的第三国效应。然而，由于在国际短期资本流动过程中，信息对国际短期资本流动的影响很大，而引力模型文献中大多采用地理距离反映信息不对称的程度。因此，本节测度了地理距离产生的第三国效应。本节以(3.4.2)式为基准引力模型。

此外，本节还进行了分样本分析，以研究经济发展程度和产业结构不同的国家、跨国短期资本流动的机制是否存在差异。Kraay（1998）和 Becker & Noone（2008）发现不同类型国家的金融开放对双边组合投资的影响可能不同。总的来说，经合组织国家拥有更加发达和开放的金融市场。据此，本节根据是否属于经合组织国家，对来源国-目的地国进行分类。因此，产生了四个子样本：OECD 来源国家和非 OECD 目的地国家、OECD 来源国家和 OECD 目的地国家、非 OECD 来源国家和 OECD 目的地国家、非 OECD 来源国家和非 OECD 目的地国家。

（二）估计方法

本节在估计(3.4.2)式时采用几种不同的方法，以提高实证分析的稳健性。(3.4.2)式中，常数项 α_0 反映了跨国短期资本流动(FPI_{ijt})的不变部分。然而，由于样本国家之间可能存在横截面效应，需要在(3.4.2)式中引入 b_{ij} 来控制国家特征差异引起的跨国短期资本流动的差异。其次，本节还将采用随机效应来估计，包含随机效应的(3.4.2)式可表示为：

$$\ln FPI_{ijt} = \alpha_0 + \alpha_1 \ln Cap_{it} + \alpha_2 \ln Cap_{jt} + \alpha_3 \ln Dist_{ij} + \alpha_4 MRLnDist_{ijt} + \alpha_5 KAOPEN_{it} + \alpha_6 KAOPEN_{jt} + b_{ij} + \eta_{ijt} \quad (3.4.3)$$

与现有文献不同，本节没有仅仅从目的地国家金融开放度视角入手，而是同时将来源国和目的地国的金融开放程度作为自变量。通过这样的研究，本节可以同时考察来源国和目的地国的金融开放程度对金融开放的影响。这也得到了 Kraay（1998）和 Becker & Noone（2008）研究的支持。

他们发现,来源国的金融开放度也很有影响力。此外,本节采用泊松伪极大似然(PPML)估计法,对 FPI 的所有零值进行估计。根据 Santos Silva & Tenreyro(2006),基于(3.4.2)式的 PPML 模型形式为:

$$FPI_{ijt} = \exp(\beta_0 + \beta_1 \ln Cap_{it} + \beta_2 \ln Cap_{jt} + \beta_3 \ln Dist_{ij} + \beta_4 MRLnDist_{ijt} + \beta_5 KAOPEN_{it} +) + \beta_6 KAOPEN_{jt} + c_{it} + e_{it} \quad (3.4.4)$$

PPML 估计方法允许包含 FPI 的所有零观测值,从而可以更加全面地考察金融开放对双边组合投资的影响。

(三) 数据说明

双边组合投资的数据来源是国际货币基金组织关于国家和国家债务和股票总市值的 CPIS 数据库。

本节采用 Chinn & Ito(2007)的金融开放指数来衡量一个国家的金融开放程度。该指标由四个方面的虚拟变量组成,即表示多重汇率存在的变量、表示经常账户交易限制的变量、表示资本账户交易限制的变量和表示对出口收益放弃要求的变量。

引力模型变量包括来源国和目的国的规模变量及地理距离。与对外贸易和对外直接投资文献不同,现有文献对国外证券投资引力模型中规模变量的选取并没有形成共识。Portes, Rey & Oh(2001)、Martin & Rey(2004)、Portes & Rey(2005)采用市值作为规模变量,Okawa & van Wincoop(2012)提出了一个类似的大小变量。另外,Aggarwal 等(2012)使用经济增长水平作为规模变量。根据 Okawa & van Wincoop(2012)的理论分析,本节采用了市值作为规模变量。货币基金组织数据库提供了市值数据。其他引力模型变量包括地理距离和多边阻力,地理距离数据可在 CEPII 数据库中获得,多边阻力项根据地理距离计算。

本节引入了一个文化虚拟变量,即来源国和目的国是否使用相同的官方语言。Aggarwal 等(2012)提出文化因素是 FPI 的独立决定因素。因此,如果文化因素可以影响 FPI,那么共同语言虚拟变量应该具有正显著性符号。这些数据也可以在 CEPII 数据库中找到。本节的样本包括 77 个国家,观察范围从 2001 年到 2015 年。FPI 和金融市场总市值以百万美元计,而地理距离以千米计。

四、实证研究结果

表 3.4.1 展示了变量的描述性统计。这些国家的双边组合投资差异很大,同时证券投资总市值在不同国家也存在显著差异,这说明全球金融

市场发展不均衡。这 77 个国家的金融开放程度存在很大区别,金融开放度最高为 2.3744,最低仅为 -1.9036。这一巨大差异表明,这些国家在金融开放方面取得了截然不同的效果。

表 3.4.1 描述性统计检验

	平均值	最大值	最小值	标准差	观测值
$\ln(FPI)$	3.4640	6.9068	0.0000	2.0093	28108
$\ln(CAP)$	10.3665	16.0748	2.7081	2.7059	74459
$\ln(Dist)$	8.5676	9.8920	1.6535	1.0284	88935
$MRLnDist$	8.5676	10.3776	7.3854	0.6166	88935
$KAOPEN$	1.0313	2.3744	-1.9036	1.4801	87780

表 3.4.2 显示了各主要变量的相关系数。$\ln(FPI_{ij})$ 与 $\ln(CAP_i)$、$\ln(FPI_{ij})$ 与 $\ln(CAP_j)$ 之间相关性最高,但均小于 0.4。所有变量之间没有高度的相关性,因此将这些变量合并到回归方程的右边就不会产生多重共线性问题。

表 3.4.2 主要指标的相关系数

	$\ln(FPI_{ij})$	$\ln(CAP_i)$	$\ln(CAP_j)$	$\ln(Dist_{ij})$	$MRLnDist_{ij}$	$KAOPEN_{it}$	$KAOPEN_{jt}$
$\ln(FPI_{ij})$	1.0000						
$\ln(CAP_i)$	0.3598	1.0000					
	(0.0000)						
$\ln(CAP_j)$	0.1013	0.0305	1.0000				
	(0.0000)	(0.0000)					
$\ln(Dist_{ij})$	-0.1271	-0.0558	-0.0558	1.0000			
	(0.0000)	(0.0000)	(0.0000)				
$MRLnDist_{ij}$	-0.1110	-0.0937	-0.0937	0.5996	1.0000		
	(0.0000)	(0.0000)	(0.0000)	(0.0000)			
$KAOPEN_{it}$	0.2173	0.5798	0.0053	-0.1029	-0.1728	1.0000	
	(0.0000)	(0.0000)	(0.1499)	(0.0000)	(0.0000)		
$KAOPEN_{jt}$	0.0822	0.0053	0.5798	-0.1029	-0.1728	0.0040	1.0000
	(0.0000)	(0.1499)	(0.0000)	(0.0000)	(0.0000)	(0.2389)	

表 3.4.3 说明了全样本回归的结果。表 3.4.3 显示了来源国和目的地国金融开放度均具有正系数,表明金融开放在双边组合投资中发挥了积极作用。PPML 估计产生了更大的系数。在考虑零观测值时,金融开放对双边证券投资的影响较大。无论是在 OLS 还是 PPML 估计中,来源国的金融

开放系数都远远大于目的地国的金融开放系数。因此,双边组合投资更多地取决于来源国的金融开放程度。

表 3.4.3 全样本回归分析结果

	OLS	PPML
$\ln(CAP_{it})$	0.5356*** (0.013)	0.5859*** (0.026)
$\ln(CAP_{jt})$	0.3081*** (0.012)	0.2160*** (0.021)
$\ln(Dist_{ij})$	-0.7926*** (0.039)	-0.8954*** (0.056)
$MRLnDist_{ij}$	0.4121*** (0.063)	0.5175*** (0.077)
$KAOPEN_{it}$	0.0636*** (0.019)	0.0726*** (0.027)
$KAOPEN_{jt}$	0.0168 (0.021)	0.0539** (0.026)
$comlang_{ijt}$	0.1775* (0.096)	0.2721** (0.111)
constant	-2.5094*** (0.420)	-1.2029** (0.591)
R^2	0.307	N.A.
Observations	25589	38116

注:"*""**""***"分别表示 $p<0.10$、$p<0.05$ 及 $p<0.01$。括号中列出的是稳健标准误。

对于引力模型变量,来源国和目的地国的组合投资总市值在 OLS 和 PPML 估计中均显著。系数均为正,与引力模型文献一致。无论是来源国还是目的地国的证券投资总市值的提高,都能促进双边证券投资。与目的地国总市值相比,来源国的组合投资总市值对双边证券投资有更强的正向影响。后者的系数几乎是目的地国系数的两倍。距离对双边组合投资有负向影响,多边阻力项的系数对双边组合投资有正向影响。结果也与引力模型文献一致。然而,多边阻力项的系数几乎是距离的一半多一点。这表明由距离所代表的信息问题在 FPI 中非常有影响力(Portes & Rey,2005)。通用语言虚拟变量也很显著。

表 3.4.4 报告了用 FPI 子样本对经合组织国家的估计。表 3.4.4 中的结果与表 3.4.3 中的结果略有不同。来源国和目的地国的金融开放度对

双边 FPI 的影响不对称。在 PPML 估计中,只有目的地国的金融开放度对 OECD 国家间的双边 FPI 有显著影响,而来源国的金融开放度对双边 FPI 没有显著影响。究其原因,多数经合组织国家对跨境组合投资的控制比较宽松,投资者主要关心的是目的地国家的情况——他们对目的地国家并不太熟悉。此外,从非 OECD 国家到 OECD 国家的双边 FPI 受到来源国金融开放度的显著影响。文化变量仅在从非经合组织国家到经合组织国家的 FPI 中显著。这表明,非 OECD 国家的投资者在投资 OECD 国家时,部分依靠双方的相同官方语言来减少信息不对称问题。相比之下,经合组织国家市场开放度较高,相互之间联系比较密切,信息成本较低,所以语言不是一个严重的问题。与经合组织国家相比,非经合组织国家的金融开放水平普遍较低,这不仅阻碍了资本流入,也阻碍了资本流出。因此,提高非经合组织国家的金融开放度可以促进资本外流。

表 3.4.4 流入 OECD 国家的短期资本

	来自 OECD 国家		来自非 OECD 国家	
	OLS	PPML	OLS	PPML
$\ln(CAP_{it})$	0.6366*** (0.033)	0.7129*** (0.052)	0.4862*** (0.022)	0.5439*** (0.043)
$\ln(CAP_{jt})$	0.2511*** (0.032)	0.0832* (0.045)	0.3259*** (0.032)	0.0709 (0.072)
$\ln(Dist_{ij})$	−0.9250*** (0.098)	−0.7095*** (0.126)	−0.7423*** (0.078)	−0.8000*** (0.163)
$MRLnDist_{ij}$	0.8224*** (0.187)	0.4701* (0.248)	0.2092* (0.118)	0.5816*** (0.167)
$KAOPEN_{it}$	0.1722*** (0.057)	0.0939 (0.062)	0.0703*** (0.025)	0.0656** (0.031)
$KAOPEN_{jt}$	0.2479*** (0.069)	0.3594*** (0.049)	−0.0346 (0.087)	0.2547* (0.141)
$comlang_{ijt}$	0.5513* (0.310)	0.0942 (0.250)	0.4377*** (0.166)	0.4819*** (0.187)
constant	−5.5030*** (1.011)	−2.1956* (1.269)	−0.8208 (0.728)	−0.2853 (1.017)
R^2	0.316	N.A.	0.269	N.A.
Observations	5163	5839	8118	11171

注:"*""**""***"分别表示 $p<0.10$、$p<0.05$ 及 $p<0.01$。括号中列出的是稳健标准误。

对于引力模型指标,市场规模变量、地理距离和多边阻力项也很显著。因此,引力模型在分样本估计中是有效的。

表3.4.5说明了对非经合组织国家的双边组合投资。外国对非经合组织国家的证券投资在大多数估计结果中均不受来源国或目的国金融开放度的显著影响。金融开放系数仅在OLS估计OECD国家对非OECD国家的双边港口投资时显著。但该系数为负,当非经合组织国家提高金融开放水平时,对跨境证券投资的控制将会更宽松,外国证券投资者可能会选择较少的投资。这表明,在非经合组织国家投资时,这些国家的金融开放度并不是主要决定因素,投资者更关心市场规模和信息问题。

表3.4.5 流入非OECD国家的短期资本

	来自非OECD国家		来自OECD国家	
	OLS	PPML	OLS	PPML
$\ln(CAP_{it})$	0.4590***	0.5115***	0.6714***	0.7845***
	(0.027)	(0.065)	(0.033)	(0.070)
$\ln(CAP_{jt})$	0.2380***	0.2892***	0.2955***	0.1754***
	(0.025)	(0.066)	(0.021)	(0.032)
$\ln(Dist_{ij})$	−0.8945***	−1.5279***	−0.6348***	−0.7525***
	(0.066)	(0.097)	(0.088)	(0.123)
$MRLnDist_{ij}$	0.4764***	1.3857***	0.5388***	0.6763***
	(0.110)	(0.173)	(0.134)	(0.181)
$KAOPEN_{it}$	−0.0278	0.0653	−0.0526	0.0658
	(0.032)	(0.077)	(0.069)	(0.129)
$KAOPEN_{jt}$	−0.0308	−0.0130	−0.0535**	−0.0101
	(0.033)	(0.070)	(0.026)	(0.030)
$comlang_{ijt}$	−0.0342	−0.0632	0.1240	0.2674
	(0.137)	(0.191)	(0.196)	(0.255)
constant	−0.8728	−3.9723***	−6.4996***	−6.2968***
	(0.836)	(1.450)	(0.832)	(1.120)
R^2	0.245	N.A.	0.265	N.A.
Observations	4832	10536	7476	10570

注:"*""**""***"分别表示$p<0.10$、$p<0.05$及$p<0.01$。括号中列出的是稳健标准误。

在表3.4.5中,所有引力模型变量都非常显著,所以引力模型也可以很好地解释双边组合投资对非经合组织国家的影响。距离和多边阻力项也非常显著,这也验证了 Portes & Rey（2005）关于 FPI 中地理距离代理信息成本的有效性。对于文化变量,通用语言虚拟变量在所有方程中都不显著,因此它不是双边组合投资的一个非常重要的决定因素。

实证结果表明,引力模型很好地解释了双边组合投资。目的地国的金融开放可以促进经合组织国家之间的双边组合投资,而来源国的金融开放可以促进非经合组织国家对经合组织国家的双边组合投资。

五、研究结论

自 2008 年全球金融危机以来,金融发展对外国证券投资的影响引起了学术界和政策学界的广泛关注。金融开放是金融发展的一个重要方面,它会影响外国证券投资,进而影响金融稳定。然而,现有文献对金融开放的作用没有足够的阐释。

为了弥补现有研究的不足,本节采用引力模型来考察金融开放对双边组合投资的影响。为了反映第三国效应,本节在 Portes & Rey（2005）传统引力模型中加入了多边阻力项。在估计方法上,除采用面板 OLS 估计外,还采用 PPML 估计来解释双边组合投资数据中的零观测值。此外,还进行了子样本估计,以检验当来源国和目的地国来自不同的国家群体时金融开放的作用。实证结果表明,金融开放对经合组织国家的双边组合投资是一个重要的决定因素,而对非经合组织国家则不是。但 OECD 国家间的双边组合投资受目的地国金融开放度的影响,而非 OECD 国家对 OECD 国家的双边组合投资只受来源国金融开放度的影响。此外,本研究采用 77 个国家的大样本,进一步验证了引力模型描述双边组合投资动态的有效性,以及多边阻力项在外国组合投资引力模型中的意义。

研究发现,金融开放对双边证券投资具有正向影响。因此,在金融自由化过程中,监管机构应密切监控资本流动,防止潜在的金融不稳定。监管机构应该意识到,金融开放是一把双刃剑:金融开放可能会吸引外国证券投资的流入,更重要的是,它可能会导致非经合组织国家的证券投资向外流动。本节还发现,金融开放度在全样本回归中的影响与子样本结果不同,可能存在聚集偏差。进一步的研究可以探讨引力模型估计过程中产生聚集偏差的原因及控制聚集偏差的方法。

第四章　产业结构影响汇率的局部均衡分析

在第三章机制分析的基础上,本章将分别从巴拉萨-萨缪尔森效应和状态—空间模型视角出发,在局部均衡框架下研究产业结构调整对汇率的影响。

第一节　基于巴拉萨-萨缪尔森效应的分析

一、背景分析

国内外学者对汇率的决定机制展开了大量研究,总体上可以分为宏观层面的研究和微观层面的研究。宏观层面的研究以国别层面的宏观经济数据为研究对象,考察经济内外均衡条件下的汇率决定问题。微观层面的研究大多从外汇市场均衡视角出发,考察外汇市场均衡条件下外汇供求均衡对汇率的影响。但是,现有文献缺乏从产业结构角度展开的研究,在汇率决定机制的研究方面缺少了关键环节,难以系统研究产业结构调整对汇率的影响机制。

2005年,中国建立健全以市场供求为基础的、参考一篮子货币进行调节的、单一的、有管理的浮动汇率制。2015年,我国进一步推进人民币汇率形成机制改革,在制定当日人民币中间价时,首先参考上日"收盘汇率",即银行间外汇市场的人民币兑美元收盘汇率(外汇市场人民币兑美元的供需状况)。随着人民币汇率形成机制改革的不断深化,有必要从产业结构角度进一步探讨人民币汇率形成机制问题,以便平抑汇率的过度波动。与此同时,产业结构升级也是我国经济转型的推动器,产业结构的调整必然引起市场体系的连锁反应,必定对货币市场和商品市场产生深远影响。

关于汇率形成机制的文献大多以发达国家为样本,难以反映发展中国家特殊的社会经济环境汇率决定机制。与发达国家不同,发展中国家经济发展过程中面临的结构性问题更为突出,产业水平相对较低。在这种情况下,发展中国家汇率决定机制与发达国家存在较大差异,需要从供给侧考察汇率决定机制。经过几十年的发展,中国已经成为政治、经济、文化大国,也是世界上最大的发展中国家。因此,以中国社会经济发展为背景,分析产业结构对汇率的影响机制,对于厘清发展中国家产业结构对汇率的影响具有一定的理论价值。

本节将在现有研究基础上,基于巴拉萨-萨缪尔森效应模型与贸易条件,通过分析产业结构升级、贸易条件变化、汇率改变之间的关系,运用实证方法研究产业结构变动对汇率变动的影响机制。

二、文献综述

针对基于巴拉萨-萨缪尔森效应反映出的产业结构升级变动对汇率变动的影响,国内外学者进行了大量的研究。

从现有文献来看,基于巴拉萨-萨缪尔森效应的研究需要解决以下几个问题。

第一,如何选取合适的研究对象的问题。Officer(1976)率先以制造业或工业作为可贸易部门,把服务业作为不可贸易部门。其后,大部分学者采用类似方法,但是做了进一步细分,部分文献以制造业来代替可贸易部门(Ito, Isard & Symansky, 1997; Philipp, 2000; Kovacs & Simon, 1998; Rother, 2000; Arratibe, 2002),还有部分文献用工业来代替可贸易部门(Arratibel, Rodriguez-Palenzuela & Thimann, 2002; Egert, 2002; Fischer, 2002; Halpern & Wyplosz, 2001)。关于不可贸易部门,与 Officer(1976)相同,绝大部分学者把服务业作为不可贸易部门(Fischer, 2002; Kovács & Simon, 1998; Cipriani, 2001; De Broeck & Slk, 2001; Fischer, 2002; Halpern & Wyplosz, 2001),还有少数学者将运输业加入不可贸易部门之中(Micossi & Milesi-Ferretti, 1994; Ito, Isard & Symansky, 1997)。

第二,指标选择问题。Balassa(1964)首先使用 12 个国家的收入和物价的横截面数据检验自己的理论,但是没有考虑时间序列对巴拉萨-萨缪尔森效应的影响。Hsieh(1982)通过分析 1954—1976 年间日本和德国对主要贸易伙伴国相对劳动生产率差异的时间序列数据,发现巴拉萨-萨缪尔森效应能有效解释这一时期日元和马克有效实际汇率的变动,但是仅仅考虑了发达国家之间的关系,对于发展中国家与发达国家之间的关系并没有进行研究。Wood（1991）发现 1960—1980 年间发达国家相对于发展中国家劳动生产率提高得更快,造成发展中国家实际汇率相对于发达国家发生了贬值。他们考虑到了之前学者研究的不足之处,但是对于经济联盟体的适用性缺乏适当的讨论。Ito 等（1997）对 1973—1995 年间 APEC 成员人均国内生产总值（GDP）增长率和实际汇率变动关系进行了研究,特别分析了机械品出口在总出口中所占比重的变动,比较了这些国家是否存在巴拉萨-萨缪尔森效应。他们突破了传统研究只关心产业对巴拉萨-萨缪尔森效应的影响,开始进行细分行业的研究,在研究对象上有了重大的突破。Chinn（1997）分析 10 个亚太经济体 1970—1992 年间的时间序列数据,发现相对劳动生产率、政府支出占 GDP 比重、实际石油价格等因素对实际汇率变动具有一定程度的解释作用,但是中国、泰国等快速增长国家例外。

现有文献也针对中国情况进行了巴拉萨-萨缪尔森效应的检验,但并没有得出一致的结论。绝大多数学者认为人民币实际汇率变动趋势具有较为典型的巴拉萨-萨缪尔森效应。通过对我国 20 世纪 90 年代汇率并轨以来实际汇率的变动趋势与经济增长之间的相关性进行经验分析,部分研究发现人民币实际汇率的变动趋势与我国两部门间的生产率差异变化之间存在长期稳定的比例关系。不可贸易部门的生产率提高幅度大时,人民币趋向于贬值;而可贸易部门的生产率提高幅度大时,人民币实际汇率趋向于升值。研究结果符合巴拉萨-萨缪尔森效应的结论（俞萌,2001;王维,2003;王苍峰、岳咬兴,2006）。卢锋（2006）整理了我国自改革开放以来制造业和服务业部门工资和单位劳动成本相对变动的数据,并与 13 个发达国家的相关资料进行了比较后得出人民币实际汇率严重低估的结论,认为当前人民币汇率演变是一个具有中国特色的巴拉萨-萨缪尔森效应过程。唐旭和钱士春（2007）认为我国贸易部门相对于非贸易部门的相对劳动生产率一直在上升,相对价格在下降,两部门相对劳动生产率对相对价格影响显著,符合巴拉萨-萨缪尔森效应理论所描述的特征。进一步研究表明,中美两国的两部门相对生产率对两国价格水平差异与人民币实际汇率的影响显著,我国贸易部门的劳动生产率相对于非贸易部门快速增长时,会带来人民币实际汇率升值,巴拉萨-萨缪尔森效应在我国显著。

杨长江（2002）对巴拉萨-萨缪尔森效应假说与人民币实际汇率变动趋势之间的矛盾进行了研究。在劳动无限供给的条件下,巴拉萨-萨缪尔森效应假说可能会以实际汇率持续贬值的形式表现出来,这种技术进步型贬值是影响人民币实际汇率较长时期内变动态势的主要因素。胡德宝、苏基溶(2013)对劳动力无限供给假设产生疑问,他们认为应该考虑到中国城乡二元结构下的劳动力市场分割和政府需求,从全国整体和区域进行分层次分析,其结果表明人民币确实存在巴拉萨-萨缪尔森效应,但是同时巴拉萨-萨缪尔森效应在中国存在区域性差异,在西、中、东部依次递减,其中西部地区政府消费所产生的投资的贡献较大。

刘达禹、刘金全(2015)发现,一价定律偏离因素是2012年以前实际汇率波动的主导诱因;而在进入2012年以后,相对价格波动因素对实际汇率波动的影响更为显著。采用TVP-VAR模型探究二者与三次产业增加值同比增速间的时变影响机制,结果发现,一价定律偏离与三者间的互动影响机制较为稳定,而相对价格波动对三次产业发展的抑制效应在样本期末明显增强。

Tyers等(2006)认为,由于我国可贸易部门的生产率增长非常快,生产率的相对提高和禀赋相对增加的外部冲击常常引起人民币实际汇率的贬值,这与巴拉萨-萨缪尔森效应假说正好相反。McKinnon(2007)认为我国中央银行有可能提高国内通货膨胀率,这可能减缓人民币相对于美元的升值速度。所以,在我国不存在明显的巴拉萨-萨缪尔森效应。

综上所述,各国学者对于巴拉萨-萨缪尔森效应模型使用、数据选取、实证方法、前提假设及在中国本土实际情况都进行了深入的研究,但并没有学者从贸易条件角度分析巴拉萨-萨缪尔森效应的实用性,本节便是在此角度上,运用实证方法,结合巴拉萨-萨缪尔森效应模型及贸易条件为机理,分析贸易条件在产业结构升级对汇率影响机制中的作用。

三、 模型分析

巴拉萨-萨缪尔森效应(Balassa,1964;Samuelson,1964)是在两部门(贸易部门和非贸易部门)小型开放经济体基础上构建的模型,该模型用贸易部门和非贸易部门生产力差异解释了长期中实际汇率变动。

巴拉萨-萨缪尔森模型有三个关键性的假设前提。第一,在各国国内劳动力市场是竞争性的,劳动力在两部门之间可以自由流动,劳动力不能在各国之间自由流动。第二,资本在国际间是完全自由流动的。第三,贸易商品的购买力平价成立。

根据巴拉萨-萨缪尔森效应的论述,本国商品价格水平可以表示为:

$$P = (P^T)^{\alpha}(P^N)^{1-\alpha} \qquad (4.1.1)$$

其中P代表本国所有商品整体价格水平,一般用本国居民消费价格指数

(CPI)或者国民生产总值缩减指数(GDP Deflator)表示，α 表示贸易商品占所有商品比重，$1-\alpha$ 就表示非贸易商品比重，P^T 表示贸易品价格，P^N 表示非贸易商品价格。(4.1.1)式表明，一国的整体物价水平是本国可贸易商品的价格水平与本国非贸易商品的价格水平的函数式。当 α 等于 1，即本国市场只有可贸易商品时，可贸易商品价格就是本国物价指数。

由于贸易商品在世界范围内自由竞争而造成世界贸易商品价格趋于一致，即贸易商品购买力平价成立：

$$P^T = P^{T*/S} \tag{4.1.2}$$

P^{T*} 表示外国贸易商品价格，S 表示汇率水平(外国货币/本国货币)采用直接标价法，同一商品在世界各地销售的实际价格是一样的，并没有任何贸易摩擦导致的不公平竞争。

同时，实际工资水平由劳动边际生产力(mpl)决定：

$$W^T/P^T = MPL^T W^{T*/P^{T*}=MLP^*} \tag{4.1.3}$$

其中，W^T 表示贸易部门工资水平，各部门工资除以各部门的商品价格即是各部门的边际劳动生产率，即对生产函数的一阶导数，反映了在各种产业中每多增加一单位的生产要素(如劳工、资本等)所能增加的生产量。当边际生产率过低或接近零时，该产业的发展规模已经接近饱和，人力物力应转投其他的产业。如果生产要素中只有一个是可变的，边际生产率就是边际产量。

将(4.1.1)式、(4.1.2)式和(4.1.3)式相结合，可得出(4.1.4)式：

$$SW^T/W^{T*} = MPL^T/MPL^{T*} \tag{4.1.4}$$

(4.1.4)式将本国同外国贸易部门工资水平联系起来。如果汇率(S)稳定不变，国内贸易部门工资水平越高，本国贸易部门相对外国贸易部门劳动生产力越高。由于假设一国国内劳动力可以自由流动，所有工人都具有理性，当非贸易部门工资高于可贸易部门工资时，劳动者会无门槛地加入非贸易部门中，导致贸易部门被迫提高工资水平，因此本国贸易部门和非贸易部门工资水平趋于一致：

$$W = W^T = W^N$$
$$W^* = W^{T*} = W^{N*} \tag{4.1.5}$$

但由于非贸易部门实际工资水平等于该部门边际劳动生产力，实际工资为 W/P：

$$W^N = P^N MPL^N$$
$$W^{N*} = P^{N*} MPL^{N*} \tag{4.1.6}$$

相对贸易商品的生产,资本在非贸易商品生产中重要性要小得多,人力资本在其中占比更大。因此,我们为了简化问题而假设各国非贸易部门生产力水平相差不大,$MPL^N = MPL^{N*}$,这个假设并不影响我们最后要得出的结论。将(4.1.1)式、(4.1.5)式、(4.1.6)式相结合可得出等式(4.1.7),即:

$$SP/P^* = S(P^T)^\alpha (P^N)^{1-\alpha} / (P^{T*})^\alpha (P^{N*})^{1-\alpha}$$
$$= (P^T S/P^{T*})^\alpha (P^N S/P^{N*})^{1-\alpha} \quad (4.1.7)$$

其中$(P^N S/P^{N*})^{1-\alpha} = 1$,所以$SP/P^* = (P^T S/P^{T*})^\alpha$。

贸易条件(Terms of Trade,TOT)是指一定时期内一国每出口一单位商品可以交换多少单位外国进口商品的比例,或交换比价,通过它可反映一国宏观上对外贸易的经济效益如何。通常贸易条件用该时期内出口价格指数与进口价格指数之比来表示,所以贸易条件可以表示为:$\theta = \dfrac{PT}{PT^*}$。

最后等式可化简为:$S^{1-\alpha} P/P^* = \theta^{1-\alpha} (MPL^T/MPL^{T*})$。

等式表明本国与外国可贸易部门的劳动生产率差异、本国贸易条件、直接标价法下的汇率及本国与外国之间物价差异之间存在一定的函数关系,当本国与外国可贸易部门的劳动生产率变动浮动不同,因为物价具有刚性效应短期内不会发生变化,会导致汇率发生变动。

四、实证检验

通过前文的模型推导及文献回顾,可以发现,巴拉萨-萨缪尔森效应首先是通过相对生产率来影响相对价格,然后由相对价格影响实际汇率。由于我国1994年才开始实行单一的、以市场供求为基础的、有管理的浮动汇率制,同时人民币名义汇率也只是在一定范围内浮动,直接对相对生产率与实际汇率进行回归估计可能会影响结论的可信性。所以,对我国巴拉萨-萨缪尔森效应的检验应该分步骤进行。首先是思考相对劳动生产率变动对汇率变动的单一影响,然后在相对劳动生产率变动的基础上添加相对更为重要的变量,如贸易条件、中美工业占GDP平减指数比例和服务业占GDP平减指数比例、中国政府消费在GDP中的占比及广义货币(M_2)供给量作为解释变量。最后,在这些控制变量之外添加一些控制变量。考虑到汇率决定主要取决于大宗商品交易价格,而原油价格又在大宗商品中占据重要地位,本节选择世界原油期货价格指数作为控制变量。本节根据重要性原则选取中国最重要的贸易伙伴美国,研究中美之间巴拉萨-萨缪尔森效应是否成立。

(一) 线性模型

为了研究相对劳动生产率变动对汇率变动的直接影响,设计如下基本回归模型:

$$(RER)t = a0 + a1(RPROD)t + \eta t \tag{4.1.8}$$

根据本节理论推导,实证分析中应重点关注系数 $a1$ 的符号。

根据 Jabeen, Malik & Haider (2011) 的研究和本节之前理论推导,发现贸易条件、中美工业占 GDP 平减指数比例、服务业占 GDP 平减指数比例、政府消费在 GDP 中的占比及广义货币供给量也是重要的解释变量。因此,本节选取中美贸易条件、中国政府消费和广义货币供给量作为次要解释变量,设计如下回归方程:

$$(RER)t = b0 + b1(RPRCD)t + b2(GEX)t + b3(TOT)t + b4\ln(M2)t + \eta t \tag{4.1.9}$$

为了更好地研究相对生产率变动对汇率的影响,必须考虑购买力平价(PPP)对汇率的影响,为了研究的数据简便,本节选取对购买力平价实证效果较强的大宗商品原油期货指数作为控制变量,从成本角度研究自变量对因变量的影响关系。设计如下回归方程:

$$(RER)t = \gamma 0 + \gamma 1(RPROD)t + \gamma 2(GEX)t + \gamma 3(TOT)t + \gamma 4(WP)t + \gamma 5\ln(M2)t + RPRCS + \eta t \tag{4.1.10}$$

(二) 变量解释

本节实证分析所涉及的主要变量及其含义见表 4.1.1。

表 4.1.1 主要变量说明

变量符号	变量计算方式	数据来源
RER	中国名义汇率	中国统计年鉴
RPROD	中美不同产业劳动生产率之比,计算方法是中国工业劳动生产率/中国服务业劳动生产率除以美国工业劳动生产率/美国服务业劳动生产率	同花顺数据库
RPRCS	中国服务业在 GDP 平减指数占比/中国工业在 GDP 平减指数占比除以美国服务业和在 GDP 平减指数占比/美国工业在 GDP 平减指数占比	同花顺数据库
WP	世界原油平均价格指数	同花顺数据库

(续表)

变量符号	变量计算方式	数据来源
TOT	贸易条件是中国出口的单位价值除以进口的单位价值	同花顺数据库
GEX	中国政府消费支出在 GDP 中的占比	同花顺数据库
M2	中国广义货币供应量	同花顺数据库

(三) 实证分析结果

1. 描述性统计检验分析

表 4.1.2 显示了主要指标的描述性统计检验值。

表 4.1.2 描述性统计检验

	RER	GEX	RPRCS	RPROD	TOT	WP	M2
平均值	7.3783	0.1819	0.6925	1.3402	0.9811	47.6336	5667646
中间值	7.7879	0.1812	0.6925	1.3438	0.9833	37.4150	3087233
最大值	8.6187	0.2562	0.8720	1.5525	1.1199	109.0800	19517474
最小值	5.5146	0.1105	0.5343	1.1065	0.9058	12.2100	25402.20
标准差	1.0006	0.0473	0.1048	0.1248	0.0487	33.0047	5994591
Skewness	-0.3508	-0.0127	0.2352	-0.0007	0.8760	0.6667	1.0095
Kurtosis	1.5570	1.7728	1.8119	1.9126	4.0080	2.0418	2.7311
Jarque-Bera	2.7891	1.6322	1.7689	1.2809	4.4264	2.9205	4.4945
Probability	0.2480	0.4421	0.4129	0.5270	0.1093	0.2322	0.1057
Sum	191.8368	4.7306	18.0059	34.8454	25.5090	1238.4750	1.47E+08
SumSq. Dev.	25.0306	0.0560	0.2743	0.3894	0.0592	27232.7800	8.98E+14
Observations	26.0000	26.0000	26.0000	26.0000	26.0000	26.0000	26

从表 4.1.2 可见,自 1992 年到 2017 年人民币对美元的实际汇率(RER)均值为 7.3783,标准差为 1.0006,与当时我国把人民币对美元汇率维持在 7 以内的汇率政策目标有一定出入,市场对人民币一直抱有看涨的预期,但是在中国政府的维持和加入 WTO 之前的人民币过高汇率影响了总体情况。政府消费占 GDP 比例维持在 18.19%,总体上超过国际均衡比例。这种做法的优点是政府主导资本市场,可以集中力量做大事,攻克一些技术难题,完成自由资本不愿意去做,但是有利于民生的大事。缺点是政府资本过大,很大程度上会挤出私人投资,市场最终是要回归资本自由竞争市场的,政府在前期过度干预,会导致民营经济较为萎缩,在之后的国际竞争中处于不利地位。RPROD 占比超过 1,表明在中美产业结构比较

中,中国的第二产业仍在起着至关重要的作用,为经济增长和产业发展起到促进作用,与美国相比中国去产业化程度严重,第三产业占比过大,容易产生资本泡沫。贸易条件小于 1 总体上符合我们之前对中美两国商品竞争力的预期,中国商品总体上是处于技术含量低,在国际分工链的中下游,在国际竞争中处于价格接受者,美国商品总体而言是处于产业链上游,技术创新为核心,在国际竞争中处于价格制定者。M2 数量级过大,在数据处理上应进行对数处理。

2. 回归分析结果

生产率的作用无论在统计意义还是在经济意义上都是非常显著的。这与卢锋等得到的结论相同,即当前人民币汇率演变是一个具有中国特色的巴拉萨-萨缪尔森效应过程。长期来看,大力提高服务业、特别是生产性服务业的劳动生产率,降低贸易与非贸易品部门的相对劳动生产率,是缓解人民币升值压力的最有力措施。

表4.1.3 显示了针对(4.1.8)式和(4.1.9)式的回归结果。由表4.1.3可见,贸易部门和非贸易部门劳动生产率比率对汇率有显著的影响。在(4.1.8)式中添加了政府支出、贸易条件和 M2 货币供应量等其他控制变量后,LNRPROD 的回归系数仍然显著。显然,降低贸易与非贸易品部门的相对劳动生产率,仍然可以缓解人民币升值压力。

表4.1.3 (4.1.8)式、(4.1.9)式回归结果

	式1	式2
常数项	-2.04*	-2.38
RPROD	7.03***	5.62***
GEX		-7.791
TOT		1.425
LNM2		0.153
R^2	0.77	0.783
调整后 R^2	0.76	0.742

表4.1.4 显示了对(4.1.10)式的回归结果。结果表明,在加入了所有控制变量之后,RPROD 的回归系数仍然显著,当贸易产品部门(制造业)生产效率迅速提高时,该部门的工资增长率也会提高。国内无论哪个产业,其工资水平都有平均化的趋势,所以尽管非贸易部门(服务业)生产效率提高并不大,但是其他行业工资也会以大致相同的比例上涨,这会引起非贸

易产品对贸易产品的相对价格上升。

表 4.1.4 (4.1.10)式的回归结果

变量	回归系数	标准差	T 值	P 值
LNRPROD	5.496	1.477	3.72	0.0014
LNGEX	-3.766	7.0299	-0.535	0.598
LNTOT	1.5599	2.172	0.7182	0.481
M2T	0.2057	0.1382	1.488	0.152
LNRPRCS	-1.913	2.173	-0.88	0.389
LNWP	-0.0055	0.0070	-0.789	0.439
C	-2.2404	2.841	-0.788	0.440
R^2	0.839	调整后 R^2	0.788	

五、研究结论

随着全球经济放缓和经济结构调整,人民币实际汇率与三部门结构调整的互动关系正在逐年发生变化,与 2014 年 9 月出口相比中国对外贸易结构调整和国民经济体制改革结构调整增长 15.3%,中国季度贸易顺差增长 15.3%。根据决定实际汇率波动和贸易类型多样化的因素,消费品收入也将发生重大变化。扩大贸易商品范围,扩大非贸易商品范围,同时可以与钢铁等传统生产过剩行业的贸易相结合,以寻找新的经济增长点,解决生产能力过剩、出口困难等结构性问题。目前,全球交易成本在降低价格差异的影响方面相对不灵敏,我们必须鼓励减税或特别财政支持,降低商品销售的生产成本,创建新的交易平台,采取措施推广新型的普通商品,有效缓解冲击,支持经济发展新体制转变,为产业结构现代化和现代化改革提供必要的时间。

第二节 制造业技术进步对实际有效汇率的动态影响

一、背景分析

近年来,影响人民币汇率波动的因素一直是诸多学者研究的热点问题之一,但大多是从货币市场、商品市场、资本市场的供求变化来着手研究,而从产业结构尤其是占国民生产总值比重较大的制造业的层面来对人民币实际有效汇率波动做具体分析的较为少见。

根据相关研究,当经济发展到一定程度时,工业占国内生产总值的比重在逐步下降,服务业将成为经济发展的主体部门。新常态下,我国经济结构出现了趋势性的变化。2013 年,第三产业在我国国内生产总值中的比重提高到 46.1%,第一次超过了第二产业,意味着我国工业化进程进入了新阶段。2017 年,我国一、二、三产业产值占国内生产总值的比重则分别为 7.9%、40.5%、51.6%,我国正从工业化中期向后期迈进,可以看出,去工业化趋势明显。随着中国经济体量的不断增加,贸易规模不断扩大,国际收支持续大量顺差,人民币升值压力增大,与美国等发达国家贸易逆差的问题日益激化,我国过去十年间将产业政策的着力点放在加速服务业发展,包括将房地产作为支柱产业,但是否我国工业化技术水平已经达到一定高度引起该部门工资水平提高,良性传导到服务业并对汇率波动产生影响。美国制裁中兴事件仍历历在目,这表明我国制造业仍未站在国际高点,中国制造大而不强。因此,制造业的转型升级在中美贸易摩擦的大背景下对中国经济的发展显得尤为重要,制造业的技术进步不仅会带来大量贸易顺差,还会进一步提高居民的工资水平,从而对人民币升值产生压力,所以研究制造业技术进步对探讨人民币汇率波动具有重要的意义。

二、 文献综述

目前研究经济增长与实际汇率关系中最有影响力的理论假说是巴拉萨-萨缪尔森效应。该假说将一国经济体分为可贸易部门与非贸易部门,认为不同的贸易部门之间存在劳动生产率差异,其可贸易部门的劳动生产率的提高会引起非贸易部门的工资及价格上涨,从而导致实际汇率上升。目前国际上对巴拉萨-萨缪尔森效应的研究成果非常多,在早期主要是以发达国家为研究对象,大多数发达经济体都被证实存在巴拉萨-萨缪尔森效应,战后的日本是一个非常典型的案例(Canzonerietal,1999;Alexius & Nilsson,2000;Faria & Leon-Ledesma,2003)。20 世纪 90 年代之后研究对象转向了发展中国家,Wood(1991)首次验证了巴拉萨-萨缪尔森效应在发展中国家同样适应;Ito,Isar & Symansky(1997)以不同发展中国家的机器制造业为研究对象,发现大部分国家存在巴拉萨-萨缪尔森效应;(Alexius,Annika & Nilssons,2000;Diba,1999)都得出相似的结论。同样但也有文献发现,在经济发展水平较低的经济体中巴拉萨-萨缪尔森效应的解释力度较弱,甚至出现相反的结果(Ito 等,1997;Wagner,2005;Gente,2006;Petkovski,2006)。

那么巴拉萨-萨缪尔森效应假说在我国是否被证实呢?胡德宝(2015)、卢锋和刘鎏(2007)实证检验了中国存在巴拉萨-萨缪尔森效应。黄昌利(2010)研究表明,中国存在显著的巴拉萨-萨缪尔森效应,制造业是主要的可贸易部门,制造业生产率的相对增长推动人民币实际有效汇率的升值。黄先军和曹家和(2010)通过建立价格穿越模型,发现人民币汇率的变动始终与中国产业结构的调整息息相关。吴轞和缪海(2012)运用Blanchard-Quah 的方差分解方法得出产业结构调整对人民币汇率变动的冲击具有明显的结构性特征。孙军和高彦彦(2011)认为内部经济结构或分工模式决定对外经济关系(汇率),汇率问题的本质是经济结构。李新功(2017)通过构建 VAR 模型,并通过脉冲响应分析、方差分解得出制造业产业结构升级对人民币实际有效汇率的上升具有持续性推动作用。但也有较少的研究表明中国不存在巴拉萨-萨缪尔森效应,赵西亮和赵景文(2006)认为在二元结构的转型期中巴拉萨-萨缪尔森效应并不完全适用于中国。王泽填和姚洋(2009)通过对 184 个经济体 1974—2004 年的年度面板数据进行分析结果表明,结构转型削弱了巴拉萨-萨缪尔森效应。

现有文献大多是在巴拉萨-萨缪尔森效应框架的基础上研究产业结构调整会对人民币汇率波动造成影响,鲜有从制造业技术进步的角度出发来分析对实际有效汇率的影响机制,采用的模型一般是回归分析或是 VAR 模型,均是采用不变系数的方法对可观测变量进行回归。所以,研究的只是产业结构升级对实际汇率造成的平均影响,鲜有将不可观测变量纳入可观测模型进行估计并采用时变系数的方法进行实证研究。随着我国制造业技术水平的不断提升,对我国宏观经济基本面的影响也越来越大,汇率的走势受制造业的影响也随之改变。在这种情况下,采用传统的计量模型已经不能精准地反映制造业技术进步对人民币实际有效汇率造成的影响。所以,为了改善这一不足之处,本节引入具有时变参数的状态空间模型来具体分析制造业技术进步是否会对汇率产生影响、在不同阶段会产生什么样的影响。

三、 制造业技术水平测度

首先一个非常重要的问题是制造业技术进步要如何衡量。制造业中出口贸易产品技术含量的高低是对制造业技术含量的测度标准,其技术水平直接决定了该产品附加值的高低,国际上典型的测度指标有 Lall,John & Zhang(2006)提出的产品的"复杂性指数",产品的技术含量指标是生产该类产品的收入水平的加权和,权重为产品的总出口额所占的世界份额。Hausmann,Jason & Rodrik(2006)提出的用产品的劳动生产率水平来替代产品的技术含量指标。国内典型的测度指标有樊纲等(2006)在关志雄(2002)的基础上提出用具体的产品附加值赋值方法来测度产品所含的技术水平。杜修立和王维国(2007)对 Lall,John & Zhang(2006)提出的产品的"复杂性指数"做了修正。他们认为,各国的贸易倾向不同,贸易额与生产额有显著的差异,权重为产品的总生产额所占世界份额。根据大卫·李嘉图的比较优势原理,任何一开放条件下的国家应该生产其劳动成本较低的产品,进口劳动成本较高的产品,才能获得更高的利益,亦即"两优相权取其重,两劣相衡取其轻"。这就意味着,在低工资水平的国家应该生产低技术含量的产品,高工资的国家应该生产高技术含量的产品。在该假设下,本节沿用杜修立和王维国(2007)测度产品的技术含量的方法,首先测度制造业中某一出口产品 z 的技术含量指标 TCI_z 为:

$$TCI_z = \frac{X_{bz}}{X_b} \cdot Y_b = \frac{EP_{bz}/ET_b}{X_b} \cdot Y_b \tag{4.2.1}$$

其中 TCL_z 为产品 z 的技术含量指标,X_{bz} 代表国家 b 生产产品 z 的生产额,X_b 代表国家 b 的生产总值,Y_b 为国家 b 的人均收入。与"复杂性指数"不同,本节采用某一产品生产额在生产总值的比重而不是出口额所占比重,因为比较优势强调的是一国该生产什么产品,生产产品的数额与出口的产品的数额可能有很大差异,如果一国国内市场大,那么生产的该种产品较大份额在国内消费,出口比例就相应下降,反之同理,这就意味着不同国家的出口倾向不同。在实际测算时,某一种产品的生产额难以获得,但出口额较易获得,在经过国家的出口倾向调整之后就可以得到产品的生产额,即 EP_{bz} 表示 b 国家 z 产品的出口额,ET_b 表示国家 b 的出口倾向,用贸易依存度来衡量。接下来,在以上分析基础之上构造一国制造业出口产品技术含量指标 MET_b:

$$MET_b = \sum_{z=1}^{n} \frac{EP_{bz}}{E_b} \cdot TCI_z \tag{4.2.2}$$

E_b 表示国家 b 的出口总额,n 表示制造业产品的类别总数,$z \in [1,n]$。通过以上分析,我们可以计算得出制造业的整体技术水平,考虑到数据的可得到性,采用 1998 年到 2017 年月度数据,原始数据源于国泰安数据库和中国海关总署。

为了看出制造业技术水平发展的整体趋势,采用 H-P 滤波的方法。图 4.2.1 为制造业技术水平的 H-P 滤波分解,Cycle 表示制造业技术水平的波动项,Trend 表示趋势项,右侧坐标轴对应实际值和趋势项,左侧坐标轴对应波动项,当波动项位于 0 的上方,意味着技术水平的增速大于趋势项,此时技术水平快速发展,反之则相反。总体来看,从 1998 年到 2017 年我国制造业技术水平是在不断提升。

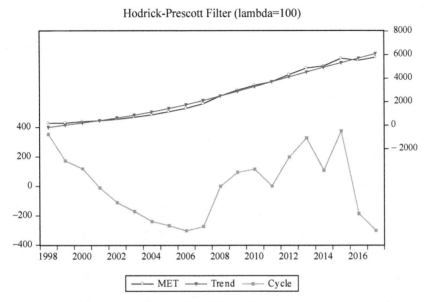

图 4.2.1 制造业技术水平 H-P 分解

四、研究设计

(一)计量模型的设定

巴拉萨-萨缪尔森效应的两个重要假设是贸易部门生产率大于非贸易部门,非贸易部门商品价格大于可贸易部门,是在两部门之间存在差异的基础上进行分析,这与本节所要研究的仅针对制造业(可贸易部门)生产率提高而不考虑非贸易部门的前提有所不同。另外,巴拉萨-萨缪尔森效应仅从供给方面来解释生产效率的提高对实际有效汇率的影响,而在实际中汇率波动必定受到供需两方面因素影响,但是巴拉萨-萨缪尔森效应的思想仍值得借鉴。从供给方面讲,一国可贸易部门技术水平不断升级,生产效率不断提高,就会促进一国经济发展从而推动一国实际有效汇率(即相对价格水平)走强。需求方面可以分为两个角度:一是国际需求,当一国可贸易品所含技术含量不断提高,那么世界上对该国产品的需求就随之增强,对其经济发展有较好的预期,信心增强,会减少贸易逆差或者是加大贸易顺差,该国汇率升值;二是国内需求,主要包括政府和居民两方面。生产效率的提高促使居民收入水平提升,消费偏好可能发生改变,对可贸易产品的消费需求减少,对非贸易产品需求增加,从而导致非贸易产品价格上涨,引发实际汇率升值,此为收入效应;当可贸易部门技术水平提高,那么可贸易产品的相对价格下降,会减少对非贸易产品的需求,引发实际汇率下跌,此为替代效应。如果收入效应大于替代效应,那么技术进步将引发实际汇率上升。政府的消费结构也可能改变,但远不及居民消费那么敏感,因为政府消费主要是在非贸易部门,但政府的消费导向往往会对居民消费造成影响。基于上述分析,我们可以构建一个理论模型:

$$REER_t = f(MET_t, TT_t, C_t) \qquad (4.2.3)$$

其中,$REER_t$ 表示人民币实际有效汇率,MET_t 表示制造业出口产品技术含量,TT_t 表示贸易条件,C_t 表示国内消费,包括居民消费和政府消费,对上式同时取对数可得:

$$\ln REER_t = c + \beta_1 \ln MET_t + \beta_2 \ln TT_t + \beta_3 \ln C_t + \varepsilon_t \qquad (4.2.4)$$

这就是我们所要重点研究的方程。系数 β_1 意味着,在其他变量保持不变的情况下,制造业技术水平每提高 1% 对实际有效汇率造成 β_1% 的影响;若 β_1 为正,表明技术水平提高与汇率呈正相关,即技术水平提高得越快,汇率上升的幅度也就越大;若 β_1 为负,则表明技术水平与汇率呈负相关,即技术水平提升得越快,汇率下降的幅度越大。

考虑到我国实际有效汇率波动起伏,从 1994 年开始取消汇率双轨制,实行单一汇率制,人民币大幅贬值;1998 年之前,人民币逐渐升值;1998 年金融危机,我国外汇政策是盯住美元;直到 2005 年汇改之后,人民币实际有效汇率继续升值;2008 年金融危机再次盯住美元,直到 2010 年之后重新进入升值轨道;2015 年以来,受我国经济下行压力影响,人民币贬值压力增强。由此可以看出,在不同阶段,人民币实际有效汇率有不同的特征,如果仍采用固定参数模型则无法精准地反映制造业技术进步对实际有效汇率的动态影响,所以我们引入具有时变参数的状态空间模型,状态空间模型还可以将不可观测到的解释变量引入模型。状态空间模型建成之后通过强有力的卡尔曼滤波对可观测变量的动态信息迭代进行参数估计,并设法去掉不可观测因素的影响。状态空间模型包含信号方程和状态方程,本节设定方程如下：

信号方程：
$$\ln REER = c + sv_1 \ln MET + sv_2 \ln TT + sv_3 \ln C + \varepsilon_t \quad (4.2.5)$$

状态方程：
$$\begin{aligned} sv_{1t} &= sv_{1t-1} + \mu_{1t} \\ sv_{2t} &= sv_{2t-1} + \mu_{2t} \\ sv_{3t} &= sv_{3t-1} + \mu_{3t} \end{aligned} \quad (4.2.6)$$

（4.3.5）式表示制造业技术水平、贸易情况、国内消费对实际有效汇率的冲击影响，c 为常数项，$sv_{1t}, sv_{2t}, sv_{3t}$ 分别表示解释变量的时变参数，具有动态特性，且设定其满足 AR(1)，并假设扰动项 $\varepsilon_t, \mu_{it}(i=1,2,3,4)$ 为独立白噪声，所以满足均值为 0、方差为 σ^2、协方差矩阵为 R 的正态分布，即：

$$(\varepsilon_t, \mu_{it})^T \sim N\left(\begin{pmatrix} 0 \\ 0 \end{pmatrix}, \begin{pmatrix} \sigma^2 & 0 \\ 0 & R \end{pmatrix}\right),$$
$$(i=1,2,3,4);(T=1,2,3\cdots T) \quad (4.2.7)$$

（二）变量及数据来源

本节考虑到建模的基本原则和数据的可得到性，并借鉴已有的研究成果和力求创新，最终选取 1998 年到 2017 年的数据，被解释变量为人民币实际有效汇率，解释变量为制造业技术水平、贸易状况、国内消费状况。以下逐一说明。

（1）人民币实际有效汇率（REER）：与名义有效汇率相采比，实际有效汇率剔除通货膨胀对货币购买力的影响，较全面地反映一国汇率的真实水平，更好地反映本国货币的对外价值和相对购买力及对宏观经济的影响。数据来源于国际清算银行 BIS，以 2010 年为基期采用间接标价法方式计算实际有效汇率指数，指数上升代表人民币升值，指数下降代表人民币贬值。

（2）制造业技术水平（MET）：首先选取制造业中 27 个出口行业月度数据，通过计算得出年度数据，并沿用杜修立、王维国（2007）测度产品的技术含量的方法，首先测度制造业中某一出口产品的技术含量指标，然后计算一国制造业出口产品技术含量以此来衡量制造业技术水平。

（3）贸易状况（TT）：由于我国资本项目还没有完全开放，我国外汇收入的来源大多来自经常项目，而进出口贸易是构成经常项目的主体，我国现阶段拥有庞大的外汇储备，很大一部分是由贸易顺差导致，所以我们用净出口额占 GDP 的比重来衡量贸易水平。

(4)国内消费状况(C):国内消费包括居民消费和政府消费,一种产品的消费市场只有国内和国外,所以我们用制造业中出口行业的总产出减去总出口再来衡量国内消费。

本节数据分别来自中经网和国泰安数据库。

五、 实证检验结果及分析

(一) 数据平稳性及协整检验

数据的平稳性对于时间序列至关重要,只有对于平稳的过程进行预测才是有意义的,如果两个非平稳序列相关,可能仅仅是因为二者同时随时间或者其他某个变量具有相同的变动的趋势,并没有真正的联系。模型统计指标显著仅仅是一种数字上的巧合,两者之间并不存在均衡关系,数据非平稳经常造成伪回归的问题。对此本节采用经典的 ADF 方法对变量的平稳性进行检验,最优滞后阶数由 SIC 准则确定。由表 4.2.1,可以看出变量 lnREER、lnMET、lnTT、lnC 均不平稳,但经过一阶差分之后,均在 1% 显著性水平上拒绝存在单位根的原假设,即变为平稳时间序列。

表 4.2.1 单位根检验结果

变量	(ctp)	ADF 值	1% 临界值	5% 临界值	P 值	平稳性
lnREER	(1,1,0)	−1.925	−4.533	−3.673	0.603	非平稳
dlnREER	(000)	−2.808	−2.700	−1.961	0.008	平稳
lnMET	(003)	−1.054	−2.718	−1.964	0.251	非平稳
dlnMET	(110)	−11.402	−4.572	−3.691	0.000	平稳
lnTT	(101)	−1.558	−3.857	−3.040	0.482	非平稳
dlnTT	(000)	−2.884	−2.700	−1.961	0.007	平稳
lnC	(110)	−1.587	−4.533	−3.674	0.760	非平稳
dlnC	(000)	−2.718	−2.670	−1.961	0.010	平稳

注:c 表示截距项,t 表示趋势项,0 表示不含相应项,p 表示最优滞后阶数。

由于原数据是非平稳的,就有必要进行协整检验。协整检验的本质就是一些经济变量本身是不平稳的,但当两个或几个非平稳的时间序列数据的变化趋势相互抵消时,那么由它们的线性组合所得到的组合变量却是平稳的。所以,如果我们发现两个经济变量之间存在协整关系,那么这表明,从长期来看,它们之间是存在一个均衡关系的。

协整检验从检验对象上可以分为两种:一种是基于回归残差的协整检

验,如 DF 检验、ADF 检验;另一种是基于回归系数的协整检验,如 Johansen 协整检验。

基于回归残差的检验首先利用 OLS 方法估计方程,之后计算非均衡误差,然后根据 ADF 检验来判断非均衡误差的平稳性,若平稳,则判断向量之间存在协整关系,否则不存在。

表4.2.2 显示了残差平稳性检验结果。由表4.2.2 可以看出,在 5% 水平下拒绝原假设,即不存在单位根,可以得出原序列平稳,原序列之间存在协整关系。

表4.2.2 残差平稳性检验结果

ADF 值	1%	5%	10%	P 值
-2.488	-2.692	-1.960	-1.607	0.016

Johansen 协整检验是一种在 VAR 系统下用极大似然估计来检验多变量之间协整关系的方法,表4.2.3 显示了 Johansen 协整检验结果。

表4.2.3 Johansen 协整检验结果

协整向量个数原假设	特征值	迹检验统计量	5%临界值	Prob
None*	0.957	107.785	47.856	0.000
Atmost1*	0.760	51.266	29.797	0.000
Atmost2*	0.698	25.564	15.495	0.001
Atmost3*	0.200	4.021	3.841	0.045

"*"表示在 5%的显著性水平下拒绝原假设,即存在协整关系,可以看出四个变量存在长期均衡关系。

(二)状态空间模型结果及分析

在建立长期均衡关系的基础上,考虑到人民币汇率波动过程中还受到其他不可观测变量的影响及传统的固定参数模型对估计人民币汇率波动结果可能存在较大误差,为了更加精准地反映不同时期制造业技术水平、贸易状况、国内消费对实际有效汇率的动态影响及一些不可观测变量的影响,本节采用具有时变参数的状态空间模型,卡尔曼滤波可以通过迭代将每个时点的 sv_{1t},sv_{2t},sv_{3t} 估计出来,从而得到状态方程的估计值(表4.2.4)。模型设置为:

信号方程:

$$\ln REER = c(1) + sv_{1t} * \ln MET + sv_{2t} * \ln TT + sv_{3t} * \ln C + [\text{var} = \exp(c(2))] \quad (4.2.8)$$

状态方程：

$$sv_{1t} = sv_{1t}(-1) + [\text{var} = \exp(c(3))]$$
$$sv_{2t} = sv_{2t}(-1) + [\text{var} = \exp(c(4))] \quad (4.2.9)$$
$$sv_{3t} = sv_{3t}(-1) + [\text{var} = \exp(c(5))]$$

表 4.2.4 状态空间模型估计结果

原假设	最终状态值	均方根误差	Z 统计量	P 值
sv_{3t}	0.075	0.022	3.427	0.001
sv_{3t}	-0.143	0.077	1.852	0.064
sv_{3t}	0.488	0.069	7.048	0.000

通过迭代，可以得出时变参数的变动轨迹，如图 4.2.2 所示。可以明显看出，三个变量的时变参数曲线有较大的波动，证明三个变量在不同时段对汇率波动有不同的影响，即相关系数不是一个固定的常数，因此状态空间模型的构建是十分合理的。由图 4.2.2 可以看出各系数的符号，技术水平系数除了 1998 年均为正，对外贸易系数除了 1999 年均为负，国内消费系数 1998 年到 2017 年之间均为正。时变参数 sv_{1t}，sv_{2t}，sv_{3t} 分别表示制造业技术水平、贸易状况、国内消费的弹值。从技术水平对实际有效汇率的弹性轨迹 sv_{1t} 来看，其变动范围在 [-0.0495, 0.0748] 之间，意味着技术水平每提高 1%，有效汇率变动百分比在 [-0.0495, 0.0748] 之间。贸易状况的变动对实际有效汇率的弹性 sv_{2t} 在 [-0.185, 0.143] 之间，国内消费水平对实际有效汇率的弹性 sv_{3t} 在 [0.009, 0.926] 之间。根据三个变量可变系数变动趋势，可以将曲线大致划分为三个阶段：2002 年之前为第一阶段，其系数波幅较大且 2001 年升至制高点；2002 年到 2008 年之前为第二阶段，基本呈现下降趋势；2008 年之后为第三阶段，系数逐渐平稳。值得注意的是，三个变量的弹性系数在 1998 年、1999 年之间，2001 年均出现了较大的波动，这反映了重要的时点信息，主要原因就在于状态空间模型可以将不可观测的变量纳入可解释变量的模型之中：1998 年亚洲金融危机，2001 年中国加入 WTO，两个外部冲击被纳入状态空间模型，可以更好地解释各变量的时变参数。

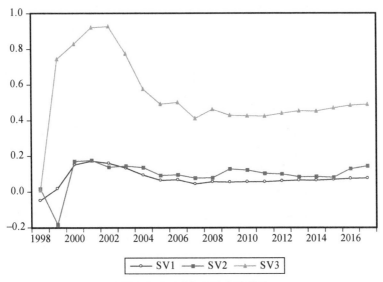

图 4.2.2 时变参数变动轨迹

1998 年技术水平对实际有效汇率弹性值为负数,即实际有效汇率指数下降,本币贬值,到 1999 年弹性值升,为 0.018,2000 年达到 0.172,贸易状况对有效汇率的弹性 sv_{2t} 从 1998 年开始迅速下跌,1999 年跌至最低点 -0.185,而后又逐渐升值,到 2001 年弹性系数达最高点 0.176。国内消费系数在从 1998 年的 0.009 开始迅速攀升至 1999 年的 0.744,而后升速放缓,2001 年弹性系数为 0.920。究其原因,主要是 1997 年 7 月东南亚金融危机爆发,1998 年初危机加剧,逐步演变为亚洲金融危机,东南亚绝大多数国家和地区货币贬值幅度超过 30%,而我国由于资本市场还没有对外开放,选择盯住美元保持汇率总体稳定。由于我国出口结构与东南亚货币贬值国家的出口结构相似,都集中在低附加值的初级产品上,所以其廉价的制成品使我国出口贸易产品受到巨大的压力,在国际市场的竞争力大幅下降,出口量在 1999 年 2 月跌至谷底。所以,在这一时期对外贸易弹性系数为负且迅速下降,外贸产品出口额负增长,人民币贬值压力增强。制造业产品出口受到巨大冲击,所以只能转向国内市场,为了抑制经济过快下滑,政府于 1998 年下半年发行了 1000 亿元的国债以刺激国内消费,在这一时期国内的消费水平对实际有效汇率的影响就愈发凸显,弹性值迅速上升,1999 年高达 0.744。

2001 年,我国制造业技术水平、对外贸易状况、国内消费水平的弹性系数均达到最高点。2000 年之后,我国逐步走出亚洲金融危机的阴影,我国制造业技术水平不断提升,对外贸易规模不断扩大。2001年我国加入WTO,为制造业打开了国际市场,出口规模迅速增长,国际收支持续大量顺差,而且大量境外热钱涌入中国寻求套利机会,外汇储备规模不断攀升,导致人民币持续升值。这一时期,我国国内经济发展势头良好,城镇化步入快速发展时期。2002年,城镇化水平已达39.1%,国内消费需求逐步升级,消费市场日益壮大,而与此同时中共十六大提出走"新型工业化道路",强调科学技术在工业化过程中的重要性,加速推动我国制造业技术升级。在世界经济持续低迷的情况下,我国工业经济逆风飞扬,亮点频频,出口贸易规模再创新高,人民币升值压力上升。

2002年到2008年之前,制造业技术水平的时变系数趋于平稳且有小幅收敛,即随着制造业技术水平的稳步提升,对实际有效汇率的影响趋于稳定。贸易状况的时变系数虽有小幅震荡但也基本平稳。值得注意的是,国内消费的时变系数有较大变动。这一时期,我国经济步入高速增长期,GDP增速基本在10%以上,生产效率的提高促使居民收入水平提升,居民的消费偏好发生改变,对可贸易产品的需求减少而对非贸易产品的需求增加,导致非贸易产品价格上涨、实际有效汇率上升,但较前一阶段相比,制造业产品的国内消费额占总产出的比例加速下降。2003年爆发的非典也抑制了国内消费,但出口增速在明显上升,生产的制造业产品更多用于出口,所以国内消费水平对有效汇率的影响在削弱。

2008年全球性金融危机爆发。美国、日本和欧洲主要发达国家是中国制成品的主要出口对象,其经济遭受重挫,为了使本国经济尽快从危机中复苏,保护本国工业企业,他们纷纷对廉价的中国制造业出口产品进行抨击,甚至一些国家和地区设置了非常苛刻的环保标准来实施贸易壁垒,一时间我国制造业出口备受压力。2008年之后,发达国家为了重振经济,再次将目光转向制造业,实施以重塑制造业为重点的再工业化战略,力图以高技术为着力点抢占国际制高点,并实施各项优惠政策以吸引高端技术产业回流再投资。此外,随着我国人口红利逐渐消失,劳动力成本日益提高,一些新兴国家凭借劳动力优势、资源优势承接中低端产业转移,这给我国传统的制造业带来严峻的挑战。因此,尽管这一时期我国制造业技术水平不断提升,但对实际有效汇率的影响位于低位并趋于稳定,弹性系数保持在0.06左右,与发达国家和新兴经济体相比资源禀赋优势正在逐步丧失,本国制造业技术进步的增速放缓,与国际水平相比没有明显提升。

六、研究结论

本节首先测度了制造业 27 个出口行业产品的技术含量,然后通过构建具有时变参数的状态空间模型研究了制造业技术进步对我国实际有效汇率的影响,解释变量弹性系数的强弱改变体现出各解释变量在不同时期对实际有效汇率的不同影响力。实证结果表明:(1)制造业技术进步确实对实际有效汇率波动产生影响,1998 年受亚洲金融危机影响,弹性系数为负。(2)2000 年之后,随着我国制造业劳动生产率不断提高,对外贸易规模不断扩大,国际收支持续大量顺差,对有效汇率的影响显著为正。(3)2008 年之后,受发达国家和发展中国家双向挤压的影响,我国制造业发展面临严峻挑战,对实际有效汇率的弹性系数位于低位并趋于稳定。

近年来,随着我国经济步入新常态,经济增速放缓,其背后隐藏的是制造业技术升级过程中面临的挑战。在工业化发展的初级阶段,我国制造业主要依靠资源禀赋低成本优势引进技术并消化吸收以实现生产规模迅速扩张,随着我国生产力的不断发展、技术水平不断提升,我国步入工业化中后期阶段,继续走以吸收技术为主的制造业发展道路将难以为继。现阶段,我国制造业出现了传统产业产能过剩和高端制造发展不足的情况,制造业生产率与发达国家相距很大,甚至一些新兴经济体也超越我国,所以我国制造业技术水平与国际水平相比并没有明显提升,对有效汇率的弹性系数位于低位并趋于稳定。目前,要推进制造业转型升级,协调与汇率变动之间的关系,要做好以下几点。第一,我国在新常态的发展过程中仍然要以实体经济尤其要以制造业为优先发展战略来作为经济发展主要推动力。发达国家的实践经验向我们表明,实体经济与虚拟经济相辅相成、相互支撑,在实体经济不能支撑虚拟经济发展的情况下,必然导致信用危机引爆金融危机。第二,要牢牢把握住新一轮科技革命的战略机遇期,努力发展高端制造业。美国制裁中兴事件及一系列贸易保护政策给中国高端制造业敲响了警钟,打造核心科技、掌握国之重器已经成为我国面临的当务之急。以互联网、大数据、人工智能为代表的新一代信息技术正在蓬勃发展,新材料、新能源、新医药的发展日新月异,我国要将这些新技术与制造业相融合以抢占全球制造业的高位,稳步提升制造业产品的国际竞争力。第三,稳步推进人民币汇率机制改革,倒逼制造业技术升级。人民币汇率升值将改变国内外相对价格水平,迫使企业调整生产经营方式,逐步提高产品的技术含量。徐涛、万解秋、丁匡达(2013)研究发现,人民币适度升值尤其对劳动密集型行业技术进步有推动作用。因此,在进行汇率体制改革时要考虑制造业的行业特征,为推进制造业技术进步创造良好的外部环境。

第三节　跨国分析

一、背景分析

改革开放40多年来,中国的经济发展取得了世界瞩目的成绩,成为世界第二大经济体。对外开放让中国逐步走向世界经济舞台的中央,不仅提高了中国的知名度,也促进了中国与其他各国在经济、文化、科学方面的交流。人民币作为中国的一张重要名片,也逐渐被越来越多的国家承认和使用,进而巩固了我国在全球市场中的经济地位。作为对外开放中的重要一环,对人民币汇率与产业结构之间的讨论逐渐成为学界研究的焦点。随着全球化进程的推进及人民币国际化脚步的加快,产业结构对汇率的影响已经引起了政府决策部门和相关学者的重视。产业结构对不同国家的汇率影响具有异质性,不同产业对汇率的偏好方向和程度也存在差异,因此研究产业结构对人民币汇率的影响对我国汇率政策的制定及产业结构的升级有着重大的意义。

本节从国际视角出发,通过分析三大经济体,将产业结构与均衡汇率联系起来,深入分析其内在影响机理,有助于促进产业结构的选择与升级,这一研究具有一定的理论意义。同时,中国正处于产业结构转型升级的发展时期,产业从低附加值向高附加值升级,第三产业比重逐渐增加,产业结构高级化加快,在这一背景下研究产业结构变迁对均衡汇率的影响,有助于我国选择相应的发展模式以促进经济实现长久增长。本研究对我国产业结构转型与汇率的调整有一定的现实意义。

二、文献综述

本节在巴拉萨-萨缪尔森效应理论的基础上研究产业结构对汇率的影响程度。有关巴拉萨-萨缪尔森效应的实证研究主要是从相对生产率、相对价格水平、经济增长与实际汇率之间的关系进行说明。

关于巴拉萨-萨缪尔森效应在各国的适用情况,学者们对此有不同的看法。部分学者认为巴拉萨-萨缪尔森效应在大多数国家是显著的；Balassa(1964)首先利用12个国家收入和物价的截面数据对巴拉萨-萨缪尔森效应进行了检验，证实了巴拉萨-萨缪尔森效应确实存在。Hsieh(1982)通过分析1954—1976年间美国、德国、日本等发达国家的数据，发现生产率差异和实际汇率之间存在巴拉萨-萨缪尔森效应关系，而且在采用工具变量技术对回归方程重新修正后，得到的结果仍然支持该假说。Edison & Klovland(1987)利用英国和挪威1874—1971年间生产率差异和实际汇率变动的数据进行实证检验，证明了生产率差异与两国的实际汇率走势满足巴拉萨-萨缪尔森效应。Bahmani-Oskooee(1992)第一次将协整检验引入对巴拉萨-萨缪尔森效应的检验，其后Faruqee(1995)利用Johansen的模型验证了1950—1990年美元和日元实际有效汇率与劳动生产率差异、国外资产净头寸与贸易条件之间存在协整关系，即巴拉萨-萨缪尔森效应比较明显地存在。随着计量经济学面板数据模型分析的引入，越来越多的经济学家开始使用面板数据对巴拉萨-萨缪尔森效应进行验证。Can-zoneri等(1999)利用面板数据，对主要OECD成员国的数据进行了实证分析，研究表明巴拉萨-萨缪尔森效应在这些国家均成立。De Loach等(2001)利用美国、日本、英国、法国、德国等9个发达国家的数据，验证了非贸易品的价格与实际产出之间存在显著的长期关系，这与巴拉萨-萨缪尔森效应所设定的逻辑是完全一致的。

但是也有部分学者认为巴拉萨-萨缪尔森效应在有些国家并不显著。Thomas & King(2008)的研究表明，泰国、菲律宾、马来西亚等亚太发展中国家实际汇率变动的数据并不支持巴拉萨-萨缪尔森效应，与经济增长相伴随的是实际汇率的贬值。胡援成与曾超(2004)对劳动生产率与人民币实际汇率的关系进行了验证，研究表明巴拉萨-萨缪尔森效应对人民币实际汇率长期走势的解释能力很弱。Chang(2004)研究了我国1975—2003年实际汇率的数据后发现，人民币被低估(2003年大致低估22.5%)，巴拉萨-萨缪尔森效应并不显著。Drine, Lommatzsch & Rault(2005)的研究表明巴拉萨-萨缪尔森效应只能解释中东欧9个国家1995—2004年的实际汇率变动的一部分，巴拉萨-萨缪尔森效应在这些国家表现不显著。Gublery & Sax(2011)、Steenkamp(2013)分别检验了OECD国家(1970—2008)和新西兰(1953—2012)的数据，检验结果表明，巴拉萨-萨缪尔森效应在这些国家也不成立。

关于巴拉萨-萨缪尔森效应在中国的适用情况，大多数学者认为巴拉萨-萨缪尔森效应在中国不同年代的显著性也有所不同,即不同时期的人民币实际汇率走势与巴拉萨-萨缪尔森效应相符的程度不同。唐旭和钱士春(2007)分析了国内两部门巴拉萨-萨缪尔森效应对中国汇率和劳动生产率变化的影响相对生产率与相对价格之间的关系及相对劳动生产率对中美两国物价差异和人民币实际汇率的影响,检验结果同样发现巴拉萨-萨缪尔森效应在中国具有显著性。陈志昂和方霞(2004)以1990—2000年的购买力平价作为生产率的代理变量和实际汇率的偏离问题作为对象研究,实证研究结果表明,中国这段时期进行市场体制改革,促使了中国劳动力优势得到了体现,使得中国实际汇率长期处于贬值状态,所以人民币汇率稳定的基础是由于中美两国之间的劳动力成本的不同。周亚军(2011)运用中美两国的数据在标准和拓展的巴拉萨-萨缪尔森效应两种模型下对人民币实际汇率进行了实证检验,结果表明相对劳动生产率的变动在实际汇率的决定中起着重要的作用。王凯和庞震(2012)通过1978—2010年的统计数据进行检验分析,发现中国两部门生产率的提高使实际汇率在长期中出现升值,巴拉萨-萨缪尔森效应在中国显著成立。潘雪阳(2012)通过对中国1985—2008年的数据进行实证分析,发现巴拉萨-萨缪尔森效应在中国是存在的,但与传统的巴拉萨-萨缪尔森效应假说不同的是,在中国经济高增长的过程中出现了实际汇率贬值。他认为产生这种现象的原因是:中国经济增长是由于劳动者不断从事第二产业、第三产业,他们的就业规模不断扩张,从而进一步促进了发展。

从上述文献可见,中国的独特经济特征及体制转轨因素可能使得中国在不同时期的人民币实际汇率走势与巴拉萨-萨缪尔森效应相符的程度不同。本节充分考虑到一价定律偏离的影响,研究产业结构对汇率的影响机制。

三、理论分析

本节在巴拉萨-萨缪尔森理论的基础上将国内生产部门分为可贸易部门与不可贸易部门两类。假设国外资本不是国内生产部门的主要生产要素,那么可贸易部门与不可贸易部门的生产函数就可分别表达为:可贸易部门生产函数——$Q^T = A^T(L^T)^\gamma(K^T)^{1-\gamma}$;不可贸易部门生产函数——$Q^{NT} = A^{NT}(L^{NT})^\delta(K^{NT})^{1-\delta}$。此处,$T$ 与 NT 分别代表可贸易部门与不可贸易部分;γ 与 δ 分别代表劳动在可贸易部门与不可贸易部门总产出中的贡献率;相应的 $1-\gamma$ 与 $1-\delta$ 分别代表资本在可贸易部门与不可贸易部门总产出中的贡献率；假设资本与劳动力可以自由地在可贸易部门与不可贸易部门间流动，由厂商利润最大化的一阶条件可知：$\omega^T = \gamma P^T A^T (K^T/L^T)^{1-\gamma}$，$\omega^{NT} = \delta P^{NT} A^{NT} (K^{NT}/L^{NT})^{1-\delta}$。由于劳动和资本可以自由流动，因此均衡状态下 $\omega^T = \omega^{NT}$，整理可得：

$$p^{NT} - p^T = \log(\gamma/\delta) + alp^T - alp^{NT} \quad (4.3.1)$$

（4.4.1）式即是国内市场的巴拉萨-萨缪尔森效应方程。它将贸易部门与非贸易部门间的价格差异表示成两部门间相对劳动生产率差异的函数，在此本节使用可贸易部门与不可贸易部门价格水平的加权平均数计算总价格水平，因此国内外总价格水平可分别由 P_t 和 P_t^* 表示：$P_t = (P_t^T)^\alpha (P_t^{NT})^{1-\alpha}$，$P_t^* = (P_t^{T*})^\alpha (P_t^{NT*})^{1-\alpha}$。由实际汇率与名义汇率间的关系可知：$e_t = EP_t^*/P_t$。其中，$e_t$ 与 E 分别代表实际汇率与名义汇率，综合 P_t、P_t^* 和 e_t 可得：

$$\ln e_t = \ln E + \ln P^{T*} - Ln P^T + (1 - \alpha^*)(Ln P^{NT} - Ln P^T) - (1 - \alpha)(Ln P^{NT} - Ln^{PT}) \quad (4.3.2)$$

其中，$\ln e_t$ 是对数化的实际汇率，$\ln E + \ln P^{T*} - Ln P^T$ 代表一价定律偏离因素，$(1 - \alpha^*)(Ln P^{NT} - Ln P^T) - (1 - \alpha)(Ln P^{NT} - Ln^{PT})$ 综合考虑了国内市场与国际市场上可贸易品与不可贸易品的价格差异，因此可以反映可贸易品与不可贸易品间的相对价格波动。实际汇率将受到国内外相对价格波动的影响，而两部门"相对"劳动生产率的变动将直接改变可贸易部门与不可贸易部门之间的相对价格。因此，当国外两部门相对劳动生产率保持稳定而我国产业结构不断升级时，国内非贸易部门的相对价格就会低于贸易部门的相对价格，从而使直接标价法下的实际汇率 e 升值，即本币实际购买力下降。

四、实证分析

（一）计量模型的设定与变量选取

根据前文有关产业结构对实际汇率变动影响机制的分析、以往的文献研究及数据的可得性，本节使用的面板数据计量模型设定如下：

$$LnREER_{it} = \beta + \beta_1 \ln ST_{it} + \beta_2 \ln Z_{it} + \beta_3 \ln OPE_{it} + \beta_4 \ln GDP_{it} + \varepsilon_{it} \quad (4.3.3)$$

其中，i 代表所表示年份，t 代表所表示国家，β 代表常数项，ε 为随机扰动项。

被解释变量 REER 为实际汇率变量,本节采用以购买力平价作为转换因子计算得到的实际有效汇率,即购买力平价汇率与市场汇率的比率,是研究中大多数文献衡量实际汇率时广为采用的指标,其上升代表了本国实际汇率的升值。

核心解释变量 ST 为产业间结构升级度,且 $ST = y_1 \times 1 + y_2 \times 2 + y_3 \times 3$。$y_i = Y_i/Y$,$Y_i$ 表示的是第 i 产业生产总值,Y 表示国内生产总值。ST 的取值介于 1~3 之间,取值越大表示产业间结构升级度越高。参考以往学者的研究和相关的经济理论,本节采用其他控制变量,主要包括全要素生产率、对外开放度、GDP。接下来对所选控制变量进行简要说明。

全要素生产率 Z:巴拉萨-萨缪尔森效应认为,一国可贸易品部门与外国相比相对劳动生产率提高幅度更高时,该国货币实际升值。也就是说,随着一国劳动生产效率的提高,其实际汇率升值。

开放程度(open):采用进出口贸易总额表示;对外开放度是影响实际汇率的重要变量(Kravis & Lipsey,1983)。Roseetal(2009)指出,贸易自由化的提高(即对外开放度的提升)会引起更大的进口需求及本国非贸易品需求的削减,这将引起本国非贸易品价格的下降,最终导致实际汇率贬值。

GDP:在之前的研究中,很多学者简单地以 GDP 作为度量巴拉萨-萨缪尔森效应的指标,但这一指标与巴拉萨-萨缪尔森效应的原意存在较大的差异,无法反映出两部门生产率之间存在的差异,而且难以反映出需求因素的冲击,以其作为巴拉萨-萨缪尔森效应的度量指标存在一系列问题(Peltonen & Sager,2009),将 GDP 作为收入效应的度量指标更为合理,其对实际汇率的影响作用方向不确定,需要在实证中进行进一步的检验。

(二)数据说明

基于数据的可得性以及对重要变量缺失值部分的剔除,本节选取了 48 个国家(或地区)2008—2017 年共 10 年的年度平衡面板数据进行实证检验,这 48 个国家分别属于 G7、OECD、BRICS 三个经济体。

1. 被解释变量

实际汇率。本节分析的 48 个国家的汇率都是实际有效汇率。数据来源于世界银行数据库,实际汇率记为 REER。

2. 解释变量

产业结构升级度。产业机构升级度是用来衡量产业结构从低级形态向高级形态转变的程度的指标。产业机构升级度记为 ST,ST 表示产业间结构升级度,且 $ST = y1 \times 1 + y2 \times 2 + y3 \times 3$。$yi = Yi/Y$,$Yi$ 表示的是第 i 产业总值，Y 表示国内生产总值。ST 的取值介于 1～3 之间，取值越大表示产业间结构升级度越高。数据来源于 WTO 数据库，本节使用国际贸易分类标准（SITC）数据进行研究，对不同行业的生产总值进行归类整理。

3. 控制变量

GDP 即国内生产总值，数据来源于 WTO 数据库。Z 即生产率，数据选自 OECD 官方数据库。OPE 即开放度，开放度反映一个国家贸易部门与非贸易部门的比例，本节采用的是进口与出口贸易额占 GDP 的比重来进行研究，数据来源于 WTO 数据库。

本节对所有变量均取自然对数以降低异方差问题和修正数据右偏问题。本节实证部分均采用 STATA14.0 软件。

（三）描述性统计分析

使用 STATA14.0 统计软件对所有的变量进行描述性统计，可以得到各种数量特征，如样本数、最小值、最大值、平均值和变量的标准差（表 4.3.1、表 4.3.2 和表 4.3.3）。

表 4.3.1　G7 相关变量描述性统计

变量	样本数	平均值	标准差	最小值	最大值
LnOPE	70	3.932	0.366	3.198	4.474
LnST	70	1.01	0.016	0.983	1.03
LnZ	70	4.031	0.148	3.731	4.25
LnGDP	70	28.911	0.722	27.947	30.601
LnREER	70	0.504	1.69	-0.609	4.796

表 4.3.2　OECD 相关变量描述性统计

变量	样本数	平均值	标准差	最小值	最大值
LnOPE	360	4.419	0.593	2.834	6.012
LnST	360	0.976	0.05	0.723	1.056
LnZ	360	3.848	0.345	2.967	4.582
LnGDP	360	26.738	1.57	23.301	30.601
LnREER	360	1.228	2.175	-0.609	7.152

表 4.3.3 BRICS 相关变量描述性统计

变量	样本数	平均值	标准差	最小值	最大值
LnOPE	50	3.779	0.321	3.096	4.289
LnST	50	0.921	0.057	0.834	0.984
LnZ	50	1.955	1.331	-1.543	3.234
LnGDP	50	28.448	0.65	27.684	30.041
LnREER	50	1.719	1.509	-1.543	4.208

（四）相关性分析

通过相关性分析可以定量地说明不同变量之间的相关关系，同时也可以看出相关关系是否密切，利用 STATA14.0 统计软件对解释变量和被解释变量之间进行 Preason 相关性检验。

1. G7 国家变量相关性分析

表 4.3.4 G7 国家变量相关性分析

变量	(1)	(2)	(3)	(4)
(1) LnOPE	1.000			
(2) LnST	-0.161* 0.182	1.000		
(3) LnZ	0.159* 0.190	0.281* 0.019	1.000	
(4) LnGDP	-0.746* 0.000	0.045* 0.713	0.385* 0.001	1.000

注："*"表示 $p<0.05$。

Pearson 相关性检验结果如表 4.3.4 所示，从表中可以看出所有的变量之间的相关系数都小于 0.65，说明变量之间不存在严重的相关关系。开放度 LnOPE 与产业结构 LnST、国内生产总值 LnGDP 之间存在显著负相关。产业结构 LnST 与生产率 LnZ、国内生产总值 LnGDP 之间存在显著正相关，说明随着产业机构的优化，即第二产业与第三产业在总产业中比重的增加，可以提高国内的生产率并带动国内生产总值的增加。

2. BRICS 国家变量相关性分析

表 4.3.5　BRICS 国家变量相关性分析

变量	(1)	(2)	(3)	(4)
(1) LnOPE	1.000			
(2) LnST	−0.247* 0.084	1.000		
(3) LnZ	−0.281* 0.048	0.187* 0.194	1.000	
(4) LnGDP	−0.149* 0.303	−0.416* 0.003	0.063* 0.662	1.000

注:"*"表示 $p<0.05$。

Pearson 相关性检验结果如表所示。从表 4.3.5 中可以看出所有的变量之间的相关系数都小于 0.65,说明变量之间不存在严重的相关关系。在金砖五国经济体中,开放度 LnOPE 与产业结构升级度 LnST、生产率 LnZ、国内生产总值 LnGDP 显著负相关,产业结构升级度 LnST 与生产率 LnZ 显著正相关,生产率 LnZ 与国内生产总值 LnGDP 显著正相关,即随着生产率的提高,国内生产总值也会相应地提高。

3. OECD 国家变量相关性分析

表 4.3.6　OECD 国家变量相关性分析

变量	(1)	(2)	(3)	(4)
(1) LnOPE	1.000			
(2) LnST	0.427* 0.000	1.000		
(3) LnZ	0.239* 0.000	0.507* 0.000	1.000	
(4) LnGDP	−0.643* 0.000	0.031* 0.560	0.237* 0.000	1.000

注:"*"表示 $p<0.05$。

Pearson 相关性检验结果如表 4.3.6 所示。从表中可以看出所有的变量之间的相关系数都小于 0.65,说明变量之间不存在严重的相关关系。在 OECD 经济体中,开放度与产业结构升级度、生产率呈显著正相关,与国内生产总值呈显著负相关。产业结构升级度与生产率及国内生产总值呈显著正相关。由此可以发现,生产率与产业结构升级紧密相连,同时开放度会对产业结构升级度有或正或负的影响,这主要取决于不同的经济体,不同的经济体也代表相应发展水平的国家,如 G7、OECD 以发达国家为主体,BRICS 经济体则以发展中国家为主体。

5. 回归分析

本节选取 2008—2017 年 40 个国家的样本数据,运用 Stata14.0 软件对模型进行面板分析,模型的选择依照上文模型选择方法所述,利用 Hausman 检验确定最佳面板模型。

本节对 OECD、G7、BRICS 三个经济体分别进行 Hausman 检验(表 4.3.7、表 4.3.8 和表 4.3.9),以判断采用固定效应或随机效应的回归分析方法。OECD、G7 两大经济体检验 P 值均小于 0.01,说明固定效应模型估计优于随机效应模型,同时 Hausman 检验的 P 值在 1% 的显著性水平下拒绝建立随机效应模型的原假设,则采用固定效应模型更优。BRICS 检验 P 值大于 0.01,说明随机效应模型估计优于固定效应模型,同时 Hausman 检验的 P 值在 1% 的显著性水平下未拒绝建立随机效应模型的原假设,则采用随机效应模型更优。

表 4.3.7 OECD 国家 Hausman 检验

	固定效应模型	随机效应模型
LnOPE	0.156* (0.91)	0.043 (0.68)
LnST	4.199*** (6.58)	3.909*** (5.93)
LnGDP	−0.493*** (−10.84)	−0.481*** (−10.38)
LnZ	1.667*** (15.60)	1.635*** (14.78)
R-squared	0.578	0.580
观测值个数 N	360	360

注:表中括号内为 t 值,"*""**""***"分别表示在 10%、5%、1% 水平下显著。

表 4.3.8　G7 国家 Hausman 检验

	固定效应模型	随机效应模型
LnOPE	0.162*	0.056
	(0.78)	(0.63)
LnST	5.230***	4.235***
	(5.49)	(3.27)
LnGDP	-0.532***	-0.483**
	(-9.84)	(-9.62)
LnZ	1.693***	1.625***
	(5.67)	(6.22)
R-squared	0.433	0.061
观测值个数 N	70	70

注:表中括号内为 t 值,"*""**""***"分别表示在 10%、5%、1% 水平下显著。

表 4.3.9　BRICS 国家 Hausman 检验

	固定效应模型	随机效应模型
LnOPE	1.050**	1.071***
	(3.20)	(3.29)
LnST	28.380***	20.879***
	(5.92)	(10.66)
LnGDP	-0.304**	-0.714**
	(-2.20)	(-4.24)
LnZ	0.875***	0.756***
	(15.45)	(10.05)
R-squared	0.871	0.822
观测值个数 N	50	50

注:表中括号内为 t 值,"*""**""***"分别表示在 10%、5%、1% 水平下显著。

产业结构对实际汇率的影响是本书写作的核心,一直贯穿于本书的研究。因此,本节立足于前人的研究理论,通过构建产业结构影响实际汇率的分析框架,从理论层面去剖析二者的关系。通过采用 Stata14.0 计量软件,基于 2008—2017 年 48 个国家的样本数据,这 48 个国家分别属于 OECD、G7、BRICS 三个经济体,并利用面板模型去验证产业机构变动对实际汇率的影响作用。通过本节的研究,可以得到以下结论。

首先是对外经济开放度,从表 4.3.7、表 4.3.8 和表 4.3.9 中可以看出对外经济开放度对实际汇率的影响存在差异性。在 OECD 及 G7 经济体中,对外经济开放度回归系数在 10% 的显著性水平下显著,其中对外经济开放度每增加一个百分点,OECD、G7 国家的实际汇率就会分别增加 0.156%、0.612%。相比较而言,在 BRICS 国家中,对外经济开放度的回归系数在 5% 的显著性水平下显著。总之,一国对外经济开放度的提高也会随之出现该国实际汇率的提高。

其次是产业结构优化度。在三个经济体中,产业结构优化度对于实际汇率均在 1% 的显著性水平下显著。从影响程度来看,OECD、G7、BRICS 三个经济体中产业结构升级度每提升一个百分点,相应的汇率分别增加 4.199%、5.230%、28.380%。结果表明,伴随着产业结构的变动,第二产业和第三产业的比重随之增大,第一产业比重下降,随之会使本国货币升值,进而使实际汇率增加,即产业结构变动是影响汇率变动的重要来源。

再次是国内生产总值。在三个经济体中,国内生产总值与实际汇率之间都呈负相关关系。略有不同的是,在 OECD、G7 两个经济体中,国内生产总值对于实际汇率均在 1% 的显著性水平下显著,BRICS 经济体是在 5% 的显著性水平下显著,其影响系数分别为 0.493%、0.532%、0.714%,对实际汇率的增长均表现为抑制,可能原因为高自由度组国家对进口贸易品需求的增长超过了人均 GDP 增长变化所引起非贸易品价格的上涨。

最后是生产率,从以上表格的分析结果来看,生产率的提高会促进该国实际汇率的增加,即存在正相关性。三个经济体均在 1% 的显著性水平下显著,影响系数分别为:1.667%、1.693%、0.756%。结果表明,劳动力技术结构的改善有助于实际汇率的升值,即随着全要素生产率的提高,贸易部门劳动生产增长更快,因而加大了本币的升值压力。

五、研究结论

本节运用基于多国数据的面板数据模型,研究了产业结构对汇率的影响。研究发现,产业结构调整引发的产业结构优化会引起本币升值。由此可见,产业结构调整对汇率具有比较稳健的影响。

第四节 石油价格对汇率的影响

一、背景分析

石油是当今世界最重要的自然资源之一,世界经济发展对石油的依赖度极高,因此油价波动对经济发展具有十分重要的影响(Hamilton,2011)。石油价格的波动往往会引起众多经济变量的调整,因此部分学者研究了油价波动对宏观经济的影响(Vincent et al.,1979),还有部分文献考察了石油枯竭的威胁(Pannell,2011)。布雷顿森林体系崩溃以来,许多国家实施了浮动汇率制度。在浮动汇率制度下,油价调整往往会引起汇率更大幅度的波动。因此,油价对汇率的影响引起了学术界和实务界的极大兴趣,在这一领域展开了大量研究(Beckmann & Czudaj,2012)。

然而,大多数研究只考察了油价对汇率的线性影响(Kumar,2019),很少有研究油价波动后的汇率动态调整。现有研究探讨了油价波动影响汇率的几种渠道,如贸易条件、油价推动的通货膨胀、计价货币的货币供应量等,但几乎没有比较这些渠道的相对重要性。此外,油价波动会引起资产组合再分配效应,但是现有研究大多忽略了该效应。因此,很难探究油价波动后汇率的动态变化。另一方面,虽然有关汇率决定的文献开始采用基于泰勒规则的基本面模型来研究汇率决定问题,并证实该模型比传统模型具有更强的解释力,但是现有文献几乎没有采用该模型探讨油价对汇率的影响。因此,汇率决定文献与关于油价对汇率影响的文献之间仍有差距。

本节旨在厘清两方面问题。首先,本节试图采用基于泰勒规则基本原理的汇率模型来描述央行的反应,以弥合汇率决定文献与油价对汇率影响文献之间的鸿沟。本节参考 Hansen 等(2011)的模型置信集(MCS)检验方法,进行了基于样本内滚动回归的样本外预测,考察油价变化对 10 种货币对美元汇率的影响,进而比较不同汇率决定理论的优劣。研究结果表明,基于泰勒规则的基本面和油价模型优于随机游走模型、Lizardo & Mollick (2010)提出的基于油价的货币模型及 Molodtsova & Papell (2009)提出的基于泰勒规则的无油价基本面模型。其次,本节研究了油价波动后的汇率动态调整过程。Beckmann & Czudaj (2013)已经确定了油价波动导致的汇率的非线性调整过程。然而,他们采用了样本内检验,其预测能力逊于样本外检验(Rossi,2013)。本节将在样本外检验的基础上运用多种理论解释油价波动对汇率短期和长期影响的差异。结果表明,在石油出口国,投资组合再配置效应可以引起油价对汇率影响的反转效应。相比之下,油价对石油进口国汇率影响的逆转效应既是货币政策调整的结果,也受投资组合再配置渠道的影响。

本节力图在以下几个方面有所进展。首先,本节构建了一个基于泰勒规则的汇率决定模型来研究油价的影响。其次,本节比较了石油价格波动对出口国和进口国汇率的短期和长期影响,进而研究不同类型的国家(石油出口国和石油进口国)的石油价格波动之后油价对汇率的长期和短期影响机制。

二、模型分析

Engel & West (2005,2006) 和 Molodtsova & Papell (2009)提出了基于泰勒规则的货币政策基本面汇率模型。本节在 Molodtsova & Papell (2009)的基础上建立了一个综合考虑油价波动的模型。

泰勒规则认为,中央银行将根据通货膨胀率与目标值的偏差和产出缺口与潜在水平的偏差来确定利率(Taylor,1993)。因此,中央银行利率可以表示如下:

$$i_t^* = \pi_t + \phi \cdot (\pi_t - \pi^*) + \gamma \cdot y_t^{gap} + r^e \tag{4.4.1}$$

其中,i_t^* 是 t 时期中央银行目标利率,π 和 π^* 分别是通货膨胀率和目标通货膨胀率。y_t^{gap} 是产出缺口,是实际产出和潜在产出的百分比偏差。r^e 是实际利率的均衡水平。由于通货膨胀率目标和实际利率的均衡水平在时间 t 方面是一定的,因此它们可以合并为一个固定项:$\mu = r^* + \phi \cdot \pi^*$。

因此,(4.4.1)式可以重写为:

$$i_t^* = \mu + \lambda \cdot \pi_t + \gamma \cdot y_t^{gap} \tag{4.4.2}$$

其中,$\lambda \equiv 1 + \phi$。

Molodtsova & Papell (2009)提出,在开放经济环境下,如果外国中央银行试图将名义汇率维持在购买力平价水平(Svensson,2000),货币政策的制定也应当以实际汇率为主要考虑因素之一。换言之,中央银行将把利率目标设定为对美元汇率的函数:

$$\tilde{i}_t^* = \mu' + \lambda' \cdot \tilde{\pi}_t + \gamma' \tilde{y}_t^{gap} + \delta' \cdot q_t \tag{4.4.3}$$

其中,q_t 是 t 时期的实际汇率,带上标(~)的变量是指外国的变量。

(4.4.3)式表明，如果货币贬值，中央银行将有动力提高中央银行利率以稳定汇率。实际汇率表示为：

$$q_t \equiv s_t - p_t + \tilde{p}_t \quad (4.4.4)$$

其中，s_t，p_t 和 $\tilde{p}$ 是指名义汇率、国内物价水平和国外物价水平。汇率是以每种外币的本国货币数量来衡量的。Clarida 等(1998)认为，中央银行更倾向于通过调整利率来避免利率的急剧变化。因此，(4.4.2)式和(4.4.3)式可以改写如下：

$$i_t^* = \mu + \lambda \cdot \pi_t + \gamma \cdot y_t^{gap} + \rho \cdot i_{t-h}$$

$$\tilde{I}_t^* = \mu' + \lambda' \cdot \tilde{\pi}_t + \gamma' \tilde{y}_t^{gap} + \delta' \cdot q_t + \rho' \tilde{I}_{t-h} \quad (4.4.5)$$

根据 Molodtsova & Papell (2009)，由(4.4.5)式可得出对 h 个月后汇率对数变化预期值：

$$\begin{aligned} ds_{th} &= i_t^* - \tilde{I}_t^* = \mu - \mu' + \lambda \cdot \pi_t - \lambda' \cdot \tilde{\pi}_t + \gamma \cdot y_t^{gap} - \gamma' \tilde{y}_t^{gap} + \rho \cdot I_{t-h} - \\ &\quad \rho \cdot \tilde{I}_{t-h} - \delta' \cdot q_t \\ &= \beta + \lambda \cdot \pi_t - \lambda' \cdot \tilde{\pi}_t + \gamma \cdot y_t^{gap} - \gamma' \tilde{y}_t^{gap} + \rho \cdot I_{t-h} - \rho \cdot \tilde{I}_{t-h} - \\ &\quad \delta' \cdot q_t \end{aligned} \quad (4.4.6)$$

(4.4.6)式是最新的基于泰勒规则基本原理的汇率决定经验方程之一(Rossi,2013)。

无论国内是国外，石油都是重要的投入，因此石油价格的变化会导致更为严格的预算约束，从而导致产出下降或迫使央行采取政策来适应不断上涨的石油价格。由于油价波动会影响价格水平(Bal & Rath,2015)、货币供应量(Lizardo & Mollick,2010)和产出(Estrada & Hernandez,2009)，因此油价波动会改变(4.4.6)式的右侧。

一些研究试图将其他因素纳入泰勒规则表达式。Svensson (1997)得出了一个央行最优响应函数，该函数是增加一个外生变量的扩展的泰勒规则。遵循这一思路，Semmler 等(2007)将资产价格变量纳入泰勒规则表达式，并通过模拟方法发现调整后的泰勒规则效果更好。基于该规则，他们发现资产价格泡沫可能迫使央行提高利率。Wang 等(2016)则构建了一个包含财富的泰勒规则模型，并运用实证方法加以检验。他们的财富变量包括股票和住房，资产价格则是指股票价格和住房价格。结果表明，包含财富的泰勒规则可以解释澳大利亚、瑞典、英国和美国货币的汇率动态，因为油价波动也会对石油进口国和石油出口国产生财富效应(Benassy-Quere

等,2007)。借鉴 Svensson(1997)方法,中央银行的货币政策反应函数(4.4.2)式和(4.4.3)式可以分别重写如下:

$$i_t^* = \mu + \lambda \cdot \pi_t + \gamma \cdot y_t^{gap} + \rho \cdot i_{t-h} + b \cdot p_{oil,t}$$

$$\widetilde{I}_t^* = \mu' + \lambda' \cdot \widetilde{\pi}_t + \gamma' \widetilde{y}_t^{gap} + \delta' \cdot q_t + \rho' \widetilde{I}_{t-h} + \delta' \cdot q_t + b' \cdot p_{oil,t} \tag{4.4.7}$$

其中,$p_{oil,t}$是以油价增长率衡量的油价波动。油价波动系数的符号取决于各国央行对油价的态度。对于石油输出国,央行可能会提高利率,以防止财富转移带来的潜在通胀,因而该系数为正。对于石油进口国来说,如果央行试图克服高油价造成的潜在衰退,这个系数就可能是负的。对于在世界石油市场上发行定价货币的国家,该系数可能为负,因此中央银行可以降低利率以满足油价上升对交易货币量的需求。因此,可以将石油价格的波动引入(4.4.6)式的右侧。此时,包含油价的(4.4.6)式可以写成:

$$ds_{t+h} = \beta + \lambda \cdot \pi_t - \lambda' \cdot \widetilde{\pi}_t + \gamma \cdot y_t^{gap} - \gamma' \widetilde{y}_t^{gap} + \rho \cdot I_{t-h} - \rho \cdot \widetilde{I}_{t-h} - \delta' \cdot q_t + (b-b') \cdot p_{oil,t} - \delta' \cdot q_t \tag{4.4.8}$$

如果油价能够影响汇率,油价中就包含了预测汇率的有用信息,那么(4.4.8)式中的$(b-b')$回归结果将是显著的,并且(4.4.8)式的预测能力将会优于不包含油价的基于泰勒规则基本面模型,即(4.4.6)式。对于石油输出国来说,$(b-b')$显著,表示石油价格上涨后将会引发财富转移效应。如果$(b-b')$回归结果小于0,则表明石油输出国通过持有更多的外汇,实现了财富的重新分配。对于石油进口国来说,$(b-b')$回归系数大于0,则表明发行石油计价货币的国家央行采取了宽松的货币政策,以满足油价上涨带来的对该国货币更大的需求。由于大多数石油交易中以美元为交易货币,因此油价上涨后美元供给会增加,油价上涨将导致美元贬值(Lizardo & Mollick,2010)。

现有研究在此基础上调整一系列假设,得出了其他类型的模型。如果外国中央银行将实际汇率作为其货币政策目标之一[如(4.4.5)式],则该模型称为非对称模型;如果本国和外国的除油价增长率以外的系数相同,则该模型称为同质模型。因此,(4.4.8)式是一个非对称、异质的油价模型。对称和异质模型可以表示为:

$$ds_{t+h} = \beta + \lambda \cdot \pi_t - \lambda' \cdot \widetilde{\pi}_t + \gamma \cdot y_t^{gap} - \gamma' \widetilde{y}_t^{gap} + \rho \cdot I_{t-h} - \rho \cdot \widetilde{I}_{t-h} + (b-b') \cdot p_{oil,t} - \delta' \cdot q_t \tag{4.4.9}$$

在下一部分中，(4.4.8)式和(4.4.9)式将用于参数估计和预测。

此外，为了验证研究的稳健性，本节还采用了随机游走模型和货币汇率模型。无漂移的随机游动模型通常表示如下(Rossi,2013)：

$$E_t(s_{t+h} - s_t) = 0 \qquad (4.4.10)$$

根据 Lizardo & Mollick（2010）的观点，包含石油价格的货币汇率模型可以表示为：

$$s_t = \beta_0 + \beta_1 m_t^d + \beta_2 y_t^d + \beta_3 p_{oil,t} + u_t \qquad (4.4.11)$$

其中，m_t^d 和 y_t^d 分别是本国和外国货币供应量和产出的差额，u_t 是残差。

本节以(4.4.8)式为基准模型，将分别估计(4.4.6)式和(4.4.8)式至(4.4.11)式，对比不同模型的预测力，以增强研究结果的稳健性。

三、数据和方法

（一）数据说明

本节参考 Beckmann & Czudaj（2012）的研究方法，选择了10个国家与地区的样本，即巴西、加拿大、墨西哥、俄罗斯、欧元区国家、日本、韩国、南非、瑞典和英国。其中，前四个国家是石油输出国，另外六个是石油进口国(Beckmann & Czudaj,2012)。此外，尽管中国和印度是两个进口大国，但由于部分数据缺失，难以进行样本外预测，因此样本国家中没有包含中国和印度。即便如此，本节所包含的样本国家依然比现有研究多(Berg & Mark,2015)。

本节运用月度数据进行模型参数估计和样本外预测。由于石油价格波动的影响还取决于汇率制度。因此，在数据选择中，不同样本国家的数据时间跨度不同，以确保所有样本国都采用浮动汇率。汇率均采用间接标价法，定义为每种样本货币可兑换的美元数。

本节的数据包括工业产出、物价水平、通货膨胀、货币总量、汇率、实际汇率、利率和石油价格指数。除油价指数外，所有数据的来源都是国际货币基金组织的国际金融统计数据库，根据 Molodtsova & Papell（2009）的标准选择变量。考虑到数据的可获得性，英国以外的国家以 M_1 作为货币供应量指标，英国以 M_0 作为货币供应量指标，货币市场利率作为利率指标。为了避免使用预测时无法获得的信息，本节使用了 Meese & Rogoff（1983a）及 Rossi（2013）使用的工业产出指数的季节性未经调整的数据。物价水平为居民消费价格指数(CPI)，通货膨胀率按12个月的 CPI 差额计算。汇率和实际汇率定义为外币的美元价格,汇率上升表明美元贬值。由于Wester-Texas指数(WTI)既有非常广泛的连续数据,又是全球石油市场上一个非常有影响力的指数,因此在实证分析中将 WTI 作为油价变量,本节将油价波动定义为 WTI 的变化率。

本节参考 Molodtsova & Papell (2009) 的方法,运用滚动回归方法计算产出缺口,滚动窗口为 120 个月。考虑到本节运用的是实时预测(real-time prediction),不能利用预测日期之前无法获得的信息。为了排除在预测日期之前无法获得的信息,本节使用前 120 个观测值来估计潜在产出公式的时间趋势系数,然后用这些系数和第 121 个月的相关变量计算第 121 个月的产出缺口。所有产出缺口都是事前预测,而不是事后价值。因此,用于预测未来汇率的产出缺口不包括预测时不可用的任何信息。

(二)分析方法

实证分析包括两个步骤。第一步是对模型参数进行的估计。与 Molodtsova & Papell (2009) 和 Rossi (2013) 一样,本书使用样本组内的滚动回归来估计(4.4.6)式、(4.4.8)式至(4.4.11)式的系数,以获得预测参数。滚动回归估计可表示如下(Rossi,2013):

$$\tilde{\beta}_t = \left(\sum_{j=t-R+h+1}^{t} f_{j-h}^2 \right)^{-1} \left[\sum_{j=t-R+h+1}^{t} f_{j-h}(s_t - s_{j-h}) \right] \quad (4.4.12)$$

其中,s 和 f 是汇率和一系列基于泰勒规则的基本面因素,分别是因变量和自变量。$t = R, R+1, \cdots, t$。h 为预测期。$T+h$ 是观察的总数,包括样本内组和样本外组,R 是样本内组的观察数,$P \equiv T - R + 1$ 是样本外组的观察数。由于信息披露存在滞后性,公众只能利用前期信息来形成并更新自己的预期,然后利用最新信息进行预测。

第二步是预测和检验。利用前 R 个观测值,可以估计出第一个滚动回归方程的系数。利用这些系数和泰勒规则的基本面因素,可以通过以下方法获得 h 阶样本外预测误差:

$$\varepsilon_{t+h}^f \equiv s_{t+h} - s_t - \hat{\beta} f_t \quad (4.4.13)$$

其中,ε_{t+h}^f 是利用自变量集 f 得到的预测误差,因此可以得到 P 个预测误差。

(4.4.13)式也可用于构造 Hansen 等(2011)所提出的针对损失函数进行的模型置信集(MCS)检验。MCS 检验可以在给定的置信区间内,根据指定的准则,得到一组模型中的"最优"模型集。与优越预测能力(superior predictive ability,SPA)检验(Hansen,2005)和其他模型选择检验相比,MCS 检验的优势在于,MCS 检验可以在许多竞争模型中选择最佳模型,而不是简单地从两个竞争模型中选择。在 MCS 检验的基础上,将汇率决定模型与泰勒规则基本面因素和油价预测能力与其他"最优"模型进行了比较。现有文献用预测误差序列构造了几种检验方法,其中大多数检验都是用均方根预测误差(RMSFE)构造的:

$$RMSFE_f \equiv \frac{1}{P}\sum_{t=R}^{T}(\varepsilon_{t+h}^f \mid t)^2$$

不同的 f_t 可以得到不同的 RMSFE。其中,RMSFE 最小的模型具有最强的预测能力。利用 RMSFE,则可以进一步进行 MCS 检验(Hansen 等,2011)。

本节采用模型置信集检验(Hansen 等,2011),比较包含石油价格的基于泰勒规则基本面因素的汇率模型、随机游走模型、具有泰勒规则基本面因素但没有石油价格的传统模型(Molodtsova & Papell,2009;Rossi,2013)及 Chen & Chen(2007)的货币模型,分析包含石油价格的基于泰勒规则基本面因素的汇率模型对汇率的预测能力,以此分析供给因素对汇率的影响。

四、实证分析

(一)样本和汇总统计

表 4.4.1 说明了样本国家及其各自的样本期间。其中,欧元汇率始于 2001 年 4 月。

表 4.4.1 样本国家和样本区间

	国家/地区	开始月份	月末
1	巴西	1993 – 04	2017 – 02
2	加拿大	1975 – 04	2017 – 01
3	墨西哥	1988 – 03	2017 – 02
4	俄罗斯	1997 – 09	2016 – 12
5	欧元区	2001 – 04	2014 – 12
6	日本	1975 – 04	2016 – 11
7	韩国	1975 – 08	2017 – 01
8	南非	1975 – 04	2017 – 01
9	瑞典	1999 – 04	2017 – 02
10	英国	1975 – 04	2016 – 04

注:本节共有 10 个样本国。其中,巴西、加拿大、墨西哥、俄罗斯为石油出口国,其余为石油进口国/地区。样本期间不同,与该国采用浮动汇率的期间一致。

样本国家既包括石油出口国,也包括石油进口国,既包括发展中国家,也包括发达经济体。因此,该样本可用于检验油价波动对美元与不同类型国家货币汇率的影响。这个样本始于 1972 年 1 月,当时布雷顿森林体系崩溃,主要货币汇率开始浮动。这个起始期接近于 Alquist & Chinn(2008),他们的样本从 1970 年开始。由于欧元取代了欧元区成员国先前的货币,所有欧元成员国先前货币的汇率都没有研究。

本节比较了五种汇率决定模型,即以(4.4.8)式表示的对称平滑异质泰勒规则基本面模型(SSHGO)、以(4.4.6)式表示的基于传统泰勒规则基本面模型(SSHGT)、以(4.4.7)式表示的非对称平滑异质模型(ASHGO)、以(4.4.10)式表示的随机游走模型(RW)和以(4.4.11)式表示的货币模型(MTO)。其中,RW 自 Meese & Rogoff(1983 a,b)以来一直被用作基准模型。SSHGT 被认为是少数几个能够超过 RW(Rossi,2013)的模型之一,而 MTO 则被成功地用于验证将油价作为汇率决定因素之一(Chen & Chen,2007)。因此,如果包含油价的基于泰勒规则基本面因素的模型能够优于其他四个竞争模型,那么就可以认为,油价波动和基于泰勒规则的基本面因素能够解释汇率波动的结论,供给因素和产业结构因素是影响汇率的重要因素。

表 4.4.2 显示了 10 个抽样国家与地区的汇率描述性统计检验结果,其中汇率是按每种货币兑换美元的数量计算的。在所有货币中,巴西进行了货币改革,因此对巴西雷亚尔的汇率进行了调整,使改革前后的观察结果具有可比性。结果显示,改革前巴西货币的调整值远高于所报汇率。

表 4.4.2 汇率描述性统计检验

	平均	中值的	最大值	最小值	标准差
巴西	1.7303	0.5075	85.2238	0.2429	7.6509
加拿大	0.8205	0.8152	1.0542	0.6232	0.1061
墨西哥	0.1540	0.0986	0.4384	0.0476	0.1133
俄罗斯	0.0394	0.0341	0.1706	0.0133	0.0298
欧元区	1.2669	1.2986	1.5812	0.8480	0.1646
日本	0.0077	0.0082	0.0131	0.0033	0.0025
韩国	0.0012	0.0011	0.0021	0.0006	0.0004
南非	0.4206	0.2551	1.4700	0.0622	0.3930
瑞典	0.1317	0.1327	0.1683	0.0922	0.0190
英国	1.6893	1.6302	2.4383	1.0900	0.2275

注:汇率以每单位本币美元数计算。低汇率表明本币正在贬值。

(二) 模型置信集(MCS)检验

本节将运用 Hansen 等(2011)来比较所有五种模型的预测能力,并利用 MCS 检验来选择具有最大预测能力的模型。Hansen 等(2011)提出一个检验方法,根据检验者确定的标准,从一组多个竞争模型中找出性能最佳的模型。现有文献一般有几个最常用的准则,如平方预测误差(SE)、AIC 和 BIC。由于本节中的模型包含随机游走,而随机游走实际上不是一个回归,RW 中没有 AIC 和 BIC。因此,SE 被用作 MCS 检验的标准。SE 最低的模型将被视为"最优"模型。为了构造统计检验,本节使用了 5000 个 bootstrapping 进行检验。MCS 检验中 α 设为 0.25。Hansen 的方法由一系列的检验组成,这些检验允许构造一组"优越"模型,在一定的置信水平下,相等预测能力(EPA)的零假设不被拒绝,p 值大于 α 的"优"预测模型是最优模型。为了比较预测能力,本节显示了不同预测期下的 MCS 检验结果。本节分别以 1 个月和 6 个月的预测期进行检验。

表 4.4.3 显示了一个月预测期的 MCS 检验结果。当 α 为 0.25 时,第 2 列和第 3 列是最优模型和相应的 p 值。就 $p > \alpha$ 的标准而言,只有日元的 MCS 可以被拒绝。对于所有其他货币,MCS 检验可以剔除一些模型并构造一个更优的模型集,这表明样本数据有足够的信息用于 MCS 检验,并且该检验是适用的(Hansen 等,2011)。在 1 个月的预测期内,有油价的对称平滑异质模型(SSHGO)和无油价的对称平滑异质模型(SSHGT)均能成为"最优"模型。除这两种模型外,只有非对称光滑异质油价模型(ASHGO)是 7 个国家的最优模型。相反,随机游走(RW)模型的样本外预测能力无法与这些模型竞争。考虑油价的货币模型(MTO)也不是最优模型。因此,包含泰勒规则基本面因素和油价波动的模型具有更强的样本外预测能力(Rossi,2013)。

表 4.4.3 MCS 检验(1 个月预测期)

	优势模型($\alpha = 0.25$)	p 值
巴西	SSHGO,SSHGT,ASHGO	0.7310
加拿大	SSHGO,SSHGT	0.3646
墨西哥	SSHGO,SSHGT,ASHGO	0.5632
俄罗斯	SSHGO,SSHGT,ASHGO	0.9530
欧元区	SSHGO,SSHGT,ASHGO	0.4752
日本	SSHGO,SSHGT	0.0630

(续表)

	优势模型($\alpha=0.25$)	p 值
南非	SSHGO,SSHGT	0.4740
韩国	SSHGO,SSHGT,ASHGO	0.3088
瑞典	SSHGO,SSHGT,ASHGO	0.7194
英国	SSHGO,SSHGT,ASHGO	0.7452

注:Hansen 等(2011)MCS 检验结果。在五种模型(4.4.6 式和 4.4.8 至 4.4.11 式)中,预测能力最强的模型是最优模型。参数 α 设置为 0.25。如果 p 值大于 α,则"最优模型"的预测能力最强。在表 4.4.3 中,只有日元模型的 p 值很小。因此,具有泰勒规则基本面和油价波动的汇率模型可能不适用于日元对美元的汇率。

表 4.4.4 报告了预测期为 6 个月的 MCS 检验结果。当 $\alpha=0.25$ 时,在 10 种样本货币中,有 8 种货币能满足 $p>\alpha$ 的标准。在这十种货币中,SSHGO 已经成为九种货币的首选模型,这与 SSHGT 是一样的。与其他候选模型相比,ASHGO 也有很好的解释力。

MCS 检验表明,在这两个预测水平下,具有油价和泰勒规则基本面因素的对称平滑异质汇率模型(SSHGO)具有较好的预测能力。在几乎所有的样本国家中,该模型总是最好的两种模型之一。因此,MCS 检验表明油价波动是美元汇率的一个很好的预测指标。

表 4.4.4 MCS 检验(6 个月预测期)

	优势模型($\alpha=0.25$)	p 值
巴西	SSHGO,SSHGT,ASHGO	0.9752
加拿大	SSHGO,SSHGT,ASHGO	0.5264
墨西哥	SSHGO,SSHGT,ASHGO	0.6104
俄罗斯	SSHGO,ASHGO	0.0110
欧元区	SSHGO,SSHGT,ASHGO	0.7172
日本	SSHGO,SSHGT,ASHGO	0.9422
南非	SSHGO,SSHGT	0.3526
韩国	SSHGO,SSHGT,ASHGO	0.2842
瑞典	SSHGT,MTO	0.0894
英国	SSHGO,SSHGT,ASHGO	0.4036

注:Hansen 等(2011)MCS 检验结果。在五种竞争模型(4.4.6 式和 4.4.8 至 4.4.11 式)中,预测能力最强的模型是最优模型。参数 α 设置为 0.25。如果 p 值大于 α,则"最优模型"的预测能力最强。

（三）油价波动与汇率动态

到目前为止，大多数文献只是在给定的预测区间内检验了油价波动对汇率的影响。由于预测区间已定，无法比较不同预测区间中的情况，因此不能考察油价波动后汇率的动态调整路径。本节设定了两个预测区间：1个月和6个月，比较两个预测区间内油价波动对汇率的影响。根据 Molodtsova & Papell (2009) 的方法，本节把所有滚动回归中的石油价格波动的系数绘制成图，便于将这些系数的符号和大小进行比较（图4.4.1）。根据 Molodtsova & Papell (2009) 的研究，泰勒规则自20世纪90年代开始被广为接受，许多国家开始按照该规则调整货币政策。因此，从实证分析的实际效果来看，基于泰勒规则基本面因素的汇率模型自那时起解释力更强。

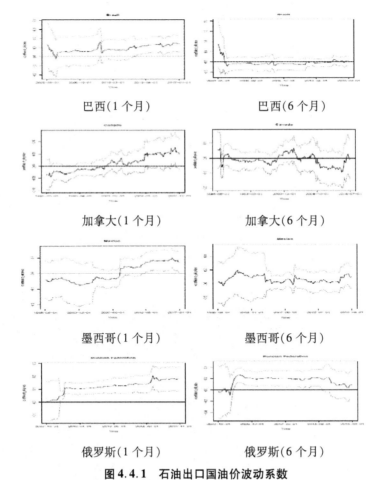

巴西(1个月)　　　　　巴西(6个月)

加拿大(1个月)　　　　加拿大(6个月)

墨西哥(1个月)　　　　墨西哥(6个月)

俄罗斯(1个月)　　　　俄罗斯(6个月)

图4.4.1　石油出口国油价波动系数

注：本图为基于泰勒规则基本面和油价波动的汇率模型中的油价波动系数。每幅图中的水平线表示没有汇率波动。

图 4.4.1 显示了石油出口国的石油价格波动系数。财富和资产组合再分配效应可以解释石油出口国的汇率动态。对石油输出国来说,在 1 个月预测期的滚动回归中,油价波动系数近年来为正值,但在 6 个月预测期内,油价波动系数变得更小甚至为负值,其中俄罗斯卢布是唯一的例外。短期内,当油价上涨时,石油输出国可以获得更多的财富转移,因此其货币升值。然而,更多的财富可能会导致全球市场的资产多样化,这通常是通过持有更多以美元计价的资产来实现的。因此,石油出口国的货币将长期贬值。

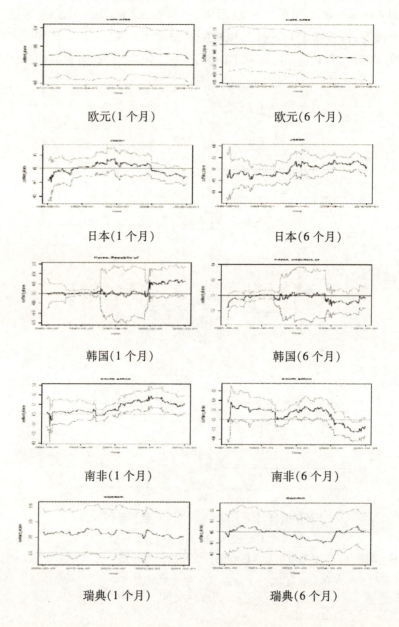

欧元(1 个月)   欧元(6 个月)

日本(1 个月)   日本(6 个月)

韩国(1 个月)   韩国(6 个月)

南非(1 个月)   南非(6 个月)

瑞典(1 个月)   瑞典(6 个月)

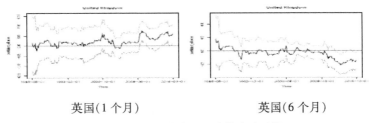

英国(1个月)   英国(6个月)

图4.4.2 石油进口国油价波动系数

注:本图为基于泰勒规则基本面和油价波动的汇率模型中的油价波动系数。每幅图中的水平线表示没有汇率波动。

图4.4.2显示了石油进口国/地区货币汇率动态。近年来,除日元外,油价波动具有正系数。这表明,即使是对除日本以外的所有石油进口国的货币而言,石油价格的上涨也具有短期升值的效应。但是,从长期来看,滚动回归模型中只有日元具有正的系数,而其他所有货币都具有负的系数或系数,这些系数都远小于短期的系数。

与石油出口国的情景相比,石油价格波动对石油进口国汇率的影响要复杂得多。"通融效应"(accommodation effect)可以解释油价波动后的短期汇率调整,短期内美联储可能维持低利率,以提供更多的流动性来满足油价上涨带来的支出上升,这可能会减轻石油进口国货币的贬值压力。从长期来看,贸易条件渠道和货币政策的效果可能强于"通融效果"。油价上涨会使石油进口国的贸易条件恶化,导致通货膨胀率上升,从而使其货币贬值。

总之,无论是短期还是长期,石油输出国的财富和资产组合重新配置效应都比较强,而石油进口国的"通融效应"在短期内更为强大,贸易条件效应和货币因素在长期内更为有效。

五、研究结论

石油价格对许多宏观经济变量有相当大的影响,在预测汇率方面也很有用。本节结合最新的汇率文献和能源经济学文献,探讨了油价对汇率的影响。本研究从汇率主流文献采用的常用方法入手,对10种样本货币进行了一系列的滚动回归估计,并利用更新后的数据和滚动回归系数的估计进一步计算了预测误差。为了避免统计检验中的偏差,本节采用了Hansen等(2011)模型置信集(MCS)检验,从五个竞争模型中选择"最优"模型。最后,对滚动回归得到的石油价格系数进行了动态研究,探讨了石油价格对汇率的动态影响。

　　实证检验表明,油价与基于泰勒规则的基本面因素是大多数货币汇率的良好预测指标。石油价格包含新的信息,可以增强基于泰勒规则的汇率模型的预测能力。研究结果还揭示了油价影响汇率的复杂机制,石油价格波动可以通过不同的渠道影响石油出口国和进口国的汇率。无论是短期还是长期,石油出口国的财富和投资组合再分配效应都更强,而石油进口国的"通融效应"在短期内更强,贸易条件效应和货币因素在长期内更有效。本节通过梳理汇率决定文献和能源经济学文献,探讨不同情况下石油价格波动影响汇率的主要渠道,未来的进一步研究可以包括更多的竞争模型和引入更多的控制变量。

第五章　汇率对产业结构的反作用分析

本书第三章考察了产业结构调整通过国际贸易、跨国直接投资和国际短期投资等影响汇率的机制。在现实中,汇率也会对这些因素产生反作用。为了进一步厘清产业结构与汇率之间的相互作用机制,本章将考察汇率通过国际贸易、跨国直接投资、国际短期投资等因素对产业结构可能存在的影响机制,为下一章的一般均衡分析提供理论依据。

第一节　汇率对国际贸易的反作用机制

一、背景分析

1978年以来,我国经济快速增长。截至2020年,国内生产总值已经达到1015986.2亿元,相比改革开放初期3678.7亿元增幅达到276倍。与此同时,伴随着改革开放的不断加深,我国与世界之间的贸易往来也更加频繁。我国的进出口贸易总额从1978年的355亿元迅速增长到2020年的321556.93亿元,增幅高达905倍,在GDP中所占比重也由9.65%增长至31.65%;其中,我国的出口总额为179326.36亿元,是1978年总量的1073倍。考虑到进出口贸易的增长速度远超过国内生产总值的增速,不难发现出口贸易为推动我国经济的快速发展做出了重大贡献。

在开放经济条件下,汇率作为重要的经济变量之一,无论直接还是间接,都会对实体经济产生巨大的影响。其中最重要的就是汇率的变动所导致的进出口价格波动,从而影响整体的经济价格水平,进而出现支出转换效应,实现汇率对经济的调节功能。随着我国对外经济交流越来越频繁,人民币汇率也更易受到国际经济、政治因素的影响。

国内正在进行的供给侧改革使得高污染、高能耗缺乏内生动力的企业逐渐被关停,而国际经济局势动荡,国外的需求较为低迷,同时一些主要商品进口国针对我国的出口企业设置了各种贸易壁垒或采取了各种反倾销措施。这种内外环境的动荡均对我国出口贸易的发展产生了一定的消极影响。

理论上本节的贬值是会促进一国的出口而抑制其进口,从而改善出口贸易。世界上也有很多国家利用汇率的这种调节作用来促进本国经济的发展,如长期以来依靠出口贸易拉动国内经济增长的日本。我国虽然成为全球第一大出口贸易国,但是随着人民币汇率改革的不断推进和国际化程度的日益加深,人民币汇率比以前更容易受到全球经济、政治的影响,因此也带来更多风险。为了遏制中国不断发展的出口贸易,部分国家近年来频繁地挑起贸易摩擦。尤其是特朗普上台后对中国开始的301调查,根据这项条款,美国有权对它所认为"不公平"的其他国家的贸易做法进行调查,与有关国家政府协商后,最后由总统决定是否要采取提高关税、限制进口、停止有关协定等报复措施。我国出口贸易目前面临的经济前景并不乐观,所以讨论当前人民币汇率变动对我国出口贸易的影响及怎样更好地开展贸易活动具有许多实践意义,如人民币汇率升值一定程度上可以优化我国的出口贸易结构,同时促进出口市场的多元发展。本节将利用现有研究和理论,考察汇率对产业的反作用机制。

二、 国内外研究现状

对于汇率变动对出口贸易的影响,到目前为止国内外的学者已经进行了大量的研究。19世纪末,英国经济学家Alfred Marshall首次提出"进出口需求弹性"的概念,进而以此为基础提出了"弹性学说",为后世学者研究汇率变动与进出口贸易之间的关系奠定了基础。根据购买力平价理论(Cassel,1922),汇率等于国家间的价格水平之比,所以汇率的变动会造成国家间价格水平相应地发生变动,换言之,汇率对价格传递是完全且及时的,因此汇率具有弹性价格的调节功能,可作为调节外部经济失衡的工具。根据Krugman & Obsteld(2008)提出的传统理论,一个国家的货币升值将减少该国的出口,同时增加该国的进口,但适度的升值有可能会优化该国的出口贸易结构。Thorbecke(2006)通过分析我国30个伙伴国的面板数据,得出汇率的变动对一国的出口贸易并没有明确关联。Meade(1988)对比了处于不同经济发展阶段的国家进出口贸易和汇率变动之间的数据,发现市场经济较为完善、汇率的价格传导较为敏感的地区汇率对于进出口贸易有较大的影响。Pan（2018）通过基于向量误差修正模型的实证分析,探究人民币汇率波动对中国物价水平的影响。误差修正模型分析表明,人民币名义有效汇率对中国物价指数的转移效应有一定的自我纠正机制。Liang（2019）通过研究"一种货币,两种市场",即在岸和离岸人民币汇率之间的联系,在人民币国际化的背景下估计了近期人民币市场改革的影响;通过使用GARCH型模型,发现波动性聚类现象的有力证据及在岸和离岸汇率之间的定价差异中的杠杆效应,而最近的人民币货币市场改革都增加了两个人民币市场之间价格差异的波动性,而这些改革被证明可以扩大或缩小定价差异。沈国兵（2005）通过研究中美之间的贸易状况,得出了中美之间的汇率与贸易之间不存在有效联系的结论,因此若想用人民币升值以改善中美贸易间的失衡状态恐怕并不能起到实际作用。相似的结论由唐雪玲、丁文峰（2011）提出过,他们选择了美国为主要研究对象,并认为人民币汇率的变动对中美贸易的影响较为微弱。中美贸易失衡的主要原因是由于美国对华贸易存在许多限制,美国对华更多的是直接投资,而且贸易顺差的计量标准也存在差异,因此并不能完全依赖人民币汇率的变动以试图改变中美贸易差额现状。周薇（2012）通过对中美1979—2008年的数据构建VAR模型,并运用协整和误差修正方法,认为中美贸易收支在短时间内对人民币实际有效汇率的波动反映比较大,但是长期来看中美贸易收支与人民币实际有效汇率的波动并没有明显的关联。周杰琦、汪同三（2010）运用非对称协整模型分析1994—2009年汇率变动和对我国进出口贸易之间的关系,最终得出马歇尔-勒纳条件在我国成立的结论。考虑到非对称协整性,我国贸易逆差回归为长期均衡状态所需要的时间将大于贸易顺差。吴盼文、文善恩、覃道爱（2011）通过2005—2010年的数据进行实证检验,发现人民币实际有效汇率波动不仅会对我国贸易额产生较大的影响,还会对我国的贸易结构产生影响,并进而影响我国的经济增长模式。王宇哲、张明（2014）则更多地考虑到汇率传递的路径,通过分布滞后模型及自回归模型的分析,得出提高人民币汇率传递系数可以提高进口国的商品价格,进而再影响到该国的出口贸易发展,最终得到人民币升值会给中国出口贸易造成负面影响的结论。代文娜、王丽（2019）利用2001—2018年的季度数据,通过ADF方法和Johansen协整检验法对各序列进行平稳性检验和长期协整检验,得出人民币实际汇率在长期对中韩加工贸易进出口影响并不显著的结论;但是,人民币实际汇率在短期会对中韩加工贸易出口产生负面影响,并且从短期不均衡状态恢复到长期均衡状态需要较长时间。张长全、曹素芹（2019）利用 VAR 模型实证分析得到人民币国际化程度指数总体上呈现波动上升趋势，人民币国际化程度和中美贸易总额之间无长期均衡关系，但是两者短期内存在略滞后的相互影响关系。周素芬（2019）通过分析人民币的汇率波动对国际贸易产生的影响，从优化出口企业产品结构、适当放宽对外贸易政策、增强汇率风险规避意识、实施出口多元化的战略等方面阐述了企业面对人民币汇率波动对出口贸易影响的策略。

三、汇率变动对货物出口贸易影响的相关理论

（一）弹性论

弹性分析理论主要研究货币贬值对贸易收支的影响。该理论认为汇率变动可以改变出口价格。本币贬值会影响一国出口产品的相对价格，因此出口量增加、进口量减少，进而贸易收支赤字缩小，使得贸易收支恢复到平衡状态（Robinson，1937）。货币贬值能否改善贸易收支，取决于进出口商品需求与供给的弹性。并且假定供给具有完全的弹性，那么贬值的效果就取决于需求的弹性。所谓进出口商品的供求弹性，是进出口商品的供求数量对进出口价格变化反映的程度：弹性大，进出口商品价格能在较大程度上影响进出口商品的供求数量；反之亦然。为了使贬值有助于减少国际收支逆差，必须满足马歇尔-勒纳条件，即一国货币贬值后，只有在出口需求弹性与进口需求弹性的和大于 1 的条件下，才会增加出口、减少进口、改善国际收支。假设出口需求弹性为 D_x，进口需求弹性为 D_i，当 $D_x + D_i > 1$ 时，货币贬值后，出口商品的外币价格会降低，从而促进出口；$D_x + D_i = 1$ 时，货币贬值对贸易收支不发生作用；当 $D_x + D_i < 1$ 时，货币贬值会使贸易收支逆差扩大。

（二）汇率对国际贸易影响的时滞效应

时滞效应又被称为"J 曲线效应"，是指在时间上贸易额的变化与汇率的变化存在着一定的滞后性。上文中提到的弹性分析法主要是静态分析货币的贬值对一国贸易收支的影响，但未考虑到现实中在时间因素的作用下汇率变动对出口价格的影响。通常情况下，货币在贬值后，厂商会依照汇率的变化调整进出口商品的价格、产量等，然而这个调整是一个动态的反应过程。Magee（1973）把这个过程分为货币合同期、价格调整期和数量调整期三个阶段。他在研究贸易收支和汇率变动的关系时发现，即使满足弹性分析理论的前提条件，短期内也不能得出弹性分析理论的结果，一国

货币的贬值依然只会恶化贸易条件。总的来说,有关汇率-贸易平衡关系的大部分争议都围绕着跟踪汇率变化后的时间路径的短期动态。由于合同义务、生产、交付等方面的滞后而导致消费者和生产者的反应延迟,因此汇率变化导致的贸易商品相对价格变化可能会影响贸易平衡。但长期来看,市场会对贸易商品的价格和交易数量不断调整,从而达到弹性分析理论预期的结果,最终改善了贸易条件。在现实中,存在 J 曲线效应主要是因为在进行国际贸易往来时都会签订贸易协议,而贸易协议降低了商品价格变化的灵活性。当本币贬值时,出口商品本币标价本该上涨,但由于买卖双方对于出口价格和数量已经签订好协议,因此企业的利润将会降低。在长期中,当企业已经完成签署的贸易协议并开始进行下一步的生产计划时,就可以根据当前的汇率水平来调整出口产品的价格和生产数量,从而发挥汇率对贸易的调节作用。

(三) 货币论

货币分析法认为,当价格完全弹性,国际市场中资本完全流动,一国国内货币供给量不影响产出和利率的时候,货币贬值能否通过出口价格的变动改善国际收支主要依赖一国国内实际货币供求的变化。货币分析理论首先假设货币的供给和需求在长期上是相等的,即 $MS = MD$,其中 MS 表示名义货币供应量,MD 表示名义货币需求量。该理论认为货币贬值将会增加国内商品的价格,使居民实际收入降低、进口减少,从而改善国际贸易收支;而货币升值将会降低国内商品价格,使居民实际收入增加,促进进口商品消费,因而恶化国际贸易收支。由于一国国内商品的价格和货币供给量通常是保持同方向变动的,而汇率是本国货币相对价格的直观体现,反映一国货币购买力,并且受货币供求关系的影响,所以货币分析理论的支持者认为一国可以通过汇率调节国际收支。这一理论虽然正视了货币在国际收支中不可替代的作用,考虑到国家间的资本流动对于国际收支的影响,但它未考虑到货币供求变化对产量的影响;其次,影响货币需求的因素有很多,所以短期内货币需求量往往并不稳定,在分析时如果仅以外汇储备的变动来体现国际收支状况并不全面。最后,货币分析理论认为,只有通过减缓国内经济增长的方式,才能实现贸易逆差的缩减,而实际中这对国家制定政策并不具备指导意义。

(四) 不完全传递理论

不完全汇率传递理论是指汇率变动并不能 1∶1 地反映到贸易商品价格中,它从不同角度分析了汇率不完全传递的因素,包括"不完全竞争、产业组织、市场份额、汇率预期、生产全球化及随机性冲击"等,说明变动幅度会被减弱,即变动幅度并不会完全被商品价格吸收,所以通过汇率变动平衡贸易逆差的效果是有限的。因此,平衡贸易收支需要更大幅度的汇率波动。汇率不完全传递理论将一国贸易的变化归因于多个方面,从而对现实经济中违背了传统理论的现象加以解释。汇率的变动能否影响出口贸易及能在多大程度上影响出口贸易,可能关键点就在于汇率的变动如何影响出口商品价格,即汇率传递弹性大小。若汇率传递率较高,则汇率带来的冲击将对一国物价水平和贸易收支造成较大影响;反之,如果汇率传递率较低或者完全不传递,那么汇率冲击对一国物价水平和贸易收支的影响就非常不明显。

第二节 汇率对跨境投资的影响

一、背景分析

人民币汇率和跨境直接投资是我国对外经济中的两大主题。近年来,在国内外社会、经济等因素的作用下,人民币汇率一改单边上升的趋势,出现了较大幅度的波动。自 2005 年 7 月人民币汇率形成机制改革以来,人民币兑美元的汇率由 1 美元兑换 8.27 元人民币升值到 1:6.05 左右,但是从 2014 年初以来,又发生贬值。人民币汇率的双边波动改变了长期以来的汇率预期,对我国经济产生了一定的影响。

与此同时,我国实际利用外资规模较高,但增长速度也有所放缓,同时对外投资数量开始上升。从全球范围来看,2015 年 FDI 流入量排名前三位的国家和地区是美国、中国和中国香港地区,FDI 流出排名前三位的国家为美国、日本和中国。在全球经济调整的背景下,我国跨境直接投资的多元化趋势也越发显著。外商对华直接投资的来源国越来越多,我国对外直接投资的目标国遍布五大洲。

外商直接投资在我国制造业乃至宏观经济中具有重要的意义,而我国对外投资也关系到"一路一带"倡议及我国产业转型问题。外商对华直接投资在一定程度上影响着我国实体经济的发展,而我国对外直接投资则关系到我国产业升级的顺利推进。因此,人民币汇率对我国跨境直接投资的影响已经成为一个重要的课题。在开放经济下,汇率反映了国内外比价关系,汇率的调整与波动必然影响国际经济交往。

根据现代国际金融理论,汇率调整可以改变资本的相对收益率,因而会影响跨境直接投资。针对汇率影响跨境直接投资的方向和程度,现有理论并没有得出一致的结论。国际经济学最新研究认为,国际经济中存在选择效应和第三国效应。汇率对跨境直接投资的不同阶段具有不同的影响。在跨境直接投资过程中,汇率调整既可以影响投资者是否进行投资;在做出投资决策后,汇率调整又会影响其投资规模。同时,境外投资者在进行投资决策时,不仅考察投资目标国的情况,也会对比其他国家。即使目标国汇率的调整对跨境投资有利,如果其他国家汇率出现了更加有利的变化,投资者还是会放弃目标国而选择其他国家。在汇率对跨境直接投资的影响研究中,融入选择效应和第三国效应,是对现有理论的完善。

在人民币汇率形成机制市场化程度不断提高的情况下,人民币汇率受国内外社会、经济因素的影响越来越大。考察人民币汇率波动对我国跨境直接投资的影响,既有助于我国更加有效地利用外资、平抑外资波动的风险,也可以为我国对外直接投资过程中防范汇率风险提供参考。此外,对于我国宏观经济管理部门来说,了解开放经济下人民币汇率对跨境直接投资的影响,是合理制定相关经济政策的必要前提。

本节将在现有研究基础上,构建包含选择效应的引力模型,借鉴Bergstrand 等(2007,2012)的研究,融入第三国效应因素(multilateral resistance term),并利用我国与 104 个国家和地区之间双边跨境直接投资数据,运用理论和实证方法考察人民币汇率调整对我国跨境直接投资的影响。本节发现,人民币汇率对我国跨境资本流动的影响机制较为复杂,存在资本约束的情况,人民币汇率的影响更为明显。同时,人民币汇率变动会从是否进行跨境直接投资与跨境直接投资规模这两个方面产生影响。

与现有研究相比,本节具有一定的特色。首先,本节构建了存在显性解(open form)的包含汇率的跨境直接投资的引力模型,并从资本约束角度考察了汇率调整对跨境直接投资的影响。其次,本节利用 Heckman 两阶段模型分析了人民币汇率调整对我国跨境直接投资各个阶段的影响。此外,本节选择了联合国数据库考察了我国与 104 个国家与地区的跨境直接投资问题,样本量较大,包括的国家与地区类型多样,研究结果更为可信。

本节结构如下:第二部分是关于汇率影响跨境直接投资的研究回顾,第三部分构建 Anderson & van Wincoop(2003)类型的包含汇率的跨境直接投资的引力模型,第四部分是实证方法与数据说明,第五部分利用引力模型分析人民币汇率对双向跨境直接投资的影响,第六部分考察人民币汇率对我国跨境直接投资流入与流出的影响差异,最后是结论。

二、汇率对跨境直接投资反作用机制的相关研究

1980年以来,国内外学者针对汇率对跨境直接投资的影响展开了大量研究,由于研究方法、样本和视角的不同,他们得出了不同的结论。

首先,部分学者研究了汇率水平对跨境直接投资的影响,主要提出了不完全市场理论和特殊资产理论。在1990年之前,多数研究认为汇率水平不会影响跨境直接投资。Froot & Stein(1991)指出,在不完全资本市场下,内源融资的成本比外源融资的成本低。因此,母国货币升值会增加公司的财富,使公司比其海外的竞争对手有更多的低成本资金,从而使得他们具有更强烈的对外投资的意愿,他们的实证检验也证明了东道国货币贬值会吸引更多的跨境直接投资流入。Blonigen(1997)从资产特殊性角度考察了汇率水平对跨境直接投资的影响。如果公司的跨境直接投资动机是资产并购,通过并购完成公司内部的特殊资产(如技术、管理技能等)的转移,那么母国货币升值会降低东道国资产的外币价值,但不会降低该资产的名义收益。也就是说,东道国货币贬值很可能会引起这类可转移(transferable)资产在可以进入全球市场的公司中的"清仓甩卖"(fire sale),从而促进跨境直接投资,他利用日本在美国并购公司的行业数据证明了这一结论。

其次,1980年以来,部分学者研究了汇率波动对跨境直接投资的影响,提出了四种不同的观点。Cushman(1985)构建了公司层面跨国直接投资模型,提出了贸易联系理论,认为汇率波动会改变跨国公司的贸易条件,引起长期跨境资本流出,并利用美国双边FDI的公司数据证明了这一观点。Campa(1993)借鉴Dixit(1989)提出了实际期权理论,分析了汇率波动对美国批发行业跨境投资的影响,发现汇率不确定性会提高"推迟投资"的价值,减少当前的FDI。但是,Goldberg & Kolstad(1995)则指出这一理论的适用性取决于汇率波动的来源。Aizenmen(1992)则提出生产灵活性理论,认为汇率波动对跨境投资的具体影响程度取决于产能(capacity)的沉没成本(即投资不可逆性的程度)、产业的竞争结构等因素,汇率波动性的提高会增加事前的(ex ante)境外投资,并在事后(ex post)引起过剩产能和生产的转移。Cushman(1988)提出了风险规避理论,指出汇率波动给投资者带来了额外的风险,投资者需要获得更多的风险补偿。如果汇率高度波动,

投资项目的预期价值就会下降,FDI 也会相应减少。

近年来,也有少数学者开始利用引力模型研究汇率对跨国直接投资的影响,以考虑国别差异的影响,得到的结论也存在差异。Bénassy-Quéré 等(2001)、Gast(2005)发现汇率波动对跨境长期资本流动具有负面影响,Görg & Wakelin(2002)发现存在积极影响,而 De Sousa & Lochard(2004)、Jeanneret(2005)认为没有显著影响。

国内学者(周华,2006;范言慧,2007;于津平,2007;王自峰,2009)大多从风险规避角度展开研究,既有研究发现人民币对美元汇率波动幅度加大和对美元持续升值有助于外资进入(田素华,2008),也有结论显示人民币汇率波动不利于外商直接投资的进入(毛日晟、郑建明,2011)。

现有文献基本理清了汇率水平及波动对跨境直接投资的影响机制,但是多数研究只是分析了两国间的数据,同时也没有区分是否进行投资和是否改变投资规模这两个阶段中汇率的作用,少数基于多国数据的引力模型则没有建立可靠的理论基础,仅仅展开了实证研究。因此,本节将在现有文献基础上,构建跨境直接投资的引力模型,引入资本约束因素,运用 Heckman 两阶段方法,考察汇率水平和汇率波动对我国跨境直接投资不同阶段的影响。

三、 跨境直接投资的引力模型

自从丁伯根(1962)首次把牛顿的万有引力定律运用到国际经济学领域,从 1980 年开始,引力模型在国际经济学领域得到了广泛运用。1990 年以来,运用引力模型进行的跨国直接投资实证研究越来越多,但是有关引力模型的理论研究并不充分(Anderson,2010),多数研究还是直接将国际贸易领域中的引力模型直接运用到跨国投资领域,使得实证研究缺乏必要的理论基础。Bergstrand & Egger(2007)在构建跨国投资理论模型方面做出了开创性的贡献,Baier et al(2018)根据 Anderson & van Wincoop(2003)的方法,构建了外商直接投资引力模型。本节在此基础上构建包含汇率因素和外商选择因素的跨境直接投资引力历模型,研究人民币汇率对跨境直接投资的影响。

(一) 跨国直接投资的基本引力模型

假设跨国投资者在境外投资所形成的企业具有不变替代弹性(CES)的生产函数,且所有投入品均以资本形式投入,投资者在境外设立的企业的劳动力成本均换算为资本成本,资本成为唯一投入品。

如果投资者决定在境外进行直接投资，所设立企业的生产函数满足如下形式：

$$q_j = \left(\sum_i \lambda_i k_{ij}^{\sigma}\right)^{1/\sigma} \tag{5.2.1}$$

(5.2.1)式反映了在境外的所投资企业的生产函数。(5.2.1)式中，i和j分别表示投资来源国(以下称为"母国")和东道国，由于该企业可以通过合资方式设立，因此资本可以有多个来源。如果该企业为独资企业，那么i=1。q表示跨境投资者所投资企业的产出，k为作为唯一投入品的资本的投入量，λ为各类资本所附着的技术水平，σ为各资本之间的替代弹性。为了考察跨境投资者在投资中的行为，本节假设所考察企业为独资企业，即i=1。同时，该投资者进行单期分析。

该投资者面临的成本约束为：

$$\sum_j r_{ij} k_{ij} \leqslant C \tag{5.2.2}$$

其中，r为资本成本，C为该投资者面临的成本约束。

如果只考察单个时期，那么跨境投资者面临的价格不变，因此企业产出最大时其收益也最大。这样，跨境投资者将在(5.2.2)式约束下实现(5.2.1)式的最大化。根据 Anderson & van Wincoop (2003)、Helpman, Melitz & Rubinstein (2008)和 Baier et al(2018)的方法，可以得到i国单个投资者在j国投资的决定方程：

$$k_{ij} = \left(\frac{r_{ij}}{R_j}\right)^{-\sigma} \cdot \frac{C}{R_j} \tag{5.2.3}$$

其中，$R_j = \left(\sum_j r_{ij}^{\sigma/(\sigma-1)}\right)^{(\sigma-1)/\sigma}$，反映了东道国总体资本成本。

由于国别之间的信息不对称比同一个国家内部要大，再加上政治、政策、社会、文化等因素，i国投资者在j国投资将产生比在国内投资更大的成本。因此，根据 Helpman, Melitz & Rubinstein (2008)关于引力模型的一般方法，本节采用冰山成本(iceberg cost)方法，将跨国投资的资本成本(r_{ij})和i国投资者在i国内部投资的资本成本(r_i)之间的关系表示如下：

$$r_{ij} = t_{ij} r_i \tag{5.2.4}$$

其中，t_{ij}反映了跨境投资过程中面临的一系列成本加成系数。

这样，通过加总所有单个投资者的投资决定方程，同时施加资本市场出清条件，可以得到如下形式的单个投入要素的外商直接投资的引力模型：

$$FDI_{ij} = \frac{V_i V_j}{V_W} \cdot \left(\frac{t_{ij}}{R_i R_j}\right)^{-\sigma} \tag{5.2.5}$$

其中,V_i、V_j 和 V_W 分别表示以本国贴现率计算的 i、j 和世界的跨境直接投资的资本化价值。一般来说,该价值与该国资本规模成正比,因而和本国的经济规模(Y)也成正比。因此,可以将(5.2.5)式改写为如下形式:

$$FDI_{ij} = \frac{Y_i Y_j}{Y_W} \cdot \left(\frac{t_{ij}}{R_i R_j}\right)^{-\sigma} \theta_{ij} \tag{5.2.6}$$

其中,θ_{ij} 反映了两国跨境资本投资价值与经济规模之比。

(二)汇率作用下的跨境投资者投资决策行为

(5.2.6)式反映了在纯粹非货币经济中的 i 国投资者在 j 国进行的跨境直接投资,没有考虑汇率调整的影响,但是在实际经济中汇率调整将在很大程度上影响跨境投资者的行为。跨境投资决策实际上涉及两个方面:一是在跨境投资发生之前需要做出是否进行投资的决策;二是在确定进行投资之后需要投资多少的决策。本节将借鉴 Heckman(1978)、Helpman, Melitz & Rubinstein(2008)和 Baier et al(2018)的方法,从这两个方面分析汇率影响跨境投资的机制。

假设跨境投资者在境外设立企业的成本包括固定成本和变动成本,其中固定成本是在企业新设时支出,而变动成本是企业设立之后开始运营时支出。这样,跨境投资者所面临的成本函数实际如下:

$$c = q \cdot v + c_0 \tag{5.2.7}$$

其中,c、v 和 c_0 分别表示跨境投资者的总成本、可变成本系数和固定成本。其中,总成本和(5.2.2)式左侧相等。

考虑到汇率及两种成本支出顺序因素,以 i 国货币表示的 i 国投资者在 j 国跨境投资的成本(TC_i)为:

$$TC_i = q \cdot v \cdot e_1 + c_0 \cdot e_0 \tag{5.2.8}$$

其中,e_0 和 e_1 分别表示跨境投资者在境外资本企业设立之初支付固定成本时的汇率水平及企业设立之后的汇率水平,均以直接标价法表示,反映了一单位 j 国(东道国)货币所能兑换的 i 国(母国)货币比例。

在实际跨境投资过程中,跨境投资者先挑选有盈利前景的项目,再考虑汇率的影响。根据(5.2.8)式,跨境投资者在进行投资决策时,以母国货币折算的境外企业预期利润为:

$$\begin{aligned} E(\pi ij) &= E[(e_1) \cdot (p \cdot q_j - v \cdot q_j)] - c_0 \cdot e_0 \\ &= e_0 \cdot E[\delta_1 \cdot (p \cdot q_j - v \cdot q_j)] - c_0 \cdot e_0 \end{aligned} \tag{5.2.9}$$

其中，$E(\pi_{ij})$ 表示投资决策时对未来企业利润的预期，$E(e_1)$ 表示跨境投资者在考虑是否进行投资时对未来的汇率预期。$\delta_1 = \dfrac{e_1}{e_0}$，反映了母国货币的汇率波动情况。

从是否进行投资角度来说，在两种情况下，跨境投资者将不进行投资。一是由于汇率或者汇率的波动使得投资利润小于零。二是由于跨境投资者面临资本约束，无法支付固定成本时。这样，跨境投资者是否进行投资的决策可以表示如下：

$$S = \begin{cases} 0, & E(\pi_{ij}) < 0 \text{ 或 } c_0 \cdot e_0 > K_{res} \\ 1, & E(\pi_{ij}) \geqslant 0 \text{ 且 } c_0 \cdot e_0 \leqslant K_{res} \end{cases} \quad (5.2.10)$$

其中，K_{res} 为跨境投资者可以获得的资本总量的上限，即其所面临的资本约束。S 为跨境投资者是否进行投资的决策选择。

(5.2.9)式和(5.2.10)式反映了汇率水平(e_0)和汇率波动(δ_1)对是否进行跨境直接投资的影响。首先，汇率水平和汇率波动率都会影响是否投资的策略选择(S)，但是在面临资本约束的情况下汇率水平对跨境投资者投资决策的影响更为直接。汇率水平和汇率波动率都能够影响预期企业利润，从而影响跨境投资者是否投资的决策。但是，如果东道国币值较高，跨境投资的固定成本也将上升。如果跨境投资者面临流动性约束，固定成本超过其可动用的资金总量，即使(5.2.9)式所反映的利润大于0，该投资者将会放弃投资，做出不投资的决策(S=0)。

汇率水平和汇率波动率也会影响投资规模。结合(5.2.1)式、(5.2.2)式和(5.2.9)式，由于汇率会改变跨境投资企业的利润，因此无论是汇率水平还是汇率波动率都将进入(5.2.6)式所表示的引力模型。考虑汇率因素后，(5.2.6)式可以表示为：

$$FDI_{ij} = \dfrac{Y_i Y_j}{Y_W} \cdot \left(\dfrac{t_{ij}}{R_i R_j} \right)^{-\sigma} \cdot \theta_{ij} \cdot e_0^{\omega} \cdot \delta_1^{\gamma} \quad (5.2.11)$$

其中，ω 和 γ 分别为汇率水平和汇率波动率对跨境直接投资的影响弹性。

本节的跨境直接投资引力模型的前提是跨境投资者可以获利，即预期利润大于0，否则将不会进行投资。因此，根据 Heckman（1978）、Helpman, Melitz & Rubinstein（2008）和 Baier et al（2018）的研究，考虑了跨境投资者选择行为的完整的引力模型应当表示如下：

$$FDI_{ij} = \begin{cases} 0, & if\ E(\pi_{ij}) < 0\ \text{或}\ c_0 \cdot e_0 > K_{res} \\ \dfrac{Y_i Y_j}{Y_W} \cdot \left(\dfrac{t_{ij}}{R_i R_j}\right)^{-\sigma} \cdot \theta_{ij} \cdot e_0^{\omega} \cdot \delta_1^{\gamma}, & if\ E(\pi_{ij}) \geq 0\ \text{且}\ c_0 \cdot e_0 \leq K_{res} \end{cases} \quad (5.2.12)$$

(5.2.12)式显示,由于跨境投资者具有两种不同的策略选择,在考察跨境直接投资时必须考虑不同策略选择跨境直接投资的变动情况。当跨境投资者选择进行投资时,引力模型可以解释汇率变动对跨境直接投资的影响。

四、方法与数据

(一)研究方法

在关于跨境直接投资引力模型的实证研究方面,绝大多数文献采用对数线性(log-linear)模型。Blonigen & Piger(2014)证明了对数线性模型的拟合效果比单纯的线性模型好得多。因此,本节也将采用对数线性模型进行实证分析。

在实证研究中,一般采用母国和东道国之间的地理距离、社会文化差异等因素来反映跨境直接投资的成本。在跨境投资过程中,资本流向不仅取决于母国与东道国的状况,也受到第三国影响。如果母国与东道国社会、经济状况都没有发生变化,但第三国经济发展状况更好,跨境投资者也会减少在母国和东道国的投资,将资本投向第三国。因此,必须考虑第三国因素的作用,才能准确分析人民币汇率对跨境资本流动的影响。Anderson & van Wincoop(2003)利用第三国效应解释了国际贸易中存在的类似现象,并建议采用母国和东道国固定效应模型来解决这一问题。Baier & Bergstrand(2007)认为直接采用泰勒展开式,构建第三国效应项指标,既可以控制第三国效应引起的模型估计偏差,又可以直接衡量第三国因素的影响规模。因此,本节借鉴 Baier & Bergstrand(2007)、Berden, Bergstrand & van Etten(2014)的方法,建立包含汇率效应的跨境直接投资引力模型的实证分析方程:

$$fdi_{ij} = y_i + y_j + y_w + \left[-\sigma \cdot \left(\dfrac{t_{ij}}{R_i R_j}\right)\right] + \theta_{ij} + \omega \cdot \log \cdot (e_0) + \gamma \cdot \log(\delta_1)$$

$$fdi_{ij} = a_0 + a_1 \cdot y_i + a_2 \cdot y_j + a_3 \cdot y_w + a_4 \cdot \log \cdot (D_{ij}) +$$
$$a_5 \cdot mr_{ij} + a_6 \cdot CT_{ij} + \omega \cdot \log \cdot (e_0) + \gamma \cdot \log(\delta_1) + \epsilon_{ij} \quad (5.2.13)$$

其中,除汇率和汇率波动率外,小写字母表示为相关指标的对数。D_{ij} 表示母国和东道国之间的地理距离,CT 为其他控制变量。

引力模型估计过程中面临的一个问题就是零观察值问题,许多国家间的跨境直接投资数值为 0。如果零观察值的出现不服从正态分布,那么常用的最小二乘法将会出现偏差(biased)。Silva & Tenreyro (2006,2010)建议利用自变量的对数值对因变量的原始观察值,采用 Poisson 伪最大似然法估计模型参数,来解决零观察值的问题。因此,本节根据 Silva & Tenreyro (2006)的方法,建立以下方程,运用 Poisson 伪最大似然法拟合模型参数:

$$FDI_{ij} = b_0 + b_1 \cdot y_i + b_2 \cdot y_j + b_3 \cdot y_w + b_4 \cdot \log \cdot (D_{ij}) +$$
$$b_5 \cdot mr_{ij} + b_6 \cdot CT_{ij} + \omega \cdot \log \cdot (e_0) + \gamma \cdot \log(\delta_1) + \epsilon_{ij} \quad (5.2.14)$$

但是,尽管 Silva & Tenreyro (2006,2010)的方法解决了零观察值问题,但是并没有解决跨境直接投资过程中的策略选择问题。如果忽略(5.2.10)式所反映的投资策略选择,就无法准确刻画人民币汇率调整对我国跨境直接投资的影响,因此有必要直接拟合(5.2.12)式。Helpman, Melitz & Rubinstein (2008)将 Heckman (1978)的策略选择问题应用到国际贸易领域,Berden, Bergstrand & van Etten (2014)将该方法运用到跨境直接投资领域的研究。本节借鉴他们的方法,利用两阶段方法,考察人民币汇率对跨境直接投资策略选择和规模的影响。

第一阶段先运用 probit 模型,考察影响跨境投资者投资的主要因素。根据现有研究,本节选择了东道国经济规模、东道国人均收入、东道国和母国地理距离、东道国和母国是否使用共同语言、东道国和母国产业结构差异等指标。模型如下:

$$S = d_0 + d_1 \cdot y_j + d_2 \cdot ypc_j + d_3 \cdot comlang_{ij} + d_4 \cdot \log \cdot (D_{ij}) +$$
$$d_5 \cdot mr_{ij} + d_6 \cdot dind_{ij} + d_7 \cdot \log \cdot (e_{ij}) + d_8 \cdot \log \cdot (\delta_1) + \varepsilon_{ij} \quad (5.2.15)$$

其中,当 $FDI = 0$ 时,$S = 0$;当 $FDI > 0$ 时,$S = 1$。

第二阶段利用(5.2.15)式所拟合的结果,根据 Heckman (1978)方法,计算 inverse Mill 比例,将该比例作为另外一个自变量,加入(5.2.13)式,利用最小二乘法重新拟合模型参数,并利用 bootstrap 方法调整标准差。

在跨境直接投资引力模型中,由于被解释变量仅仅是两国间的跨境直接投资,其对解释变量的影响极小,因而现有引力模型文献基本不考虑模型的内生性问题。尽管如此,本节在实证分析中仍然采用弱工具变量检验(weak instrumental test)方法,排除模型可能存在的内生性问题。

(二) 数据说明

本节将利用联合国贸易与发展大会(UNCTAD)数据库中的双边跨境投资指标作为跨境投资数据。现有跨境直接投资引力模型方面的实证研究都采用跨境直接投资的存量数据(Blonigen & Piger, 2014),因此本节也采用跨境直接投资的存量数据。本节利用人民币、各投资伙伴国与美元直接的汇率,换算出母国与东道国之间以直接标价法表示的汇率。本节以国内生产总值衡量经济规模,以人均国内生产总值衡量经济水平,以母国与东道国工业增加值占 GDP 比重之差反映产业结构差异。为了考察跨境投资者面临的资本约束的影响,本节以母国金融机构对抵押品的要求(抵押品价值与贷款价值之比)反映获得外部资金的难度,以比例超过所有国家平均值的为 1,低于平均值的为 0。汇率以及其他经济指标选自世界银行数据库。考虑到部分跨境投资伙伴国属于避税港国家(地区)及具有特殊性的小型国际金融中心(如新加坡和中国香港),本节根据 OECD 材料,构建避税港虚拟变量,反映属于这一类特征的母国与东道国。根据现有跨境投资引力模型文献,本节以母国与东道国地理距离反映信息不对称程度和交易成本,以是否使用共同语言反映社会差异。这些指标选自 CEPII 数据库。其中,地理距离按两国(地区)最大城市之间的距离计算。本节样本涵盖了包括中国在内的 105 个国家和地区,仅考察人民币汇率对中国和这些国家与地区之间的跨境直接投资的影响。由于 UNCTAD 数据库仅有 2001—2012 年之间的跨境直接投资数据,因而本节的样本区间也为 2001—2012 年。尽管缺乏最近几年的数据,但由于本节样本涵盖范围广,所涉国家与地区社会、经济发展程度各异,人民币对样本国家与地区的货币之间既有升值也有贬值,因而研究时间区间的选择不影响研究结论的可信性。

(三) 描述性统计检验与相关分析

表 5.2.1 显示了描述性统计检验的结果。

表 5.2.1　描述性统计检验

	平均值	标准差	最大值	最小值	观察值
跨境直接投资	11228.11	49161.95	592273	−1167.8	1124
各国 GDP	2191699	2621654	$1.62e+07$	0.0007	2496
东道国人均 GDP	10937.25	16730.79	113239.6	150.4214	2496
地理距离	8494.713	3892.502	19297.47	955.6511	2496

(续表)

	平均值	标准差	最大值	最小值	观察值
第三国效应项	8410.628	2245.954	16198.25	6311.575	2496
母国汇率	33.2376	206.7067	3299.573	0.0003	2474
产业结构差异	0	21.2518	168.8958	-168.8958	2238
世界GDP总量	5.28e+07	1.34e+07	7.34e+07	3.28e+07	2496

注:所有价值量的单位均为百万美元,地理距离和第三国效应项为千米,产业结构为百分比,汇率为1单位东道国货币兑换母国货币数量。

我国双边跨境直接投资差异较大,最高值为5922.73亿美元,最低为0(不含反映资金净回流的负值)。各国GDP和人均GDP差异也很大,反映了我国跨境投资伙伴国类型多样、发展水平各异。

为了避免自变量之间可能存在的高度相关性引起模型的多重共线性,我们再对自变量(不包含虚拟变量)进行相关分析,结果见表5.2.2。

表5.2.2 相关分析

	lfdi	lgdp_p	lgdp_h	lgdppc_h	lgeodis	mrLnDis	ler_h	dler_h	dind_ph	lwgdp
lfdi	1									
lgdp_p	-0.30*	1								
lgdp_h	0.52*	-0.47*	1							
lgdppc_h	-0.10*	0.43*	-0.22*	1						
lgeodis	-0.32*	-0.08*	-0.08*	-0.01	1					
mrLnDis	0.36*	0.02*	0.02*	-0.10*	0.13*	1				
ler_h	-0.02*	0.01	-0.01	0.24*	0	0	1			
dler_h	-0.02	-0.07*	0.07*	0.03*	0	0	0.11*	1		
dind_ph	-0.42*	0.48*	-0.48*	0.33*	0	0	0.09*	-0.04*	1	
lwgdp	0.12*	0.19*	0.19*	0.37*	0	0	0	0	0	1

注:(1)"*"表示在5%的水平下显著。(2) lfdi:外商直接投资对数;lgdp_p:母国GDP对数;lgdp_h:东道国GDP对数;lgdppc_h:东道国人均GDP对数;lgeodis:母国与东道国地理距离的对数;mrLnDis:第三国效应项;ler_h:东道国汇率的对数;dler_h:东道国汇率变动率;dind_ph:母国与东道国工业增加值占GDP比率的差异;lwgdp:世界GDP总量的对数。

表5.2.2显示,各主要自变量之间没有高度相关关系,因此同时用这些自变量进行回归分析不会引起多重共线性问题。

五、资本约束下人民币汇率对跨境直接投资的影响

这一部分利用人民币汇率和双边直接投资数据,考察引力模型的解释力,并分析资本约束下人民币汇率对跨境资本流动的影响特征。

(一) 面板数据模型

本节分别以汇率水平和汇率变化率反映汇率的影响,分别运用对数线性化(Log-linear)和 Poisson 模型拟合(5.2.14)式,共得到 4 个模型。为了避免模型可能存在的内生性问题,本节还以各变量滞后 1 阶、2 阶指标作为工具变量,运用 GMM 方法重新拟合模型,并通过弱工具变量检验方法考察模型的内生性。检验结果表明,不能拒绝变量为外生变量的原假设,模型并不存在内生性问题。因此,本节没有采用 GMM 方法。此外,本节还运用 Hausman 检验比较了固定效应和随机效应模型,结果显示存在明显的固定效应。因此,本节运用东道国固定效应来拟合回归方程。

表 5.2.3 显示的是运用面板数据 OLS 方法拟合对数线性模型的结果。

表 5.2.3 面板数据 OLS 拟合结果

	OLS	OLS	Poisson	Poisson
Lgdp_p	1.1995***	1.1915***	0.3826**	0.3795*
Lgdp_h	0.6155***	0.6613***	0.2240***	0.1830*
Lgeodis	-0.9278***	-0.9016***	-0.3255	-0.2615
Mrlndis	2.1372***	2.1544***	1.8790**	1.8123***
Ler_h	-0.0828		-0.0298	
Dler_h		-0.1253*		-0.2572***
Comlang	1.9656**	1.8634**	1.3596*	1.5742**
Dind_ph	-0.0391***	-0.4465**	0.0430**	0.0519**
Lwgdp	-0.5928*	-0.6560	0.7651***	0.8798**
Taxh	2.2325***	2.3221**	0.4783	-0.1327
Taxp	3.8438***	3.7260***	3.0858***	1.0760***
常数项	-19.6569***	-19.4610**	-27.2689***	-3.1700***
R^2	0.5787	0.5886		
Wald chi2	806.51**	340.23***	15155.77***	15546.17
观测值	952	902	993	937

注:"*""**""***"分别表示在 10%、5% 和 1% 水平上显著。

由表 5.2.3 可见,在对数线性化模型中,母国和东道国 GDP 对数的系数都大于 0,地理距离的系数小于 0,第三国效应的系数大于 0,有 2 个模型中母国与东道国 GDP 之和的对数的系数小于 0,与理论结论一致。母国和东道国经济规模越大,两国在跨境投资领域就越活跃,相互间的跨境投资就越多。两国地理距离越远,相互间的信息不对称及跨境投资的交易成本就越大,也越不利于跨境投资。但是,在 Poisson 模型中,地理距离的系数小于 0,但并不显著,说明考虑了零投资因素后,引力模型的解释力有所下降,有必要运用 Heckman 模型考察汇率在两个阶段的影响。

2 个模型中,第三国效应均大于 0,而且较为显著,说明母国和东道国与其他国家(第三国)的平均距离越远,母国与东道国之间就越可能发生跨境投资。

但是,表 5.2.3 显示,汇率水平与汇率变动率的系数在 2 个模型中的显著性都不好,而且汇率水平和汇率变动率对外商对华投资的影响方向相反。但是,由于外商直接投资数据中有许多零观测值,运用 OLS 方法拟合模型存在一定的不足,需要对此做进一步分析。考虑了零观测值因素后,引力模型的拟合效果有所下降。总样本拟合结果更好地支持了 FDI 引力模型,仅有汇率波动率在总样本模型中的系数显著且小于 0,其他模型中汇率项的系数都不显著。面板数据 Poisson 回归解决了零观测值问题,但是还是无法客观反映汇率在跨境直接投资中的作用机制。

(二) Heckman 模型分析结果

表 5.2.4 前二列显示了本节采用 Heckman 两步法拟合的结果,该方法共得到两个方程。第一步利用 probit 模型得到选择方程,反映了各因素对跨境投资者是否在境外投资的影响。第二步利用 probit 模型得的逆 Mill 比例,利用面板数据 OLS 方法拟合引力模型。

表 5.2.4 Heckman 模型分析结果

		全部样本	全部样本	全部样本	母国资本约束	母国无资本约束
引力模型回归方程	Lgdp_p	0.5111***	0.4946***	0.4779***	0.4230***	0.3400***
	Lgdp_h	0.7775***	0.7204***	0.7565***	0.7390***	0.6508***
	Lgeodis	−0.0105	−0.0810	−0.0763	−0.2682	−0.2846
	Mrlndis	2.1276***	2.2775***	2.1871***	2.2070***	2.3478***
	Ler_h		0.1063***	0.1098***	0.1547*	0.1027***

（续表）

		全部样本	全部样本	全部样本	母国资本约束	母国无资本约束
	Dler_h	-0.2700		-0.3853**	-0.3638***	-0.2714
	Dind_ph	-0.0592***	-0.0608***	-0.0586***	-0.0688***	-0.0509***
	Lwgdp	0.5718**	0.2199	0.4217	0.8045**	1.1659***
	常数项	-38.4916***	ODI	-35.114***	-39.0996***	-44.8828***
选择方程	Lgdp_p	-0.0709***	1.4045**	-0.0571***	-0.0302*	-0.0213
	Lgdp_h	0.0386	0.1030***	0.0967***	0.0758*	0.0781**
	Lgeodis	-0.4109***	-0.5205***	-0.5091***	-0.2215***	-0.4422***
	Mrlndis	-0.0124	0.0572	0.0754	-0.0323	0.1523*
	Ler_h		-0.1076***	-0.1084***	-0.1399***	-0.0794***
	Dler_h	-0.1796*		-0.1045	-0.0770	-0.1427
	Comlang	0.8420***	0.8045***	0.7364***	0.8137***	0.6621***
	Dind_ph	0.0035**	0.0051***	0.0050***	0.0112***	0.0075***
	Taxh	1.3191***	1.2593***	1.3523***	1.3403***	1.2073***
	Taxp	0.3568***	0.2391***	0.2669**	0.4495***	0.4655***
	Cons	4.1233***	3.4872***	3.5511***	1.7154*	2.0191
	Wald chi2	904.25**	1074.77***	997.24***	843.88***	810.37***
	Wald test of independent equation	33.63**	45.57***	34.2***	26.54***	36.68***
	观测值	2036	2220	2036	1673	1633

注："*""**""***"分别表示在10%、5%和1%水平上显著。

由选择方程可见,汇率因素对跨境投资决策的影响非常显著。在所有模型中,汇率水平的回归系数都在1%的水平上显著,而汇率波动率的回归系数仅在总样本模型中显著,而且显著性水平仅为10%。汇率水平的系数小于0,说明母国币值越低,启动跨境投资的固定成本的本币价值就越高,投资者进行跨境投资的动机就越弱。如果投资者面临资本约束,母国货币低估对跨境投资的负面影响就更强。相反,在进行跨境投资决策时,汇率波动率的影响还具有很多不确定性。由此可见,汇率水平对跨境投资者是否投资的决策影响更大,而汇率波动率的影响则不显著,证明了本节理论模型的分析。

此外,地理距离对跨境投资决策的影响也非常显著。地理距离越远,母国与东道国之间的信息不对称程度就越高,投资者就越难以做出跨境投资的决策。其他指标中，东道国为避税港虚拟变量的系数显著，说明跨境投资者更青睐在避税港类型的国家或地区进行投资。但母国为避税港虚拟变量仅在总样本模型中显著。

由引力模型方程可见，母国经济规模的系数大于0，且在前二列的两个个模型中都比较显著，说明我国经济规模的增长有助于促进我国对外投资，而其他国家经济规模的提高也会刺激这些国家对我国的投资。但地理距离的影响并不显著，这也说明了一旦投资者发现良好的投资机会，决定进行跨境投资，他们就已经考虑到相关因素，因而不会因此影响跨境投资规模。但是第三国效应项的系数大于0，说明投资者在决定跨境投资时会考虑第三国因素。产业结构项的影响系数小于0，且在5个方程中都显著。由于跨境直接投资大多以工业为主，东道国工业增加值占比越高，工业基础设施相对就越完善，跨境投资者就越倾向于向东道国投资。

在这两个引力模型中，汇率水平项的系数都大于0，而且在1%的水平上显著，说明汇率水平不仅影响跨境投资决策，而且还影响跨境投资规模。与对投资决策的影响不同，母国货币汇率越低估，跨境直接投资的规模反而越大。对于投资规模来说，东道国货币币值越高，投资者成本也会上升，但是投资者在东道国所形成的资产的价值也更高。因此，汇率对跨境直接投资的影响取决于汇率的成本效应和资产价值效应，如果成本效应高于资产价值效应，东道国货币的升值就会抑制跨境投资；相反，如果资产价值效应强于成本效应，东道国货币的升值就会促进跨境直接投资。与选择模型一致，汇率波动率对我国跨境投资规模的影响并不显著。

结合选择方程和引力模型方程来看，汇率水平在选择方程的影响系数小于0，但是在引力模型方程中的系数大于0，说明人民币汇率水平的变动与跨境直接投资之间的关系总体上存在"脱钩"（delinking）现象。

我们再对以上分析结果进行稳健性检验。本节的稳健性检验包括两个部分：一是将汇率水平和汇率波动率同时作为自变量拟合Heckman模型；二是根据母国资本约束的特征将样本分为母国资本约束强和母国资本约束弱两个样本组，考察资本约束作用下人民币汇率对跨境直接投资的影响。稳健性检验的结果见表5.2.4后三列。

由表5.2.4后三列选择方程的结果可见，母国和东道国经济规模的系数大于0，但东道国的显著性较差。两国间地理距离的系数在这三个模型中小于0，而第三国效应项的系数大于0，并且都在1%的水平上显著。总体上来看，本节的引力模型拟合效果较好。即使把汇率水平和汇率波动率同时作为自变量,汇率水平对跨境投资决策和规模的影响仍然在1%的水平上显著,而汇率波动率的影响仅在全样本引力模型中显著,说明影响我国跨境投资的是人民币汇率水平,而汇率波动率的影响并不显著。将总样本按母国是否存在资本约束划分为强约束组、弱约束组后,选择方程中汇率水平的回归系数发生较大变化。强约束组中汇率水平的系数由总样本组中 -0.1084 变为 -0.1399,说明在存在较强的资本约束情况下汇率水平的影响更为明显,母国币值下降将显著提高跨境直接投资的成本,从而抑制跨境投资。在弱约束组中,汇率水平的系数为 -0.0794,影响程度有所降低,说明如果资本约束较弱,跨境投资者可以很方便地通过金融机构融资,从而应对母国货币贬值造成的跨境投资固定成本上升问题,因而汇率的影响有所下降。

六、人民币汇率对资本流入与流出的影响

(一) 对数线性化面板数据 OLS 模型

为了避免模型可能存在的内生性问题,本节还以各变量滞后1、2阶指标作为工具变量,运用 GMM 方法重新拟合模型,并通过弱工具变量检验方法考察模型的内生性。检验结果表明,不能拒绝变量为外生变量的原假设,模型并不存在内生性问题。因此,本节没有采用 GMM 方法。此外,本节还运用 Hausman 检验比较了固定效应和随机效应模型,结果显示存在明显的固定效应。因此,本节运用东道国固定效应来拟合回归方程。

为了考察我国对外投资和吸收外资的差异,本节把所有样本分为外商对华投资(FDI)和对外投资(ODI)两个子样本,再分别以汇率水平和汇率变化率反映汇率的影响,我们得到4个模型。表5.2.5显示的是运用面板数据 OLS 方法拟合对数线性模型的结果。

表 5.2.5　面板数据 OLS 拟合结果

	FDI	FDI	ODI	ODI
Lgdp_p	0.0996	0.0987	1.5622***	1.6210***
Lgdp_h	0.4306***	0.2855**	0.7586***	0.7979***
Lgeodis	-1.8128***	-0.9403*	-0.7195*	-0.7407*
Mrlndis	2.6381***	1.6441**	2.0891***	2.1120***
Ler_h	-0.3542**		-0.0230	
Dler_h		0.6755***		-0.0421

(续表)

	FDI	FDI	ODI	ODI
Comlang	-0.3827	0.6592*	1.7518	1.6391
Dind_ph	-0.0523	-0.0510	-0.0242*	-0.0279**
Lwgdp	0.0778	0.2511	-1.0929	-1.3282
Taxh			2.4042**	2.5524**
Taxp	0.3556	0.3988		
Cons		-9.6115	-21.2147*	-18.3872
R^2	0.4975	0.5050	0.4857	0.4794
观测值	311	286	641	616

注:"*""**""***"分别表示在10%、5%和1%水平上显著。

由表5.2.5可见,在全部4个模型中,母国和东道国GDP对数的系数都大于0,地理距离的系数小于0,第三国效应项的系数大于0,4个模型中母国与东道国GDP之和的对数的系数小于0,与理论结论一致,说明本节的FDI引力模型拟合效果较好,基本可以解释跨境投资间的变化。母国和东道国经济规模越大,两国在跨境投资领域就越活跃,相互间的跨境投资就越多。两国地理距离越远,相互间的信息越不对称,跨境投资的交易成本就越大,也越不利于跨境投资。相反,第三国效应项的系数大于0,说明母国和东道国与其他国家(第三国)的平均距离越远,母国与东道国之间就越可能发生跨境投资。

但是,表5.2.5显示,汇率水平与汇率变动率的系数在4个模型中的显著性都不好,仅在外商对华投资样本组中显著,而且汇率水平和汇率变动率对外商对华投资的影响方向相反。但是,由于外商直接投资数据中有许多零观测值,运用OLS方法拟合模型存在一定的不足,需要对此做进一步分析。

(二) 面板数据 Poisson 回归模型

本节再根据 Silva & Teneryos(2006,2010)的建议,运用面板数据Poisson回归方法拟合FDI引力模型,所得到的4个模型的拟合结果见表5.2.6。

表 5.2.6　面板 Poisson 回归方程拟合结果

	FDI	FDI	ODI	ODI
Lgdp_p	0.1570	0.1606	0.0586	-0.0533
Lgdp_h	0.4739***	0.5365***	1.7990*	1.5829***
Lgeodis	-0.3474	-0.4482	2.1672	2.0554
Mrlndis	1.4256*	1.4745**	2.5337	2.9604
Ler_h	0.0359		-0.0651	
Dler_h		0.0734		-0.1302
Comlang	0.9008	0.7911	0.5565	1.0015
Dind_ph	0.0028	0.0038	0.8998*	0.0965**
Lwgdp	0.0463	-0.1273	2.9499	0.8611
Taxh			2.1640	1.0767
Taxp	1.2514	1.2981		
Cons	-10.9221	-8.3902	-65.5658*	-73.8640**
Wald chi2		7258.43	20155.31	13333.34
观测值	326	300	667	637

注:"*""**""***"分别表示在 10%、5% 和 1% 水平上显著。

考虑了零观测值因素后,引力模型的拟合效果有所下降。总样本拟合结果更好地支持了 FDI 引力模型,单向跨境投资的拟合效果有所下降,多数系数都不显著。与多向数据拟合结果相比,单向数据的拟合效果更差,这也与现有引力模型文献一致。仅有汇率波动率在总样本模型中的系数显著且小于 0,其他模型中汇率项的系数都不显著。显然,面板数据 Poisson 回归解决了零观测值问题,但是还是无法客观反映汇率在跨境直接投资中的作用机制,有必要进一步采用 Heckman 模型展开分析。

(三) Heckman 模型分析结果

表 5.2.7 显示了本节采用 Heckman 两步法拟合的结果,该方法共得到两个方程。第一步利用 probit 模型得到选择方程,反映了各因素对跨境投资者是否在境外投资的影响。第二步利用 probit 模型得到逆 Mill 比例,利用面板数据 OLS 方法拟合引力模型。

表 5.2.7　Heckman 模型分析结果

		FDI	FDI	FDI	ODI	ODI	ODI
引力模型回归方程	Lgdp_p	0.6462***	0.6334***	0.6223***	1.4045**	1.6811***	1.4391**
	Lgdp_h	0.2441	0.1742	0.1755	0.2240***	0.1725**	0.2096***
	Lgeodis	−0.3612	0.0414**	0.3923**	−0.6337***	−0.8018***	−0.8353***
	Mrlndis	2.5919***	2.221***	2.1814***	2.0993***	2.4701***	2.3929***
	Ler_h		0.2518***	0.2438***		0.1462***	0.1462***
	Dler_h	1.2279		1.0770	−0.2161		−0.3195
	Dind_ph	−0.0817***	−0.0995***	−0.0973***	−.0093	−0.0158**	−0.0148**
	Lwgdp	−0.6345	−0.3496	−0.5555	−0.1079	−0.8695	−0.2041
	常数项	−15.3881	−20.2416	−15.8871	−28.9136	−20.5296	−28.3036
选择方程	Lgdp_h	−15.312	−13.5454	−15.8398	0.2041***	0.2192***	0.2145***
	Lgdppc_h	15.8251	14.0220	16.3849	−0.0658**	−0.0416	−0.0529*
	Lgeodis	−0.8495***	−1.0906***	−1.1072***	−0.2383**	−0.1809*	−0.1635
	Mrlndis	−0.3655***	0.9351	−0.0640	0.2109*	0.0671	0.0884
	Ler_h		−0.1479***	−0.1503***		−0.0674***	−0.0676***
	Dler_h	−0.1636		−0.0780	−0.0299		0.0176
	Comlang	4.0397***	4.2046***	19.4783***	0.4051	0.4667*	0.4471*
	Dind_ph	−0.0484***	−0.0403***	−0.0421***	0.0006	0.0031	0.0023
	Taxh				1.5675***	1.4981***	1.6205***
	Taxp	0.0361	−0.1149	−0.1130			
	Cons	115.2886	102.7413	118.5229	−1.4088	−1.1318	−1.2523
	Wald chi2	602.02	645.33***	602.34	248.66***	305.49***	278.81
	Wald test of independent equation	76.63***	420.64***	112.1***	45.50***	57.08***	47.8***
	观测值	1018	1110	1018	1018	1110	1018

注:"*""**""***"分别表示在10%、5%和1%水平上显著。

由选择方程可见,汇率因素对跨境投资决策的影响非常显著。在所有模型中,汇率水平的回归系数都在1%的水平上显著,而汇率波动率的回归系数仅在总样本模型中显著,而且显著性水平仅为10%。汇率水平的系数小于0,说明母国币值越低,启动跨境投资的固定成本的本币价值就越高,投资者进行跨境投资的动机就越弱。如果投资者面临资本约束,母国货币低估对跨境投资的负面影响就更强。相反,在进行跨境投资决策时,汇率波动率的影响还受未来情况的影响。由此可见,汇率水平对跨境投资者是否投资的决策影响更大,而汇率波动率的影响则不显著,这证明了本节理论模型的分析。

此外,地理距离对跨境投资决策的影响也非常显著。地理距离越远,母国与东道国之间的信息不对称程度就越高,投资者就越难以做出跨境投资的决策。其他指标中,东道国为避税港虚拟变量的系数显著,说明跨境投资者更青睐在避税港类型的国家或地区进行投资。但母国为避税港虚拟变量仅在总样本模型中显著。

由引力模型方程可见,母国经济规模的系数大于0,且在6个模型中都比较显著,说明我国经济规模的增长有助于促进我国对外投资,而其他国家经济规模的提高也会刺激这些国家对我国的投资。但东道国经济规模和地理距离的影响并不显著,这也说明了一旦投资者发现良好的投资机会而决定进行跨境投资时,他们就已经考虑到相关因素,因而不会影响跨境投资规模。但是,第三国效应项的系数大于0,说明投资者在决定跨境投资时会考虑第三国因素。产业结构项的影响系数小于0,且在6个方程中都显著。由于跨境直接投资大多以工业为主,东道国工业增加值占比越高,工业基础设施相对就越完善,跨境投资者就越倾向于向东道国投资。

在引力模型中,汇率水平项的系数都大于0,而且在1%的水平上显著,说明汇率水平不仅影响跨境投资决策,而且还影响跨境投资规模。与对投资决策的影响不同,母国货币汇率越低估,跨境直接投资的规模反而越大。对于投资规模来说,东道国货币币值越高,投资者成本也会上升,但是投资者在东道国所形成的资产的价值也更高。因此,汇率对跨境直接投资的影响取决于汇率的成本效应和资产价值效应,如果成本效应高于资产价值效应,东道国货币的升值就会抑制跨境投资;相反,如果资产价值效应强于成本效应,东道国货币的升值就会促进跨境直接投资。与选择模型中一致,汇率波动率对我国跨境投资规模的影响并不显著。

结合选择方程和引力模型方程来看,汇率水平在选择方程中的影响系数小于0,但是在引力模型方程中的系数大于0,说明人民币汇率水平的变动与跨境直接投资之间的关系总体上存在"脱钩"现象。

本节通过实证分析,发现跨境直接投资引力模型基本可以解释我国跨境直接投资的变动,人民币汇率水平对跨境直接投资的影响更大,汇率波动率的影响不显著。此外,如果企业面临融资约束,其对外投资决策就越有可能受汇率的影响。

七、研究结论

在开放经济中,汇率的变动会改变两国之间的比价关系,影响跨境投资的相对收益,从而影响跨境直接投资。在当前我国实施"一带一路"倡议的背景下,我国在继续吸收外商直接投资的同时,积极鼓励企业"走出去",人民币汇率的调整对跨境直接投资的影响将直接关系到国家发展战略的顺利实施和宏观经济的稳定发展。

本节在现有研究基础上构建了外商直接投资引力模型,考察了汇率调整对跨境投资者投资决策和投资规模的影响。在此基础上,本节先后运用当前引力模型研究中居于主流地位的面板数据 OLS 方法、Poisson 回归方法,拟合了跨境直接投资引力模型,并采用 Heckman 两步法,考察了汇率调整对跨境直接投资的决策选择及投资规模的影响。研究结果显示,引力模型可以较好地拟合我国跨境直接投资,人民币汇率水平对跨境直接投资的策略选择和投资规模都存在显著的影响。从我国企业对外投资来看,人民币低估会抑制对外投资的意愿,但会促进已投资企业扩大投资规模。从外资企业对华投资来看,人民币低估有助于促进外资进入,但不利于已投资企业扩大投资规模。相比之下,人民币汇率波动对我国跨境直接投资没有显著的影响。

在人民币汇率不断调整的情况下,要扩大我国跨境直接投资,通过引进外资和我国企业走出去实现我国产业结构升级,就必须做到以下几点。第一,发展汇率相关的金融衍生产品交易,为跨境投资者规避汇率风险、固定投资成本,推动跨境投资的积极性。第二,在人民币汇率面临贬值压力的背景下,为"走出去"的企业提供更全面、更及时的信息服务,降低跨境投资成本。第三,在确保金融安全的前提下,鼓励金融机构为跨境投资企业提供创新型金融服务,解决其面临的信贷约束问题。既要向我国"走出去"的企业提供跨境直接投资金融服务,也要对在我国初次进行跨境直接投资的企业提供服务。

第三节 汇率与跨境短期资本流动

一、背景分析

跨境组合投资(foreign portfolio investment,FPI)指投资者以构建资产组合的形式在境外进行短期投资,其目的是获得所投资证券的收益。近十多年来,跨境组合投资在国际金融市场越来越重要。近年来,随着人民币汇率制度的不断改革,人民币汇率弹性越来越大。在国内外宏观经济走势的综合作用下,人民币汇率波动幅度上升,而且呈现双边波动的趋势。2017年以来,随着国际经济形势的变化,人民币兑美元汇率大幅波动,一年内发生了较大的升值与贬值,波动幅度达到10%以上。汇率波动会改变跨境投资的收益,改变投资者心理预期,从而影响跨境投资。由于汇率波动较为频繁,汇率波动对短期资金流动的影响比长期资金流动更大。随着人民币国际化程度的不断提高,以及我国证券市场开放度的提升,跨境组合投资的规模将进一步提高。汇率变动会影响跨境短期投资的流动,在未来人民币形成机制市场化程度不断提高及我国资本市场开放度上升的情况下,人民币汇率波动对资本市场跨境资金流动的影响事关金融安全,值得高度关注。

由于人民币资本项目下还没有实现可自由兑换,我国的相关数据难以反映汇率波动对跨境短期投资的影响,因此本节将利用IMF的32个经济体的数据展开研究。从全球范围来看,跨境短期投资(组合投资)的频繁波动是引起金融危机的直接引发因素之一。在这种情况下,有必要理清汇率波动对跨境组合投资的一般影响规律。

本节的研究具有十分重要的理论意义和现实价值。现有研究并没有构建一个完整的框架考察汇率波动对跨境组合投资的影响,本节将借鉴现有研究,构建引力模型分析框架,考察汇率波动对跨境组合投资的影响,是对现有文献的拓展。从现实角度来看,在当前人民币汇率波动较大、跨境组合投资规模上升的情况下,研究汇率波动对跨境组合投资的影响,有助于稳定我国跨境资金流动、维护我国金融安全,因而具有较高的现实意义。

在研究方法上,本节主要有两方面的创新。第一,本节将根据现有研究,纳入汇率因素,运用引力模型研究汇率波动对跨境组合投资的影响,探讨汇率波动对跨境组合投资的一般影响规律。第二，本节将运用 Heckman 模型考察汇率波动对组合投资发生概率和规模的影响。

本节结构如下：第二部分是文献综述，第三部分是引力模型构建，第四部分是实证分析，最后是结论。

二、文献综述

与汇率波动对外商直接投资(FDI)的影响不同，就汇率波动对 FPI 的影响展开的研究并不多，部分学者在宏观经济因素的框架下研究了汇率因素对跨境组合投资的影响。

一般认为，汇率的波动增加了 FPI 的波动，投资者和宏观监管当局都应当定期监控汇率。Darby 等(1999)认为汇率波动对 FPI 有显著影响，Carrieri, Errunza & Majerbi (2006)认为应该考虑实际汇率而不是名义汇率，因为实际汇率消除了通货膨胀的影响，是 FPI 波动的更好指标，他们进一步发现实际汇率(RER)会影响外国投资组合流(Kodongo & Ojah, 2012)。与此同时，多数文献发现，汇率与 FPI 呈反比关系(Eun & Resnick, 1988; Froot & Stein 1991, Bleaney & Greenaway, 2001; Ersoy, 2013)。因此，东道国货币贬值能够降低本地金融资产的外币价格，从而诱使外国投资者进行更大规模的跨境组合投资。

Han & Ray (2006)建立了一个均衡分析框架，在不完全的外汇风险交易条件下，汇率回报、股权回报和资本流动是共同决定的。他们还认为，短期票据流动和投资组合流动在投资组合再平衡框架内密切相关，因为它们都反映了投资者的行为。尽管该分析框架不包括关于汇率不确定性对国际投资组合流动影响，他们的研究还是为分析不完全外汇风险对汇率波动和股票收益及净投资组合流动的相关结构的影响提供了一个理论框架。其基本观点是，汇率波动增加了交易成本，降低了国际多样化带来的潜在收益，因为它使购买外国证券(如债券和股票)的风险加大，进而对跨境投资产生负面影响(Caporale et al., 2013)。事实上，Eun & Rasnick(1988)已经证明了汇率的不确定性所带来的风险是难以分散的，并且会对国际投资组合的业绩产生不利影响。这一发现也与 Levich 等(1998)在调查 298 家美国机构投资者时发现的证据一致，他们发现经过外汇风险对冲的组合仅占外国股权投资总额的 8%。

Caporale 等(2013)研究了汇率不确定性与跨境组合投资的不同组合部分(即股票和债券流动)、不同组成部分之间的关系，以及汇率波动与这两种流动的可变性之间的动态联系。具体来说,他们利用1988年至2011年期间美国相对于澳大利亚、英国、日本、加拿大、欧元区和瑞典的双边数据,估计了一个双变量GARCH-BEKK-in-mean模型。结果表明,汇率不确定性对股票流动的影响在欧元区、英国和瑞典为负,在澳大利亚为正,而除在加拿大(在加拿大为正)以外的所有国家(在债券流动中为正)均为负。为了研究外国投资对一个国家的决定因素,学术界已经发展了许多理论。从弗农(1966)的经济理论、克鲁格曼(1981)的国际化理论和邓宁(1977)的折中主义范式,对外国投资的主要理论和决定因素进行了广泛的回顾。

与国外文献相比,国内文献结合我国现实,更加突出人民币汇率预期的作用,得出了一系列结论(朱孟楠等,2010;赵文胜等,2011;吕光明等,2012;赵进文等,2013;张明、谭小芬,2013)。但总体上看,由于国内文献大多以我国为研究样本,在我国特殊的汇率形成机制和跨境资本流动监管体制下,研究结论需要进一步斟酌。

从现有研究来看,多数文献考察了汇率波动对跨境组合投资的影响机制。但是,很少有文献分析东道国货币升值与贬值的不同背景下汇率波动对跨境组合投资的影响。此外,尽管引力模型在研究国际经济与金融活动时具有良好的解释力,很少有文献运用引力模型分析汇率波动对跨境组合投资的影响,因而缺乏完整的分析框架。因此,本节将构建引力模型分析框架,区分东道国货币贬值与升值背景,考虑公众心理预期因素,分析东道国货币升值及贬值背景下汇率波动对跨境组合投资的影响。

三、模型分析

本节在Okawa & van Wincoop(2012)研究的基础上增加汇率因素,考察汇率波动对跨境组合投资的影响。根据他们的方法,本节考察一个两国模型,通过分析两国间跨境组合投资的决定,得到一个包括汇率因素的跨境组合投资的引力模型分析框架。

假定国际金融市场上只有两个国家:i国和j国。j国投资者将根据金融市场情况决定其购买i国证券的数量。因此,i国为跨境组合投资中的东道国,j国为母国。i国证券包括风险证券i、无风险证券f和证券债券g。其中无风险证券相当于期限最短的国债,其他期限的政府债券均归属政府债券。

假定风险证券未来可以获得的回报为1,且风险证券的回报受i国自身冲击及来自全球的冲击影响,即:

$$D_i = 1 + \epsilon_i + \theta_i \epsilon_g \tag{5.3.1}$$

其中,ϵ_i 和 ϵ_g 分别是来自 i 国和全球的对 i 国证券的冲击。对于 j 国投资者来说,i 国证券的冲击 ϵ_i 的均值为 0,方差为 $\tau_{ij}\sigma_i^2$。当汇率波动加剧时,τ_{ij} 提高,因而 i 国证券受到冲击 ϵ_i 的方差提高。

假定 i 国共有 N 种风险证券,分别有一种无风险证券和其他类型的政府债券。无风险证券属于短期证券,并以贴现方式发行,故到期时其所提供的收益为 1。i 国这三种证券的收益率可以表示如下:

$$R_i = \frac{D_i}{Q_i}, \quad i = 1, 2, \cdots, N \tag{5.3.2}$$

$$R_f = \frac{1}{Q_f} \tag{5.3.3}$$

$$R_g = \frac{D_g}{Q_g} \tag{5.3.4}$$

其中,R 和 Q 分别表示证券的收益率和价格。

假定 j 国投资者面临两期的资产投资决策。该投资者第一期的财富扣除自身消费后均用于第二期的投资。因此,第一期消费后 j 国投资者的财富总量为:

$$W_j = Y_j + Q_j K_j - C_j^1 \tag{5.3.5}$$

其中,W、Y、K 和 C 分别表示 j 国投资者的财富总值、收入、上一期投资的资产总值和当期的消费,所有变量均以 j 国货币记值。

在 j 国投资者进行第二期投资时,其面临的预算约束为:

$$C_j^2 = W_j R_j^p = (Y_j + Q_j K_j - C_j^1) R_j^p \tag{5.3.6}$$

其中,上标 1 和 2 分别表示第 1 期和第二期,R_j^p 为 j 国投资者资产组合的收益率,即:

$$R_j^p = \sum_{i=1}^{N} \alpha_{ij} R_i + \alpha_{gj} R_g + \alpha_{fj} R_f \tag{5.3.7}$$

(5.3.7)式中,α_{ij}、α_{gj} 和 α_{fj} 分别表示 j 国投资者所购买的以上三类证券在其购买的 i 国证券组合中的比重。

根据 Okawa & van Wincoop (2012),j 国投资者的目标函数是最大化以下函数:

$$\frac{(C_j^1)^{1-\gamma}}{1-\gamma} + \beta \frac{E(C_j^2)^{1-\gamma}}{1-\gamma} \tag{5.3.8}$$

其中,γ 是该投资者的效用偏好系数,β 是时间偏好系数,$E()$ 表示预期函数。

利用 Tille & van Wincoop（2010a）和 Devereux & Sutherland（2011）的方法，可以得到 j 国投资者投资的 j 国资产组合中证券的比重：

$$\alpha_{ij} = \frac{1}{\gamma R \sigma_i^2}\left[E(R_i - R_f) - \frac{\theta_i}{\theta_g} E(R_g - R_f) \right] \quad (5.3.9)$$

为了便于分析，我们参考引力模型的相关文献，做如下假定：

$$\frac{1}{p_i} = \frac{1}{\gamma R \sigma_i^2} E\left[R_i - R_f - \frac{\theta_i}{\theta_g}(R_g - R_i) \right] \quad (5.3.10)$$

将（5.3.10）式代入（5.3.9）式，可得：

$$\alpha_{ij} = \frac{1}{\tau_{ij} p_i} \quad (5.3.11)$$

如果共有 N 个国家，j 国居民持有证券总量为：

$$E_j = \sum_{i=1}^{N} \alpha_{ij} W_j \quad (5.3.12)$$

将（5.3.11）式带入（5.3.12）式，得：

$$W_j = E_j P_j \quad (5.3.13)$$

其中，

$$\frac{1}{P_j} = \sum_{i=1}^{N} \frac{1}{\tau_{ij} p_i} \quad (5.3.14)$$

由此可得 j 国投资者所购买的 i 国风险证券的总量，即：

$$X_{ij} = \frac{P_j}{\tau_{ij} p_i} E_j \quad (5.3.15)$$

i 国发行的证券总量等于各国（包含 i 国本国）投资者所购买的 i 国证券之和。世界证券需求和供给为：$S_i = eQ_i^i Q_i K_i$。因此，证券市场出清条件为：

$$\sum_{j=1}^{N} X_{ij} = S_i \quad (5.3.16)$$

其中，S_i 为 i 国证券供给，e 为 1 单位 j 国货币所能兑换的 j 国货币量，即 j 国货币以直接标价法所表示的汇率。

根据以上条件，市场出清条件可以表示为：

$$p_i = \frac{S}{S_i} \frac{1}{\Pi_i} \quad (5.3.17)$$

其中，

$$\frac{1}{\Pi_i} = \sum_{j=1}^{N} \frac{P_j}{\tau_{ij}} \frac{E_j}{E} \quad (5.3.18)$$

将（5.3.17）式和（5.3.18）式带入（5.3.14）式和（5.3.15）式，得：

$$X_{ij} = \frac{eS_i^i E_j}{E} \frac{\Pi_i P_j}{\tau_{ij}} \qquad (5.3.19)$$

由(5.3.19)式可知,i 国货币汇率波动率(包含在 τ_{ij} 中)对跨境组合投资的影响与汇率走势(e)有关。

四、方法与数据

(一) 研究方法

目前跨境组合投资的研究大多运用对数线性方法拟合引力模型。对数线性方法相当于对(5.3.19)式两侧取对数,同时将右侧的 P_j 表示为包括地理距离在内的一系列影响跨境组合投资的因素,可以表示如下:

$$\log(FPI_{ijt}) = \alpha_0 + \alpha_1 \log(cap_{it}) + \alpha_2 \log(cap_{jt}) + \\ \alpha_3 \log(dist_{ij}) + \alpha_4 \log(ervol_{ijt}) + \epsilon_t \qquad (5.3.20)$$

其中,log 表示自然对数。FPI_{ijt} 表示 j 国在第 t 期投资于 i 国的证券总量,cap 表示证券市场总市值。dist 表示地理距离,该指标在跨境组合投资的引力模型文献中被用来反映 i 国和 j 国的信息不对称,两国间地理距离越远,信息不对称程度就越高。$ervol_{ijt}$ 反映了第 t 期 i 国与 j 国货币间双边汇率的波动性。

本节将运用四种方法拟合(5.3.20)式,以保证模型拟合结果的稳健性。首先,本节将运用最小二乘法(OLS)对模型进行拟合。现有引力模型文献一般采用 OLS 方法拟合模型,因此本节首先运用该方法加以拟合,作为本节的基础模型(baseline model)。其次,本节将运用面板数据方法估计面板数据模型。本节采用了 32 个经济体 2001—2015 年的面板数据,因而也将采用面板数据方法加以估算。由于自变量中包括国别非时变数据,相当于采用了国别固定效应。再次,本节将运用面板 GMM 方法克服模型可能存在的内生性问题。现有引力模型文献一般认为以双边数据作为因变量不存在内生性问题,本节仍然以因变量和自变量的滞后 2 阶值作为工具变量,运用 GMM 方法拟合模型,以提高本节分析结论的稳健性。最后,本节还将运用 Poisson 回归方法,以解决 FPI 指标中存在大量的零观测值问题。由于本节跨境组合投资变量包含大量零观测值,这些零观测值无法用于对数线性方法。但是,如果忽略这些零观测值将造成信息丢失,Santos & Tenreyro(2006)指出在估计引力模型时,可以采用 Poisson 回归方法纳入零观测值。

跨境组合投资者在整个投资过程中会先根据东道国情况确定是否进

行投资,再根据情况决定具体投资金额。因此,跨境组合投资实际上由两个过程组合:第一步是确定是否投资,第二步是确定投资金额。常用的计量模型无法区分这两个步骤,只能针对实际发生的跨境组合投资展开分析,无法考察投资者不进行投资的因素。Heckman(1978)提出了样本选择模型,建议运用两阶段方法分析考察跨境组合投资的全部过程。本节将运用 Heckman 模型展开分析。本节 Heckman 模型的第一阶段是一个 probit 模型,其因变量是是否进行跨境组合投资的虚拟变量,自变量是东道国和母国的证券总市值、两国间的地理距离、两国汇率的波动率等。第二个阶段的模型是形如(5.3.20)式的对数线性形式的引力模型。为了解决模型识别问题,我们在第二个阶段中剔除两国是否使用共同官方语言、是否有共同边界等自变量。

此外,汇率波动率的估算方法较多,为了保证模型估计的稳健性,本节将以 GARCH 模型估算时变的汇率波动率,并以考察期内日汇率计算得到的年度汇率标准差进行验算。由于篇幅问题,以标准差作为汇率波动率的估算结果在附录中列出,其结果与以时变标准差得到的结果一致。

(二) 数据说明

本节将利用国际货币基金组织的跨境组合投资数据作为跨境投资数据。各国证券市场总市值指标也来自国际货币基金组织数据库。利用各经济体与美元的汇率,换算出东道国货币相对于母国货币之间以直接标价法表示的汇率。汇率数值越大,说明东道国货币币值越低。各国货币兑换美元的汇率来自 FRED 数据库。

此外,为了考虑金融管理体制的影响,本节还引入了金融开放度指标。金融开放度指标采用 Chinn & Ito(2016)所编制的 KAOPEN 指数。

根据现有跨境投资引力模型文献,本节以母国与东道国地理距离反映信息不对称程度和交易成本,以是否使用共同语言及两国是否拥有共同边界反映社会差异。这些指标选自 CEPII 数据库。其中,地理距离按两国(地区)最大城市之间的距离计算。本节样本涵盖了包括中国在内的 32 个国家和地区 2001—2015 年的数据。

五、 实证分析

(一) 描述性统计检验

表 5.3.1 显示了本节实证分析中主要指标的描述性统计检验结果。由表 5.3.1 可见,从 2001 年到 2015 年,32 个样本经济体之间的双边跨境

组合投资差异较大,最大值达到 9.99 亿美元,最小值为 0。证券市场总市值的标准差很大,说明各国证券市场总市值差异较大。金融开放度指标显示,各国金融开放度差异也较大。汇率最大值和最小值说明,双边汇率的差异很大。汇率变动幅度也有较大差异,既有升值,也有贬值。

表 5.3.1 描述性统计检验结果

	观测值	平均值	标准差	最小值	最大值
FPI	5658	207.3150	265.5017	0	999
cap	14720	853790.5000	1343137	66	9576214
dist	15360	7459.0610	5079.2000	9.5598	19586.1800
KAOPEN	15360	1.5285	1.3665	−1.9036	2.374419
ER	15360	24.1206	135.9601	0.0003	3078.4140
GER	14336	0.00002	0.1325	−0.8318	0.8314
GAR	15359	9826847	$3.02e+08$	0	$9.41e+09$
SD	15360	1.4459	11.0884	0	480.4519

注:FPI 为跨境组合投资;cap 为证券市场总市值;dist 为东道国与母国之间的地理距离;KAOPEN 为金融开放指数;ER 为以直接标价法计价的东道国货币双边汇率;GER 为汇率变动;GAR 为以 GARCH 模型测算的时变的汇率波动率;SD 为以标准差表示的汇率波动率。

(二) 相关分析

当自变量之间存在高度相关关系时,回归模型就会存在多重共线性问题。因此,有必要先对自变量进行相关性检验,把存在高度相关性的自变量逐一加入模型中,避免可能出现的多重共线性问题。

由表 5.3.2 可见,汇率标准差和通过 GARCH 模型得到的时变波动性之间的相关度达到 0.8991,说明用这两个指标总体趋势相同,用它们作为波动率指标差别不大。除此之外,其他主要指标之间并不存在高度相关性。考虑到两个波动率指标不会同时作为自变量,以这些变量作为自变量拟合模型并不存在多重共线性。

表 5.3.2　相关分析结果

	lport	lcap_d	lcap_s	ldist	comlang	contig	ger	lervol	lersd
$\log(\text{FPI})$	1.0000								
$\log(\text{cap}_i)$	-0.0486*	1.0000							
$\log(\text{cap}_j)$	0.5404*	0.0476*	1.0000						
$\log(\text{dist}_{ij})$	-0.1051*	-0.0278*	-0.0278*	1.0000					
comlang_{ij}	0.0456*	0.0046	0.0046	-0.0196*	1.0000				
contig_{ij}	0.0386*	0.0169*	0.0169*	-0.3910*	0.2503*	1.0000			
ger_{ij}	0.0451*	0.0383*	-0.0391*	0.0001	-0.0000	0.0000	1.0000		
$\log(\text{GAR}_{ijij})$	0.0057	-0.0266*	0.0247*	-0.1913*	-0.0509*	0.0429*	-0.0186*	1.0000	
$\log(\text{SD}_{ij})$	-0.0030	-0.0530*	0.0029	0.0104	-0.0281*	-0.0147	-0.0284*	0.8991*	1.0000

注：comlang 表示东道国和母国是否有相同的官方语言；contig 表示东道国和母国是否有共同边界。

（三）引力模型检验

我们分别运用四种方法拟合引力模型。考虑到东道国货币的升值与贬值时汇率波动的影响可能存在差异，本节分别针对东道国货币贬值和升值两种情况进行拟合，贬值情况下的结果见表 5.3.3。

表 5.3.3　东道国货币贬值时引力模型拟合结果

	OLS	Panel	GMM	Poisson
$\log(\text{cap}_i)$	0.1539***	0.1640***	0.1540***	0.2413***
$\log(\text{cap}_j)$	0.6230***	0.6543***	0.4883***	0.3738***
$\log(\text{dist}_{ij})$	-0.1266***	-0.1368*	-0.7195***	-0.1175
KOPEN_i	0.0720***	0.0275	-0.1964***	-0.1037
comlang_{ij}	0.1223	0.0965	0.1353	0.3369
contig_{ij}	-0.5540**	-0.1400	-2.9761***	-0.3974
GER_{ij}	-0.1253	0.1618	0.0375	0.4064**
$\log(\text{GAR}_{ij})$	-0.0678***	-0.0364**	-0.1510***	-0.0173
常数项	-3.5683***	-3.8676***	3.3237***	-0.5690
R2	0.350	0.345		
样本量	1829	1829	1829	2190

注：" * "" ** "" *** "分别表示在 10%、5% 和 1% 水平上显著。

由表 5.3.3 可见，在四个方程中，三个引力模型变量中的母国和东道国的资本市场总市值的系数均显著为正数，地理距离对数的系数均小于 0，且在三个方程中显著。由此可见,引力模型能够很好地刻画跨境组合投资的变动。东道国金融开放度的系数在两个方程中显著,但符号相反,说明东道国金融开放度对跨境组合投资没有表现出稳定的影响。在贬值背景下,金融开放度对跨境组合投资并不存在稳定的影响。东道国和母国使用共同的官方语言、两国是否有共同边界这两个虚拟变量也没有表现出一致的影响,说明它们也不是影响跨境组合投资的显著因素。

在四个模型中,汇率波动性的回归系数均小于0,且在三个模型中都显著,说明在东道国货币贬值情况下汇率波动性加剧会减少流向东道国的跨境组合投资。由此可见,在东道国货币贬值的背景下,汇率波动幅度的提高会强化外国投资者对东道国货币贬值的预期,从而下调未来投资盈利的预期,因而减少跨境组合投资。

在四个模型中,Poisson模型中的汇率波动性的系数不显著,说明考虑跨境组合投资为0的观测值后,汇率波动性的影响有所不同。

表5.3.4显示了东道国货币升值时引力模型的拟合结果。在四个回归方程中,东道国和母国资本市场总市值的对数的系数均大于0,而且在1%的水平上显著,说明两国的资本市场规模越大,跨境组合投资就越多。尽管两国间地理距离指标的系数仅仅在两个模型中显著,但是在四个模型中均小于0。这些系数的符号说明,在东道国货币升值背景下,跨境组合投资也满足引力模型。

表5.3.4 东道国货币升值时引力模型拟合结果

	OLS	Panel	GMM	Poisson
$\log(cap_i)$	0.1588***	0.1904***	0.1081***	0.2413***
$\log(cap_j)$	0.6123***	0.6171***	0.5574***	0.3738***
$\log(dist_{ij})$	-0.1886***	-0.1191	-0.4321***	-0.1175
$KOPEN_i$	0.0210	0.0461	-0.0052	-0.1037
$comlang_{ij}$	0.0919	0.0936	0.8320***	0.3369
$contig_{ij}$	-0.6189**	-0.1487	-3.9063***	-0.3974
GER_{ij}	-0.3738	0.0276	-0.1596	0.4064**
$\log(GAR_{ij})$	0.0285*	0.0162	-0.1033***	-0.0173
常数项	-2.8600***	-3.8299***	0.1949	-0.5690
R2	0.329	0.324		
样本量	1927	1927	1927	2190

注:"*""**""***"分别表示在10%、5%和1%水平上显著。

在东道国货币升值背景下,汇率变动幅度和汇率波动性这两个指标的系数显著性都不好,且在不同模型中符号相反,说明汇率波动对跨境组合投资并没有显著的影响。

(四) 基于 Heckman 模型的两阶段检验

表 5.3.5 分别显示了东道国货币贬值和升值背景下 Heckman 模型分析结果。其中,选择方程显示了影响跨境组合投资发生概率的影响因素,引力方程显示了影响跨境组合投资总额的影响因素。

表 5.3.5 Heckman 模型拟合结果

		贬值背景下	升值背景下
引力模型回归方程	$\log(\text{cap}_i)$	0.6365***	0.6282***
	$\log(\text{cap}_j)$	0.1579***	0.1673***
	$\log(\text{dist}_{ij})$	-0.0938***	-0.1470***
	KOPEN_i	0.0731***	0.0241
	GER_{ij}	-0.1085	-0.4056
	$\log(\text{GAR}_{ij})$	-0.0672***	0.0322**
	常数项	-4.0825***	-3.5469***
选择方程	$\log(\text{cap}_i)$	0.3501***	0.3156***
	$\log(\text{cap}_j)$	0.1283***	0.1699***
	$\log(\text{dist}_{ij})$	-0.0509	-0.0125
	KOPEN_i	0.0433*	0.0382
	comlang_{ij}	-0.1512	-0.0659
	contig_{ij}	0.3450	1.1179***
	GER_{ij}	0.0813	-0.4928
	$\log(\text{GAR}_{ij})$	0.0285*	0.0684***
	常数项	-3.6396***	-3.9759***
	N	2190	2250

注:"*""**""***"分别表示在10%、5%和1%水平上显著。

由表 5.3.5 可见,在选择方程和引力方程中,东道国和母国资本市场总市值的影响系数都大于0,在1%水平上显著。地理距离指标的系数小于0,但是在选择方程中的显著性不好。总体来说,运用Heckman模型拟合时,引力模型不仅能较好地反映跨境组合投资总量的决定因素,也能解释跨境组合投资发生概率的影响因素。

在东道国货币贬值或升值背景下,东道国货币汇率变动幅度对跨境组合投资的流入都没有显著的影响,但东道国货币汇率波动率指标的系数均大于0,并分别在10%和1%水平上显著。由此可见,无论是贬值还是升值背景下,当东道国货币汇率波动幅度提高时,跨境资本投资发生概率反而上升。

从引力模型来看,东道国货币贬值和升值时,汇率波动对跨境组合投资的影响并不相同。当东道国货币贬值时,汇率波动率对跨境组合投资的影响系数小于0。也就是说,在东道国货币贬值的背景下,汇率波动加剧,投资者预期东道国货币会进一步贬值,跨境组合投资下降。当东道国货币升值时,汇率波动率对跨境组合投资的影响系数大于0,汇率波动加剧,投资者预期东道国货币会进一步升值,将会给组合投资带来额外的汇兑收益,跨境组合投资反而增加。

六、研究结论

在当前国际金融市场联动程度日益提高的情况下,汇率波动有可能加剧跨境短期投资的异动,从而引发金融市场动荡,埋下金融危机的祸根,但是现有研究并没有构建一个完整的分析框架。从我国情况来看,随着人民币汇率形成机制市场化程度不断提高及我国证券市场开放度的上升,汇率波动对我国跨境资金流动的影响值得进一步关注。在这种情况下,研究汇率波动对跨境短期投资的影响有极其重要的现实意义。

在现有研究的基础上,本节运用引力模型,分析了汇率波动对跨境短期投资的影响。研究结果发现,引力模型能够较好地刻画跨境组合投资受到的影响。在东道国货币贬值的背景下,汇率波动加剧会降低跨境短期投资的流入。但是,在东道国货币升值的背景下,汇率波动对跨境短期投资并没有一致的影响。本节运用Heckman二阶段方法的分析结果显示,汇率波动对跨境短期投资的发生并没有负面影响,反而存在一定的积极影响。从第二阶段来看,在东道国货币贬值背景下,汇率波动会对跨境短期投资额产生负面影响;在东道国货币升值背景下,汇率波动反而会促进跨境短期投资。研究结果显示,东道国货币贬值背景下的汇率波动会抑制跨境组合投资。根据本节研究结果,在汇率波动条件下,要稳定跨境短期投资,就必须密切监测主要资金流动国双边汇率的波动,同时要区分汇率不同走势下的汇率波动。

与现有文献相比,本节的主要贡献在于构建了引力模型分析框架考察汇率波动对跨境组合投资的影响,同时区分了东道国货币升值与贬值两种不同趋势下的情况。未来研究可以进一步区分跨境组合投资中东道国和母国的类型,进一步细分东道国和母国的类型。

第六章 产业结构对汇率影响的一般均衡分析

本书第五章考察了汇率对产业结构的反向影响机制,证明了产业结构与汇率之间的关系不是单向的。因此,有必要在系统视角下利用一般均衡模型框架展开进一步的研究。本章共分三节。第一节在前章研究基础上探讨产业结构与汇率的相互影响机制。第二节构建动态随机一般均衡模型,在一般均衡框架下研究产业结构对人民币汇率的影响。第三节引入更多的冲击因素,在更为复杂的背景下研究产业结构调整对人民币汇率的影响。

第一节 产业结构与汇率相互作用机制分析

根据上述章节的研究,人民币汇率和产业结构之间存在相互作用机制,本节首先对两者间的相互作用关系进行实证检验,为本章的一般均衡分析提供理论基础。

一、背景分析

近年来,我国经济正处于加快推进经济结构的战略性调整、转变经济增长方式的关键阶段,产业结构调整作为一项国家发展战略正在如火如荼地推进着。党的十九大报告指出:"我国经济已由高速增长阶段转向高质量发展阶段,正处在转变发展方式、优化经济结构、转换增长动力的攻关期。"在我国经济发展过程中,要推动经济高质量发展,就要把重点放在推动产业结构转型升级上,把实体经济做实做强做优。自改革开放以来,中国经济创造了发展奇迹,这其中产业结构的调整升级发挥了巨大的作用。而当前高质量发展的目标则对产业结构调整升级提出了更高的要求。

随着经济全球化的不断深化,各国经济发展联系越发紧密,而汇率在其中的作用也愈发重要。2005 年 7 月 21 日起,我国开始实行以市场供求为基础、参考一揽子货币进行调节、有管理的浮动汇率制度。十几年来,人民币经历了几轮强劲升值,同时伴随着汇率波动的加剧。如果人民币升值可以促使中国企业进行技术创新,提高企业生产率,人民币升值将有助于产业结构的调整升级。那么,人民币升值是否真的促进了我国企业生产率的提升及产业结构的升级? 自加入 WTO 以来,中国更加深入地融入全球价值链,在此过程中人民币汇率变动如何影响企业的生产决策进而影响企业生产率,其他影响因素又发挥了什么样的作用? 对这些问题做出回答,无论是对汇率管理还是产业结构升级都具有重要的现实意义和政策含义。

从理论上来说,本币汇率的变动会改变产品的相对价格,进而改变国际市场上产品的竞争格局。货币升值在降低出口企业利润的同时也降低了进口中间产品的相对成本,厂商为了寻求更高的利润在进行生产决策时更有可能投入资本用于创新,进而中国的出口企业更可能会从国外购入更多的先进技术设备,同时引入更多的技能劳动力,提升企业生产率,进而促进产业结构调整升级。

此外,高水平人力资本是高效率产业创新的前提,教育年限更长、教育层次更高的个人具备更强科技知识与创新能力,个人科创能力的加总导致高教育人力资本结构产生更强的科技创新力和创新产出。由此可见,地区间人力资本结构的差异在汇率变动对产业结构的作用机制中发挥着重要的作用。

对发展中国家而言,汇率制度的选择可能是宏观经济政策中最具争议的方面。尽管汇率制度对经济的长期增长和稳定至关重要,但相关可提供指导的理论和经验文献却很少。现有汇率文献主要是针对发达国家进行研究,针对我国国情的相关文献相对较少。

现有文献多数是从贸易、地域、行业异质性等不同角度分析汇率变动。本节将在现有研究的基础上构建包含技术更新资本投入、生产制造资本投入、人力资本投入和劳动力投入的制造业生产函数,引入省际人力资本结构因素,通过研究汇率变动对厂商的创新决策的影响,分析在最优生产决策下汇率变动对产业结构调整的作用机制。

本节结构安排如下:第二部分回顾相关文献,第三部分是理论模型分析,第四部分说明经验分析的方法与数据,第五部分报告检验结果,最后是简短的结论。

二、文献综述

与本节研究相关的文献主要有两类:一是基于宏观层面针对汇率变动作用于产业结构的传导机制的相关研究;二是基于微观企业创新决策针对汇率变动对企业生产率影响机制的研究。就第一类文献而言,已有研究主要关注汇率变动对产业结构作用的影响路径。例如,徐伟呈(2012)从产业层面验证了汇率变动可以通过一国价格水平、进出口贸易及 FDI 三条路径影响产业结构。张会清和唐海燕(2012)的研究表明,人民币升值对企业出口产生了显著的负面冲击,人民币升值不利于中国出口贸易结构的优化调整。

第二类文献中,Agion(2009)比较了不同金融发展水平国家的数据,在包含黏性工资的开放经济模型框架下,从汇率对企业投资决策等变量的影响入手,考察了汇率对企业生产率的影响。研究表明,实际汇率波动可能对生产率增长产生重大影响,且对于金融发展程度较高的国家,弹性汇率制度能提高企业生产率,研究同时还考虑了企业融资约束对企业家创新的不利影响。Harris(2001)认为,加元在 20 世纪 90 年代相对于美元的过度贬值使得加拿大工资水平相对美国吸引力下降,技术人才流向美国,从而不利于加拿大企业的人力资本结构发展,进而影响企业创新及生产率的改进,延缓了加拿大的产业结构升级进程。在经济发达国家开放的经济体系中,汇率将通过价格传递途径影响企业的出口产品价格和进口产品成本,进而对企业利润和企业投资决策产生影响。当本币升值时,国内企业的劳动力成本用外币表示时会增加,当国际市场上产品售价保持不变时,企业在国内从事生产活动的利润水平有所下降。因此,技术创新成为企业谋求更高利润的出路,由此技术升级、降低成本、提高利润的内在发展需求将推动产业结构的调整升级。

在已有文献研究中,人力资本结构构成了企业创新重要的一环。许家云(2015)使用 2000—2007 年工业企业微观数据和高度细化的海关数据进行研究,结果表明人民币实际有效汇率将通过人力资本提升效应对制造业企业的生产率产生积极的影响。技术创新决策可以促进人力资本的提升,但经济发达程度不同地区之间人力资本结构的差异可能也会对企业的技术创新产生不同程度的影响。Jeanneney & Hua(2011)使用中国 1986—2007 年间 29 个地区省际面板数据估算了各省区的全要素生产率,发现人民币实际汇率升值有利于提升各省区的企业生产率,且这种有利影响在内陆省份比沿海省份更强,有助于缩小内陆和沿海省份之间的差距。汇率变动的产业结构升级效应在不同省份之间存在差异。一方面可能是由于各省经济发展程度的差异,另一方面也可能出于各省区之间人力资本结构的差异。

综上所述,已有文献重点分析了汇率变动对产业结构调整的具体传导途径,但对不同区域产业结构升级的影响研究较少。因此,基于最新的区域面板数据,本节基于31个省市不同的人力资本结构的影响作用,研究汇率变动对企业创新决策进而对产业结构升级的影响机制。

三、 理论模型

为了便于分析,本节做如下假设:第一,存在一个代表性出口厂商,该厂商投入资本和劳动,产品用于出口。第二,本节根据 Lee & Kim(2006)的研究,将资本的用途分为技术更新和生产制造。其中技术更新投入主要用于引进、研发先进的机器设备,生产制造投入用于购买直接用于生产的原材料。第三,本节根据 Kaiser & Siegenthaler(2016)的研究,将劳动力分为技能劳动力和非技能劳动力。在生产中,代表性厂商可以通过调整技术更新资本投入、生产制造资本投入和劳动投入量等要素实现利润最大化。产业结构升级调整主要反映为劳动生产率的提高。第四,假设该国采用有管理的浮动汇率制度,汇率在很大程度上受政府干预,为模型的外生变量。汇率以直接标价法表示,出口商品以外币标价,厂商无法影响国际市场价格。此外,本节将产品的国内价格标准化为1。

该厂商的实际利润等于出口的实际总收入减去资本和劳动的实际成本,本节在 Leung & Yuen(2010)方法的基础上加入人力资本投入,将厂商的目标函数表示为:

$$\max \Pi = q_t P_{F,t} Y_t - rK_t - w_1 L_1 - w_2 L_2 \quad (6.1.1)$$

其中,Π_t、Y_t、K_t、L_1 和 L_2 分别表示厂商利润、产出、资本投入、劳动量和人力资本,q_t 为以直接标价法表示的汇率。r 为实际利率,w_1 和 w_2 分别为非技能劳动力和技能劳动力的实际工资率,它们受一国经济和金融市场发展程度的影响。本节假定这些参数外生,以考察特定的经济发展阶段汇率变动对行业生产率的影响。由于国内价格标准化为1,(6.1.1)式中名义汇率与国际市场相对价格的乘积($q_t \cdot P_{F,t}$)等于人民币实际有效汇率($REER_t$)。由(6.1.1)式可见,在其他因素不变的情况下,本币升值将减少出口收入的本币价值,从而减少厂商的实际利润。

假定厂商具有 Cobb-Douglas 生产函数,即:

$$Y_t = A_t \cdot K_{M,t}^{\alpha} \cdot L_{M,t}^{\beta} \tag{6.1.2}$$

其中,A_t 表示该厂商的技术水平,$K_{M,t}$ 表示该厂商的生产制造资本投入量,$L_{M,t}$ 表示厂商用于生产制造的劳动投入量,α 和 β 分别表示用于生产制造的资本和劳动投入对产出的贡献率。

根据前提假设和现有研究,厂商技术进步的速度受技术更新投入和用于技术更新人力资本投入的影响,技术函数可以表示为:

$$A_t = A_0 K_{R,t}^{\xi} L_{R,t}^{\lambda} \tag{6.1.3}$$

其中,A_t 为初始技术水平,$K_{R,t}$ 表示该厂商用于技术更新的资本投入量,参数 ξ 反映了研发效率,且 $\xi > \alpha$,技术更新资本对产出的贡献比生产制造资本大。$L_{R,t}$ 为用于技术更新的人力资本投入。λ 为研发人力资本投入对厂商技术进步的影响系数,影响系数均为正数。

将(6.1.2)式、(6.1.3)式带入(6.1.1)式,得到厂商利润最大化的细化函数,即:

$$\max \Pi_t = REER_t \cdot A_0 \cdot K_{R,t}^{\xi} \cdot L_{R,t}^{\lambda} \cdot K_{M,t}^{\alpha} \cdot L_{M,t}^{\beta} -$$
$$w_M \cdot L_{M,t} - w_R \cdot L_{R,t} - r \cdot (K_{M,t} + K_{R,t}) \tag{6.1.4}$$

为了求解厂商的利润最大化问题,我们分别对(6.1.4)式中的 $K_{M,t}$、$K_{R,t}$、$L_{M,t}$ 和 $L_{R,t}$ 求一阶导数,并令一阶导数都等于 0,得到:

$$REER \cdot A_0 \cdot \xi^{1-\alpha-\beta-\lambda} \cdot r^{\lambda+\beta-1} \cdot \lambda^{\lambda} \cdot \alpha^{\alpha} \cdot$$
$$\beta^{\beta} \cdot w_1^{-\beta} \cdot w_2^{-\lambda} \cdot K_{R,t}^{\alpha+\beta+\xi+\lambda-1} = 1 \tag{6.1.5}$$

对(6.1.5)式等号两边取对数并求导,假定其他因素不变,最终可以得到利润最大化时厂商的最优技术更新资本投入与汇率变动之间的关系,即:

$$\frac{\partial K_{R,t}}{\partial REER} = \frac{K_{R,t}}{REER \cdot (1-\alpha-\beta-\lambda-\xi)} \tag{6.1.6}$$

由(6.1.6)式可见,汇率变动会对技术更新资本投入产生影响,且其影响是复杂的。人力资本投入的贡献率不同,人民币实际有效汇率变动对行业技术更新投入的影响也会存在差异。当 α、β 和 ξ 不变时,参数 λ 即人力资本投入的贡献率较高时,$\frac{\partial K_{R,t}}{\partial REER}$ 小于 0,本币实际有效汇率降低,本币升值,技术更新投资就会增加;反之,当 λ 较低时,$\frac{\partial K_{R,t}}{\partial REER}$ 大于 0,本币实际有效汇率降低,本币升值,技术更新投资就会减少。这是因为在人力资本雇佣结构较落后的地区,技术更新资本的投入能给企业带来的收益可能无法弥补汇率升值导致的企业利润的下降,企业创新动力不足,从而不利于产业结构的调整升级。

四、 研究设计

(一) 研究方法

本节测算制造业的行业实际汇率,再利用数据包络方法估算了中国30个省、自治区和直辖市(不包括港、澳、台、西藏)制造业行业2009—2017年的全要素生产率,最后利用面板数据模型分析行业实际汇率对制造业行业的影响,同时还将进行稳健性检验。

(二) 指标测度

本节利用 DEAP 软件计算 Malmquist 方法,根据中国30个省、自治区和直辖市(不包括港、澳、台、西藏)制造业行业的工业增加值、资产规模、劳动、工业品出厂价格指数、劳动、固定资产投资价格指数、平均工资等数据,估算各省份制造业行业的年全要素生产率。本节以资产、劳动作为投入,以工业增加值作为产出,以资产价格指数、工资与上年同比指数作为投入价格以工业品出厂价格指数作为产出价格估算各行业的全要素生产率。

本节对其他控制变量的设定和说明如下:①企业规模(scale),本节采用企业销售额取对数来衡量企业规模。②行业的出口强度(export),用行业的年出口额除以年销售收入作为代理变量。③行业人力资本结构(human),用高学历雇佣量(本科学历、研究生以上学历)比上中低学历雇佣量(其他学历)的比例来衡量。④制造业平均工资水平(wage)。

(三) 数据来源

考虑到2008年金融危机的影响,本节样本选取了2009年至2017年中国30个省、自治区和直辖市(不包括港、澳、台、西藏)的制造业面板数据,包括工业增加值、劳动、工资、资产规模、工业品出厂价格、固定资产投资价格指数、各行业内国有企业总产值、外资企业总产值、流动资产比率、资产负债率、资本劳动比率等。所有数据主要来自国家统计局网站《中国统计年鉴》。劳动力受教育程度数据来自各年度《中国劳动统计年鉴》。人民币实际有效汇率指标来自同花顺网站。

(四) 计量模型设定

首先,为了考察人民币汇率变动与企业生产率之间的关系,我们在既有理论和实证研究文献的基础上构建以下回归模型考察汇率变动对企业生产率的影响：

$$tfpch_{ij} = \beta_0 + \beta_1 lnreer_{ij} + \beta_2 human_{ij} + \beta_3 export_{ij} + \beta_4 lnsize_{ij} + \beta_5 lnwage_{ij} + \varepsilon_{ij} \quad (6.1.6)$$

下标 i、j 分别表示地区和年份，$tfpch_{ij}$ 表示企业全要素生产率变动，$lnreer$ 为人民币实际有效汇率指标，ε_{ij} 表示随机扰动项。控制变量具体包括：企业平均工资（lnwage）、企业的人力资本水平（human）、企业规模（lnsize）及企业出口强度（export）。为了具体考察人民币汇率对行业生产率影响的具体作用机制，在回归分析时，我们进一步在（6.1.6）式的基础上引入汇率指标企业人力资本（human）指标的交互项，以更进一步考察人力资本结构在人民币汇率变动对制造业产业结构升级的影响和作用。

五、经验研究

（一）描述性统计检验

表 6.1.1 显示了 2009—2017 年 30 个主要省、市、自治区制造业行业主要指标的描述性统计分析结果。在考察期内，各主要指标存在较大的差异。制造业行业生产率变动的最大值和最小值相差显著，地区间人力资本差异相差数倍，各省、市、自治区间企业出口强度差距也较大（表 6.1.1）。

表 6.1.1　描述性统计

Variable	Mean	Std. Dev.	Min	Max
tfpch	1.0634	0.4184	0.4280	2.5120
lnreer	4.7269	0.0911	4.6052	4.8658
human	0.0879	0.0915	0.0221	0.6010
lnsize	9.8488	1.1030	6.9171	11.9614
export	0.1023	0.0943	0.0119	0.3950
lnwage	10.6648	0.3274	9.9762	11.5790

（二）面板数据模型分析

为了避免模型在拟合过程中出现多重共线性问题，我们对自变量进行相关性分析，分析结果见表 6.1.2。

表 6.1.2　自变量的相关性检验

	lnreer	human	lnsize	export	lnwage
lnreer	1.0000				
human	0.2349*	1.0000			
lnsize	0.1995*	0.0836	1.0000		
export	-0.0127	0.4446*	0.3158*	1.0000	
lnwage	0.7836*	0.6134*	0.2441*	0.3099*	1.0000

说明:"*"表示在1%的水平上显著。

表6.1.2中相关性分析结果表明,除了平均工资lnwage以外相关系数都较小,主要指标之间并不存在高度相关关系。基于回归后计算方差膨胀因子,VIF值均小于10,因此可以认为本节采用这些指标作为自变量,不会产生多重共线性问题。

本节先运用固定效应模型对30个省、市、自治区的面板数据利用Stata15.1软件进行回归,考虑到汇率变动对企业生产率的影响可能会有一定的时滞,回归中将自变量汇率(lnreer)与汇率与人力资本交叉项(lnreer * human)滞后一年。回归结果见表6.1.3。

表6.1.3　面板数据回归结果

	固定效应 OLS
lnreer(-1)	-3.555***
	(0.295)
human	2.045
	(1.272)
lnsize	0.340***
	(0.113)
export	-0.0364
	(1.254)
lnwage	0.638***
	(0.204)
lnreer(-1) * human(-1)	-0.530***
	(0.184)
常数项	7.613***
	(1.308)
N	240

注:括号中为估计标准误,"*""**""***"分别表示 $p<0.1$、$p<0.05$、$p<0.01$。

由表 6.1.3 可见,人民币实际有效汇率的系数为负,且在 1% 的水平上显著。这表明,汇率升高、本币贬值不利于一国产业结构的调整升级。人力资本结构对行业生产率的效应为正,高等教育人力资本与生产率的正相关关系表明,不管是自主创新还是模仿和学习外来技术都需要达到一定的教育水平。

我们进一步根据人力资本结构的高低将 30 个省、市、自治区分为高比率组和低比率组,分别进行回归,回归结果见表 6.1.4。

表 6.1.4 分组检验结果

	高比率组	低比率组
lnreer (−1)	−3.399***	−3.008***
	(0.369)	(0.534)
human (−1)	1.808	3.336
	(1.316)	(4.505)
lnsize (−1)	0.379**	0.208
	(0.132)	(0.234)
export	0.942	−1.728
	(1.585)	(2.839)
lnwage	0.469	0.903**
	(0.266)	(0.371)
lnreer (−1) * human (−1)	−0.389**	−2.195
	(0.158)	(1.420)
常数项	8.147***	3.965
	(1.806)	(3.339)
N	112	128

注:括号中为估计标准误。"*""**""***"分别表示 $p<0.1$、$p<0.05$、$p<0.01$。

表 6.1.4 的回归结果显示了汇率的人力资本效应对行业生产率的影响。在人力资本结构较高的省、市、自治区,汇率变动对行业生产率的效应为负,且在 1% 的水平上显著,同时汇率指标与人力资本的交叉项回归系数为正,在 10% 的水平上显著。相反,在人力资本结构低比率组,汇率指标与人力资本的交叉项回归系数为正却不显著。这种只有高等教育人力资本与 TFP 为正相关关系表明,不管是自主创新还是模仿和学习外来技术都需要达到一定的教育水平,当教育水平低于这个门槛时,其自身创新水平和

学习能力较低,从而无法促进技术进步,甚至成为技术进步和效率提高的阻力。只有当教育水平达到一定程度时才能有效地促进技术进步。

由表 6.1.3 和表 6.1.4 的结果可见,汇率变动能够在一定程度上促进制造业产业结构的调整升级,但是这种效应受地区不同人力资本结构的限制。高等教育人力资本与中低等教育人力资本对行业生产率的影响有差异,我们认为可能主要来自其教育内容的差异,高等教育主要是专业知识和技能的系统训练,中等教育主要是基础素质教育,而不管是自主创新还是对外来技术的学习和模仿主要依靠的是专业知识。

(三) 稳健性检验

由于贸易加权的实际有效汇率指标涉及多国数据,并且从指标构造来看,汇率变动会对贸易权重产生影响,从而在指标度量中难免存在测量误差。因此,人民币实际有效汇率变量可能是内生的,从而导致估计偏差。由于本节样本容量相对较小,为解决这种内生性问题,通常的改进方法是寻找一个与人民币汇率紧密相关但独立于或者弱相关于企业生产率的变量作为工具变量进行一阶差分广义矩估计方法。为此,本节使用人民币实际有效汇率指标的滞后一期值和滞后两期值为工具变量。基于工具变量的估计结果报告在表 6.1.5。从中可以看出,人民币实际有效汇率对企业生产率的净效应为负,说明人民币实际有效汇率下降即本币贬值有利于企业生产率提升,实际有效汇率与人力资本结构交叉项回归系数在 10% 的水平上通过显著性检验,这与前文的基准分析的结果吻合。AR(2) 检验结果也表明工具变量有效。这也说明,在进一步考虑人民币实际有效汇率的内生性问题之后,本节结论依然稳健。

表 6.1.5　稳健性检验

	DIF GMM
lnreer (−1)	−3.431***
	(0.725)
human	3.262*
	(1.885)
lnsize	0.800**
	(0.384)
export	0.0977
	(2.077)

（续表）

	DIF GMM
lnwage	0.172
	(0.526)
lnreer (−1) * human (−1)	−0.535*
	(0.281)
AR(2)	0.132

注：Standard errors in parentheses，"*""**""***"分别表示 $p<0.1$、$p<0.05$、$p<0.01$。

汇率变动对中国制造业行业全要素生产率进步有显著影响，实际汇率对全要素生产率变动的作用机制受地区人力资本结构高低的限制。在人力资本发达的地区，货币升值更有利于促进产业结构调整升级。

六、研究结论

人民币汇率制度改革和产业结构调整升级是当前中国经济发展的重要课题。本节利用中国30个省、市、自治区2009—2017年的制造业企业面板数据实证考察了人民币汇率变动对制造业行业全要素生产率之间的关系。本节在现有研究的基础上构建了技术更新资本和人力资本结构的生产函数，分析了企业在利润最大化均衡时汇率变动对技术更新资本投入的影响。通过进一步实证研究发现，人民币实际汇率升高对制造业产业结构调整升级具有显著的影响，但其影响受人力资本结构高低的约束。在人力资本结构发达的地区，汇率变动的产业结构调整效应比较显著。

第二节　基于DSGE模型的产业结构对汇率的影响分析

一、背景分析

在经济系统中，产业结构对汇率的影响不是单向的，汇率变动也会影响产业结构（徐涛，2014）。产业结构调整后，汇率将受到第一轮影响，汇率水平将发生变化，汇率水平的变化又会引起产业结构的又一轮调整。因此，产业结构与汇率之间存在相互影响、相互作用，要全面考察产业结构对汇率的影响,就不能仅仅研究产业结构对汇率的一次性影响,必须考虑产业结构和汇率的相互作用机制。此外,产业结构调整对汇率的影响是动态的,产业结构调整对汇率的影响在不同时间具有一定的差异。因此,需要从动态视角出发,考察产业结构调整后不同阶段汇率的动态变化。本章将利用动态随机一般均衡(dynamic stochastic general equilibrium,DSGE)模型,在一般均衡框架下从动态视角全面研究产业结构调整对汇率的影响。

二、 动态随机一般均衡模型的构建

影响汇率的因素很多,除产业结构因素外,还会受到货币政策等因素影响,在特定情况下这些因素的影响甚至会超过产业结构的影响,在实际分析中不能忽略这些因素变动所造成的冲击。因此,本章将在 Nason & Cogley (1994)、Schorfheide (2000)的多重冲击模型的基础上增加了货币冲击因素,构建了包含汇率、技术、货币、技术等因素的动态随机一般均衡模型。本章的模型包含家庭、厂商、货币当局等部门,各个部门在最大化自身的收益时将实现整个经济系统的动态均衡,而各类随机冲击又会使经济系统暂时偏离均衡轨迹,再逐渐回归到均衡路径,重新实现均衡。

(一) 家庭部门

家庭部门是制造业产业升级所涉及的重要组成部门,它们不仅是经济系统中的最终消费者,也是人力资本的供给者。因此,家庭部门的最优化行为不仅决定经济系统中的最优消费量,也将决定劳动供给量。家庭部门通过调整消费、资本供给、货币持有量和存款总量最大化自己的效用。其目标函数可以表示为:

$$\max_{C_t, H_t, M_{t+1}, D_t} E\left\{\sum_{t=0}^{\infty} \beta^t \left[(1-\phi) \cdot \log(C_t) + \phi \cdot \log(1-H_t)\right]\right\} \quad (6.2.1)$$

其中,C_t、N_t、D_t 和 M_{t+1} 分别表示第 t 期的消费、劳动供给、存款和第 $t+1$ 期的货币持有量。其中,劳动供给已经被标准化在[0,1]区间。ϕ 表示闲暇对消费的贡献率,β 为家庭的效用贴现率。假定家庭部门具有高储蓄倾向,不直接进行投资,而是将多余的资金以存款的形式存入金融机构。

但是,家庭部门的消费将受到其所拥有的资源总量的制约,家庭部门的预算约束可以表示为:

$$P_t \cdot C_t \leq M_t - D_t + W_t \cdot N_t \quad (6.2.2)$$

(6.2.2)式说明,家庭部门用于购买消费品的资金来源于人力资本的收入和货币存量的净增加部分。家庭部门存在以现金形式反映的预算约束,这也是传统的货币先行模型(cash-in-advance model)的观点。

家庭部门的货币持有量满足以下过程:

$$M_{t+1} = (M_t - D_t + W_t \cdot N_t - P_t \cdot C_t) + R_t \cdot D_t \quad (6.2.3)$$

其中,R_t表示每一元存款的本利和。(6.2.3)式说明,家庭部门未来持有的货币量等于当期收入中未用于消费的部分加上存款的本利和。

(二) 厂商部门

在宏观经济系统中,厂商部门是劳动和资本品的需求者,是产品的供给者。厂商的经营目标是在特定成本下实现产出最大化,进而实现利润最大化。由于本章接下来要估算动态随机一般均衡模型的参数,因此这一部分必须建立厂商的跨期生产函数,并以该跨期生产函数作为厂商的目标函数。厂商的目标函数为:

$$\max_{K_{t+1}, L_t} Y_t = K_t^{\alpha} \cdot (A_t \cdot N_t)^{1-\alpha} \quad (6.2.4)$$

其中,A_t和N_t分别表示厂商在第t期的技术水平和第t期的人力资本投入。显然,在人力资本市场均衡的情况下,厂商实际使用的劳动等于家庭部门所提供的劳动总量。α表示资本对产出的贡献。在最优状态下,厂商将积极调整自身的规模,既不存在规模报酬递增,也不存在规模报酬递减。

(6.2.4)式中,由于劳动只影响下一期的产出,本期的汇率变动就不会通过改变厂商的劳动需求水平影响上一期的劳动规模。

假定技术进步遵循客观规律,是循序渐进的,同时也受各种因素的影响。这样就可以把技术水平的变动过程表示为:

$$\log(A_t) = \gamma + \log(A_{t-1}) + \varepsilon_{A,t} \quad (6.2.5)$$

其中γ是漂移项,反映了技术进步的均衡速度。$\varepsilon_{A,t}$反映了突发因素引起的技术变动,实际上就是供给冲击因素。正的供给冲击能够提高厂商的供给能力,而负的供给冲击会降低厂商的生产能力。

对(6.2.5)式变形,可以得到技术进步的表达式:

$$dA = \exp(\gamma + \varepsilon_{A,t}) \quad (6.2.6)$$

根据上文关于厂商部门流动性约束的假设,厂商在进行技术投资过程中面临流动性约束,必须以货币支付技术投资成本,而不能以投资品支付。为了考虑厂商的流动性约束因素,本章参考 Nason & Cogley(1994)的研究。从长期看,如果人力资本成本超过债务融资总量,厂商的股权资本将被侵蚀。因此,厂商愿意支付的人力资本成本不超过银行贷款总量。此外,考虑到政府的相关政策等突发性因素也会引起人力资本成本的外生变

化,厂商将从银行贷款弥补人力资本成本。因此,本章将人力资本成本表示为:

$$N_t \cdot W_t \leq L_t \quad (6.2.7)$$

厂商下一时刻的生产制造资本总量受本期的资本量、投资和折旧等因素影响。因此,资本增长由以下函数决定:

$$K_{t+1} = (1-\sigma) \cdot K_t + I_t \quad (6.2.8)$$

其中,σ 和 I_t 分别表示资本折旧率和第 t 期的生产制造投资。

(三) 货币部门

近二十多年来,货币政策已经成为我国宏观调控的最主要手段之一。一般来说,货币政策是通过调节货币供给和利率来影响经济总量,但是由于不同行业对制造业的反应存在差异,货币政策对制造业行业的影响具有明显的行业效应(徐涛,2007)。因此,货币政策调控也会改变制造业行业升级进程,货币政策影响是影响制造业产业升级的重要因素。货币供给的增加能够有效地改善制造业行业流动性约束问题。在我国货币政策操作过程中,尽管利率工具已经得到广泛应用,但由于人民币利率市场化时间不长,因此货币供给还是重要的货币政策变量。本章根据 Schorfheide (2000) 的研究,将货币供应量增长状况表示为:

$$\log(m_{t+1}) = (1-\rho) \cdot \log(m^*) + \rho \cdot \log(m_{t-1}) + \varepsilon_{M,t} \quad (6.2.9)$$

其中 $m_t = \dfrac{M_{t+1}}{M_t}$,反映了货币供应量的增长倍数,$m^*$ 是货币供应量的均衡增长速度,ρ 是货币供给相对于均衡增长速度的偏离程度。显然,当 $\rho < 0$ 时,货币供给增长速度超过均衡增长速度,存在明显的货币扩张。

三、市场均衡条件

根据以上各部门的分析,就可以得到各个市场实现均衡时的一阶欧拉条件。

(一) 商品市场

由家庭部门的目标函数和跨期约束条件,可以得到家庭部门的跨期效用最大化的欧拉条件:

$$E_t\left[\frac{P_t}{C_{t+1} \cdot P_{t+1}}\right] = \beta \cdot P_{t+1} \cdot \frac{\alpha \cdot K_{t+1}^{\alpha-1} \cdot (A_{t+1} \cdot N_{t+1})^{1-\alpha} + (1-\sigma)}{C_{t+2} \cdot P_{t+2}} \quad (6.2.10)$$

(6.2.10)式说明,当实现最优化时,家庭部门在第 $t+1$ 期消费与将这笔钱用于第 $t+2$ 期消费所得到的效用应当是相等的。

(二) 人力资本市场

当人力资本市场实现均衡时,作为人力资本供给者的家庭部门放弃 1 单位人力资本造成的效用损失应当等于人力资本带来的未来收入所增加的未来效用的贴现值。因此,由家庭部门的最优化条件可以得到人力资本市场的均衡条件:

$$\frac{\varphi}{1-\varphi} \cdot \frac{C_t \cdot P_t}{1-N_t} = W_t \tag{6.2.11}$$

(三) 资本市场

资本是除劳动之外厂商又一重要投入要素,根据上文分析,厂商在决定最优生产制造业资本投入量时必然要考虑劳动的投入产出状况,在技术投资和生产制造投资之间进行权衡。根据厂商的最优化条件,可以得到生产制造业资本市场均衡条件:

$$R_t = P_t \cdot (1-\alpha) \cdot K_t^{\alpha} \cdot A_t^{1-\alpha} \cdot N_t^{-\alpha} / W_t \tag{6.2.12}$$

均衡状态下,1 单位资本在下一时期的本利和等于用这 1 单位资本购买劳动所创造的价值,即均衡条件下不同要素的回报相等。

(四) 信贷市场

由家庭部门的目标函数和约束条件及厂商行为,可以得到信贷市场均衡条件:

$$\frac{1}{C_t \cdot P_t} = \beta \cdot E\left[\frac{R_t}{C_{t+1} \cdot P_{t+1}}\right] \tag{6.2.13}$$

当信贷市场均衡时,家庭部门减少 1 单位当前消费所损失的效用正好等于将这笔钱存在银行获得的本利和所能购买的未来消费带来的效用的现值。当信贷供给等于信贷需求时,信贷市场出清,其条件为:

$$M_{t+1} - M_t + D_t = L_t \tag{6.2.14}$$

其中 L_t 表示第 t 期金融机构发放的贷款。上式表明,第 t 期金融机构用于发放贷款的资金来源于中央银行增加的货币供应量 $(M_{t+1} - M_t)$ 和家庭部门的存款 D_t。

(五) 货币市场

在货币市场均衡的情况下,货币需求等于货币供给。根据国际收支的货币论,本国的货币供给总量等于国内货币供给 (M_t) 和因外汇储备增加引起的货币供给量。如果公众的货币需求用于消费,则:

$$P_t \cdot C_t = M_t + aer * er_t \tag{6.2.15}$$

其中,er_t 是第 t 期的汇率,aer 是汇率对货币供给量的影响系数。根据国际收支的货币论,本币贬值将会增加国内的货币供给,因此可以将外汇储备增加引起的货币供给量表示为 $aer*er_t$。也就是说,家庭部门在第 t 期消费所花费的资金总量应当等于家庭部门已经持有的现金量加上因本币贬值、外汇储备增加引起的货币供给增加。

(六) 外汇市场

外汇市场上,外汇供给与需求决定着均衡汇率。现有汇率决定理论依据不同的假设,针对汇率的决定做出了不同解释。

购买力平价理论认为,汇率取决于两国物价水平的对比,即:

$$ER_t = \frac{P_t}{P_{F,t}} \tag{6.2.16}$$

其中,ER_t、P_t 和 $P_{F,t}$ 分别表示以直接标价法表示的本币汇率、本国物价水平和外国物价水平。对上式变形,可以得到汇率变动率的决定方程,即:

$$er_t = \pi_t - \pi_{F,t} \tag{6.2.17}$$

其中,π_t 和 $\pi_{F,t}$ 分别表示国内外的通货膨胀率。假定外国物价水平保持稳定,则汇率变动率等于本国物价水平变动率(即通货膨胀率),即:

$$er_t = \pi_t \tag{6.2.18}$$

货币主义汇率决定理论认为,汇率受国内外物价水平、产出差异和货币供给差异影响,在国外相关指标稳定的情况下,汇率变动率可以表示为:

$$er_t = \pi_t - y_t + m_t \tag{6.2.19}$$

在国外指标稳定的情况下,本国通货膨胀率相对下降、经济增长率相对上升、货币供应量增长率相对下降,均会推动本币加速升值。

(6.2.1)式至(6.2.17)式反映了各个部门同时实现最优决策、各个市场同时实现均衡时的状况,因此它们构成了一个动态随机一般均衡模型。该模型所决定的均衡条件反映了在各个部门最优化决策下宏观经济系统实现动态均衡时各个市场所满足的条件。均衡条件决定了宏观经济系统的动态路径,因此通过估计模型参数,就可以刻画制造业系统的运行规律。此外,利用模型参数,改变冲击的规模还可以模拟汇率变动不同幅度带来的随机冲击对制造业产业升级的影响。

四、 动态随机一般均衡模型的参数估计与模拟

在第三节动态随机一般均衡模型的基础上,本节将对该模型展开实证分析,在多部门、多重冲击的背景下考察人民币汇率对我国制造业产业升级的影响。为了保证本研究的稳健性,本章分别针对购买力平价理论和货

币主义汇率决定理论进行 DSGE 模型实证分析。

（一）方法与数据

对 DSGE 模型的实证研究主要有校准（calibration）方法和估计（estimation）方法。与校准方法相比，估计方法具有优势（Ruge-Murcia，2003）。目前，大多数学者运用贝叶斯方法估计 DSGE 模型。DSGE 模型的贝叶斯估计方法界于校准和最大似然法（ML）之间，利用实现设定的分布和通过实际数据估计的似然函数计算事后密度函数，以事先设定值作为似然函数的权数，从而将校准方法和最大似然法有机地结合起来。因此，这种方法无须获得所有变量的历史数据，对于某些指标无法获得的情况具有无可比拟的优势。

在 DSGE 模型估计中，必须利用实际经济数据估计各变量的均衡水平，但是输入数据的数量不能多于冲击的数量，否则以上经济系统将无法识别。本节选用了 2008 年 1 月到 2020 年 11 月人民币对美元汇率、我国 CPI 指数作为输入数据。根据 Schorfheide（2000）的方法，我们将所有指标转换为当月与上月的比率，以消除宏观经济指标存在的非平稳性问题。所有数据均选自 FRED 数据库。由于冲击的方差都大于 0，我们将冲击方差估计值的先验标准差设定为逆 Gamma 冲击。在贝叶斯方法中，随着样本容量的增加，估计结果最终收敛于实际值，先验值和先验分布的设置不影响模型估计结果的可靠性（Fernandez-Villaverde & Rubio-Ramirez，2004）。

（二）基于购买力平价理论的分析

1. 参数估计结果

本节运用 Matlab 软件，运用贝叶斯方法估计 DSGE 模型的参数。在 DSGE 模型的估计中，一般根据系数估计值的方差—协方差矩阵的特征值计算多元诊断方法，反映模型拟合的总体拟合优度。在 DSGE 模型估计过程中采用了 Metropolis-Hastings 方法进行 5000 次模拟，在每次模拟过程中均选用不同的初始值。如果模拟过程有效，那么最优化求解方法就得以继续，而且每次模拟所得到的结果也非常接近。图 6.2.1 显示了多元诊断结果，在所有三重诊断中，两条曲线趋于收敛且逐渐水平，说明本节 DSGE 模型的拟合效果较好。

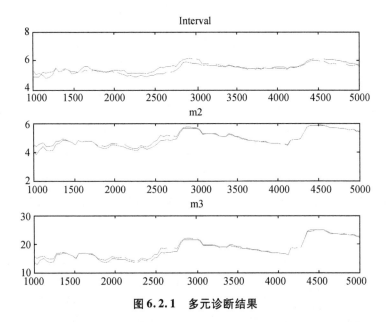

图 6.2.1　多元诊断结果

表 6.2.1 显示了 DSGE 模型参数估计结果,包括参数的先验平均值、先验分布、估计结果、置信区间和估计标准差。先验平均值用于模型参数估计的初始值,先验值确定的合理性影响参数估计的实现速度,但不影响估计值的结果。

表 6.2.1　DSGE 模型参数的先验值与估计结果

	先验均值	实际均值	置信区间	先验分布	实际标准差
α	0.356	0.3649	[0.3334,0.3959]	beta	0.0200
β	0.993	0.9927	[0.9894,0.9964]	beta	0.0020
γ	0.009	0.0070	[0.0019,0.0111]	norm	0.0030
mst	1.000	1.0057	[1.0007,1.0108]	norm	0.0070
ρ	0.129	0.7369	[0.6040,0.8929]	beta	0.2230
ψ	0.650	0.6400	[0.5555,0.7249]	beta	0.0500
δ	0.010	0.0094	[0.0031,0.0165]	beta	0.0050
aer	0.300	0.3631	[0.0141,0.6835]	beta	0.2000

表 6.2.1 第三列显示了运用贝叶斯方法所估计的模型参数值。资本对产出的贡献系数 α 的估计结果为 0.3649,反映了在实际生产过程中资本利用效率并不高,与部分文献中假设的 100% 的利用效率还有较大的差异。资本利用效率越低,α 值也就越低,考虑到资本的利用效率后,α 比理论值

低,国内学者的研究也证明了这一点(吴利学,2009)。β 值为 0.9927,实际数据证明公众更加重视即期消费。γ 的估计值为 0.0070,说明制造业技术进步的平均速度为 0.7%,我国制造业技术进步速度较慢。m^* 为 1.0057,说明与我国制造业发展相匹配的货币总量均衡增长速度应为 1.0057%。σ 的估计值为 0.0094,说明我国制造业资产的总体折旧率应当在 0.94% 左右。

表 6.2.2 显示的是在购买力平价假设下我国技术冲击和货币冲击标准差的拟合结果。其中,技术冲击的标准差的实际估计结果比货币冲击大,说明样本期间内我国产业结构转型升级引发的技术冲击比人民币汇率冲击总体更大。这一点与我国经济进入新常态后进行的供给侧结构性改革与新发展理念下创新驱动发展分不开的。

表 6.2.2　冲击标准差的先验值与估计结果

	先验均值	实际均值	置信区间	先验分布	实际标准差
ε_A	0.035	0.0104	[0.0073,0.0134]	invg	Inf
ε_M	0.009	0.0040	[0.0032,0.0047]	invg	Inf

2. 脉冲响应分析

根据贝叶斯方法的估计结果,我们再对技术冲击对人民币对美元汇率、我国工业产出和 CPI 的影响进行脉冲响应分析,图 6.2.2 显示了分析结果。

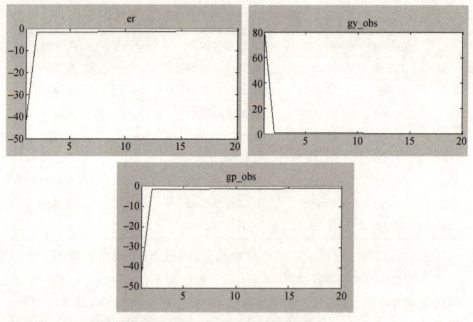

图 6.2.2　技术冲击的脉冲响应图

由图 6.2.2 可见,当我国产业结构转型升级、引发 1 个标准差的技术冲击时,人民币对美元汇率会出现 40 个标准差的升值,在冲击发生后 2 个月左右开始逐步回归均衡水平,一直到冲击发生后 20 个月左右才逐渐恢复到均衡水平。由此可见,经济新常态下我国产业结构调整引发的技术冲击对人民币汇率还是具有非常显著的影响,产业结构转型升级会引起人民币的升值。

此外,技术冲击发生后,我国工业产出增长率会出现 80 个标准差的上升,以 CPI 表示的通货膨胀率会出现 40 个百分点的下降,说明技术进步有助于加快经济增长,同时抑制物价上涨。相比之下,技术进步对通货膨胀的抑制作用能延续到 20 个之后,对产出的促进作用在技术冲击发生后的 11 个月左右就会回归到均衡水平。

再针对货币冲击的影响进行脉冲响应分析,图 6.2.3 显示了分析结果。图 6.2.3 显示的是货币冲击对人民币汇率变动率、我国工业总产值增加值及通货膨胀率的影响。

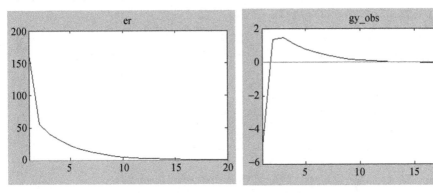

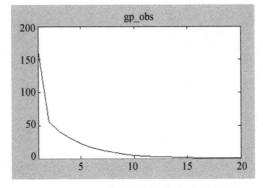

图 6.2.3 货币冲击的脉冲响应图

由图 6.2.3 可见,当货币供应量加快、发生 1 个标准差的货币冲击后,人民币对美元的汇率变化率会发生 160 个百分点的上升,人民币贬值,直到 15 个月后人民币汇率才逐渐回归到均衡水平。显然,本国货币扩张会引起本币的贬值。

此外,图 6.2.3 还显示,货币扩张也会引起工业增加值增长速度和通货膨胀率的提高。货币扩张在初期不利于工业增加值的增长,但货币扩张 1 个月后工业增加值的增长率就会发生 160 个标准差的提高,直到 13 个月后再逐渐恢复到均衡水平。通货膨胀率的上升状况则随着时间的推迟而逐渐下降,直到 16 个月后重新恢复均衡。

(三) 基于弹性价格汇率决定模型的分析

1. 参数估计结果

本节运用 Matlab 软件,运用贝叶斯方法估计基于弹性价格的 DSGE 模型的参数。在 DSGE 模型估计过程中,采用 Metropolis-Hastings 方法进行 5000 次模拟,在每次模拟过程中均选用不同的初始值。图 6.2.4 显示了多元诊断结果,在所有三重诊断中,两条曲线趋于收敛且逐渐水平,说明基于弹性价格的 DSGE 模型的拟合效果较好。

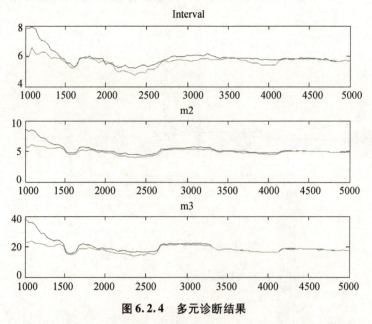

图 6.2.4　多元诊断结果

表 6.2.3 显示了 DSGE 模型参数估计结果,包括参数的先验平均值、先验分布、估计结果、置信区间和估计标准差。

表6.2.3 DSGE 模型参数的先验值与估计结果

	先验均值	实际均值	置信区间	先验分布	实际标准差
α	0.356	0.3781	[0.3467,0.4142]	beta	0.0200
β	0.993	0.9930	[0.9893,0.9960]	beta	0.0020
γ	0.009	0.0073	[0.0027,0.0114]	norm	0.0030
mst	1.000	1.0069	[1.0025,1.0117]	norm	0.0070
ρ	0.129	0.6456	[0.4637,0.8512]	beta	0.2230
ψ	0.650	0.6254	[0.5381,0.7041]	beta	0.0500
δ	0.010	0.0110	[0.0022,0.0187]	beta	0.0050
aer	0.300	0.2612	[0.0027,0.5683]	beta	0.2000

表6.2.3第三列显示了运用贝叶斯方法所估计的模型参数值。与基于购买力平价模型的分析结果类似,资本对产出的贡献系数 α 的估计结果为0.3781,低于一般认为的0.7,这反映了在实际生产过程中资本利用效率并不高,与部分文献中假设的100%的利用效率还有较大的差异。β 值为0.9930,实际数据证明公众更加重视即期消费。γ 的估计值为0.0073,说明我国技术进步的平均速度为0.73%,我国制造业技术进步速度较慢。m^* 为1.0069,说明与我国经济发展相匹配的货币总量均衡增长速度应为1.0069%。σ 的估计值为0.0110,说明我国制造业资产的总体折旧率应当在1.1%左右。

表6.2.4显示的是在货币主义汇率决定机制下技术冲击和货币冲击标准差的拟合结果。技术冲击的标准差估计值为0.0055,大于货币冲击标准差的估计值,这个结果与基于购买力平价的 DSGE 模型的估计结果基本一致,说明样本期内产业结构调整等因素引起的技术冲击比货币冲击更大。

表6.2.4 冲击标准差的先验值与估计结果

	先验均值	实际均值	置信区间	先验分布	实际标准差
ε_A	0.035	0.0055	[0.0047,0.0064]	invg	Inf
ε_M	0.009	0.0021	[0.0017,0.0025]	invg	Inf

2. 脉冲响应分析

本节利用贝叶斯方法对基于弹性价格汇率决定模型的参数估计结果,再对影响制造业行业技术投资的主要冲击进行脉冲响应分析,图6.2.5显示了分析结果。

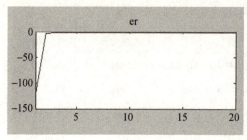
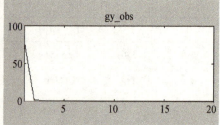
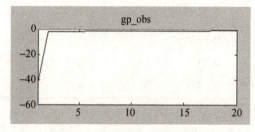

图 6.2.5　技术冲击的脉冲响应图

由图 6.2.5 可见，当我国产业结构转型升级、引发 1 个标准差的技术冲击时，人民币对美元汇率会出现 120 个标准差的升值，在冲击发生后 2 个月左右开始逐步回归均衡水平。与基于购买力平价的 DSGE 模型相比，技术冲击对汇率的影响更加强烈，但是影响时间较短。

由此可见，经济新常态下我国产业结构调整引发的技术冲击对人民币汇率还是具有非常显著的影响，产业结构转型升级会引起人民币的升值。

此外，产业结构调整引发的正向技术冲击发生后，我国工业产出增长率会出现 75 个标准差的上升，以 CPI 表示的通货膨胀率会出现 40 个标准差的下降，说明技术进步有助于加快经济增长，同时抑制物价上涨。相比之下，技术进步对通货膨胀的抑制作用能延续到 20 个月之后，对产出的促进作用在技术冲击发生后的 11 个月左右就会回归到均衡水平。

再针对货币冲击的影响进行脉冲响应分析，图 6.2.6 显示了分析结果。图 6.2.6 显示的是货币冲击对人民币汇率变动率、我国工业总产值增加值及通货膨胀率的影响。

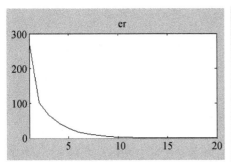
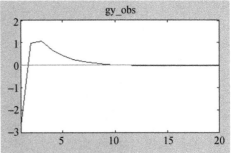
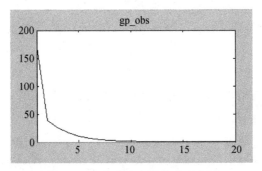

图6.2.6 货币冲击的脉冲响应图

由图6.2.6可见,在货币主义汇率决定模型框架下,当货币供应量增长率提高、发生1个标准差的货币冲击后,人民币对美元的汇率变化率会发生260个标准差的上升,人民币贬值,直到12个月后人民币汇率才逐渐回归到均衡水平。显然,本国货币扩张会引起本币的贬值。

此外,图6.2.6还显示,货币扩张也会引起工业增加值增长速度和通货膨胀率的提高。货币扩张在初期不利于工业增加值的增长,但货币扩张1个月后工业增加值的增长率就会发生1个标准差的提高,直到9个月后再逐渐恢复到均衡水平。通货膨胀率的上升状况则随着时间的推迟而逐渐下降,直到11个月后重新恢复均衡。

五、主要研究结论

本节在现有研究基础上构建了动态随机一般均衡模型,运用参数估计方法研究了我国产业结构调整对人民币汇率的影响。研究结果显示,在一般均衡框架下,考虑了产业结构转型升级和汇率调整的相互作用后,产业结构的转型升级还是会引起人民币的升值。

第三节　多重冲击下人民币汇率决定的动态分析

一、背景分析

改革开放以来,特别是近十多年来,随着人民币汇率形成体系市场化程度的不断提高,影响汇率的因素越来越复杂,人民币汇率的波动越来越频繁。从具体影响因素来看,商品市场、货币市场、宏观经济政策、预期等因素都会改变汇率水平。2005年7月汇率改革以来,人民币汇率先是经历了3年的升值,2008年至2010年间基本维持稳定,从2010年我国重启汇率改革以来,人民币又单边升值。但是,从2014年初开始,人民币汇率又有所回调,逐步稳定在1美元兑换6.2元人民币左右。随着我国经济进入新常态,经济增长速度有所下降,经济结构优化开始加速,人民币汇率必然受到更加复杂的影响。汇率是开放经济中重要的经济变量,汇率的变动对经济系统的稳定具有十分重要的影响。本币的升值会减少本国出口、增加进口,引起国际收支恶化。对进出口贸易依赖程度不同的行业还会受到不同的影响,从而引起经济结构的调整。如果汇率调整改变了公众对于汇率的预期,宏观经济受到的影响就会更加复杂。因此,在经济新常态下,人民币汇率和宏观经济的相互影响最终将改变人民币汇率的动态演变路径,人民币汇率的调整会更加复杂。

在我国经济新常态背景下,对人民币汇率动态管理的要求也发生了变化。需要加强研究人民币汇率动态管理,以维持人民币汇率的均衡,促进我国对外经济交往,加快我国经济发展速度,同时又有助于分析汇率调整背景下改善我国宏观经济政策操作效果的对策。经济新常态下人民币汇率动态管理问题必然离不开结构调整背景下汇率决定问题,既要考察我国经济复杂的结构性特征,又要分析汇率与经济系统中其他指标之间相互作用的动态关系,具有一定的理论意义。

本节将在现有研究的基础上构建包含我国经济结构性特征的经济系统,分析汇率调整的动态特征,并运用实证分析方法研究经济系统中主要因素对人民币汇率的影响,在此基础上提出相应的政策建议。

二、文献综述

汇率方面的研究吸引了众多学者的注意力,这方面的研究成果也非常多。从汇率决定方面来看,西方学者的研究成果包括早期的购买力平价理论、利率平价理论、资产组合理论,以及 1990 年以后发展起来的新开放宏观经济学理论。从国外学者的研究来看,与本节较为接近的研究主要包括汇率的动态决定理论。

Bernd(2005)认为,汇率、相对价格和产出波动都可以分解为名义冲击、供给冲击和需求冲击。与过去基于向量自回归模型(VAR)的分解方法不同,他从一个标准的汇率决定模型出发,通过对随机冲击进行合理的界定,按照一种类似于 VAR 的方法把冲击转换为对角模式。他用这种方法分析了主要汇率,分解结果显示汇率波动主要是由总需求冲击引起,特别是长期中更是如此。总的来说,他的研究结果和过去的 VAR 分析结果高度一致。

还有研究发现了资产负债表项目的重要性。Alquist & Chinn (2008) 对比了粘性价格货币模型、非抛补的利率平价理论和 Gourinchas-Rey (2007) 模型对双边汇率的预测能力。他们发现尽管 Gourinchas-Rey (2007) 模型不能对双边汇率做出准确的预测,该模型在短期内的预测力还是更好。但是,在所有模型中,随机游走模型最好。部分研究试图分析分割市场条件下的金融部门问题。Alvarez, Atkeson & Kehoe (2009) 建立了一个两国模型,模型中两国参与金融市场交易的行为人的比重随交易成本而变化,模型中均衡汇率比消费的波动要大得多。

Chowdhury(2011)利用一个跨期一般均衡模型分析了澳大利亚元汇率的动态、结构断点及决定因素。他们运用分布滞后自回归模型进行实证分析,发现长期中贸易条件、政府支出、净外国债务都能促使实际汇率升值,利率差、贸易开放度、平均工人的劳动生产率都会使澳大利亚元贬值。澳大利亚元汇率中存在断点,但并没有统计学上的显著性意义。另外,澳大利亚元汇率恢复均衡的速度较快。除贸易条件之外,其他影响因素和现有文献都不相同。

Evans & Fuertes (2011)也检验了美国国际收支状况对美元汇率的影响。与 Gourinchas & Rey (2007)的研究相比,他们在 VAR 模型中增加了趋势项,而不仅仅是波动项。此外,Gourinchas & Rey(2007)的研究中将净出口和净国外资产在均衡路径进行对数线性化,而 Evans & Fuertes (2011)是在0附近进行对数线性化处理。

国内学者针对人民币汇率的研究也很多,但是在如何稳定汇率方面进行的实证研究并不多。金中夏(1995)运用理论与实证方法证明,为了避免汇率的错位和失衡,政府在推行贸易自由化和货币可兑换过程中应当采取一个两阶段推进的策略。在第一阶段,政府在开始推进新的一轮贸易自由化和向货币可兑换过渡的行动时,除了采取从紧的货币政策和使名义汇率适当贬值以外,应保持对资本流动的严格控制。在第二阶段,继续采用一个适当的从紧的货币政策,逐步放松对资本流动的管制,同时使名义汇率再次适当贬值。丁志杰、郭凯、闫瑞明(2009)认为,升值惯性是困扰汇改的难题,消除升值预期直接关系到汇改的成功与否。他们根据中国外汇市场的现实状况分析非均衡条件下人民币汇率预期性质,构建基于适应性预期的非抛补利率平价模型。实证结果表明,人民币汇率具备向后看的适应性预期特征。这一结论对人民币汇率管理具有重要的政策意义。

从现有研究来看,国外学者的研究假设大多与我国经济新常态背景相去甚远,而国内学者的研究大多没有考虑到多市场条件下的汇率动态问题。因此,本节将构建一般均衡模型展开动态分析。

三、理论模型

本节将在 Nason & Cogley (1994)、Schorfheide (2000)的多重冲击模型的基础上加入进出口贸易、汇率、政府支出等因素,构建了包含出口、汇率、政府支出、技术、货币、劳动力成本六个冲击的动态随机一般均衡模型。本节的模型包含家庭、厂商、进出口、政府、货币当局等部门,各个部门在最大化自身的收益时将实现整个经济系统的动态均衡,而各类随机冲击又会使地区经济系统暂时偏离均衡轨迹,再逐渐回归到均衡路径,重新实现均衡。

(一)家庭部门

家庭部门通过调整消费、劳动、货币持有量和存款总量最大化自己的效用,其目标函数可以表示为:

$$\max_{C_t, H_t, M_{t+1}, D_t} E\left\{\sum_{t=0}^{\infty} \beta^t \left[(1-\varphi) \cdot \log(C_t) + \varphi \cdot \log(1-H_t)\right]\right\} \quad (6.3.1)$$

其中,C_t、H_t、D_t 和 M_{t+1} 分别表示第 t 期的消费、劳动、存款和第 $t+1$ 期的货币持有量。φ 表示闲暇对消费的贡献率,β 为家庭的效用贴现率。假定家庭部门具有高储蓄倾向,不直接进行投资,而是将多余的资金以存款的形式存入金融机构。

但是，家庭部门的消费将受到其所拥有的资源总量的制约，家庭部门的预算约束可以表示为：

$$P_t \cdot C_t \leq M_t - D_t + W_t \cdot H_t \tag{6.3.2}$$

(6.3.2)式说明，家庭部门用于购买消费品的资金来源于工资收入和货币存量的净增加部分。

家庭部门的货币持有量满足以下过程：

$$M_{t+1} = (M_t - D_t + W_t \cdot H_t - P_t \cdot C_t) + R_t \cdot D_t \tag{6.3.3}$$

其中，R_t 表示每 1 元存款的本利和。(6.3.3)式说明，家庭部门未来持有的货币量等于当期收入中未用于消费的部分加上存款的本利和。

(二) 厂商部门

在宏观经济系统中，厂商部门是劳动和资本品的需求者，是产品的供给者。厂商的经营目标是在特定成本下实现产出最大化，进而实现利润最大化。其目标函数为：

$$\max_{K_{t+1}, L_t} Y_t = K_t^{\alpha} (A_t N_t)^{1-\alpha} \tag{6.3.4}$$

其中，A_t 和 N_t 分别表示厂商在第 t 期的技术水平和所雇佣的劳动总量，α 表示资本对产出的贡献。在最优状态下，厂商将积极调整自身的规模，既不存在规模报酬递增，也不存在规模报酬递减。

与上一节相同，假定技术进步遵循客观规律，是循序渐进的，同时也受各种因素的影响，可以把技术水平的变动过程表示为：

$$\log(A_t) = \gamma + \log(A_{t-1}) + \varepsilon_{A,t} \tag{6.3.5}$$

其中 γ 是漂移项，反映了技术进步的均衡速度。$\varepsilon_{A,t}$ 反映了突发因素引起的技术进步，包括产业政策、科技政策及引进外资引起的技术进步。

对(6.3.5)式变形，可以得到技术进步的表达式：

$$dA = exp(\gamma + \varepsilon_{A,t}) \tag{6.3.6}$$

假设厂商面临流动性约束，不能以投资品支付工资。根据 Nason & Cogley(1994)的研究，从长期看，如果工资成本超过债务融资总量，厂商的股权资本将被侵蚀。因此，厂商愿意支付的劳动力成本不超过银行贷款总量。此外，考虑到政府的相关政策等突发性因素也会引起工资的外生变化，厂商也将从银行贷款满足政府的最低工资要求。因此，本节将工资水平表示为：

$$W_t + \varepsilon_{W,t} \leq \frac{L_t}{N_t} \tag{6.3.7}$$

其中，$\varepsilon_{W,t} \sim N(0, \sigma_W)$ 反映了政策等因素引起的工资的外生变动。

厂商下一时刻的资本总量受本期的资本量、投资、折旧等因素影响。因此，资本增长由以下函数决定：

$$K_{t+1} = (1-\sigma) \cdot K_t + I_t \tag{6.3.8}$$

其中，σ 和 I_t 分别表示资本折旧率和第 t 期的投资。

（二）开放部门

开放部门主要是进出口商，他们将根据汇率等因素决定自己的最优贸易量。

假定出口受长期趋势和突发性波动影响，即：

$$GX_t = X_t + \varepsilon_{X,t} \tag{6.3.9}$$

其中，GX_t 表示出口总量，X_t 表示微观经济主体根据利润最大化原理决定的出口量，而 $\varepsilon_{X,t}$ 表示因突发性因素、特别是国际金融危机等因素引起的出口变动，即出口冲击，$\varepsilon_{X,t}$ 满足均值为 0、方差为 σ_X 的分布。

假定出口收汇与出口交易之间存在时间间隔，那么当国际贸易市场均衡时，1 单位的出口品所能增加的下一时期的效用等于为满足出口所损失的当前效用，即：

$$\frac{1}{C_t \cdot P_t} = \beta \cdot E\left[\frac{1}{X_t \cdot P_t \cdot der_{t+1} \cdot C_{t+1} \cdot P_{t+1}}\right] \tag{6.3.10}$$

其中，$der_{t+1} = \frac{e_{t+1}}{e_t}$，反映了 1 单位本币兑换外币数量的变化程度，即间接标价法下本币汇率的变动倍数，也就是在汇率变动时，价值 1 单位本币的出口在下一时期收汇时所能获得的本币数量。

$$der_t = ey \cdot (Y_{t+1} - Y_t) - ep \cdot (P_t - P_{t-1}) + exp(\varepsilon_{e,t})$$

均衡情况下，如果没有突发因素的影响，汇率维持不变，即：

$$\log(e_t) = \log(e_{t-1}) + \varepsilon_{e,t} \tag{6.3.11}$$

其中，$\varepsilon_{e,t} \sim N(0, \sigma_e)$，即汇率冲击，反映了汇率政策等引起的汇率突发性变动。

根据凯恩斯主义经济学，进口受收入水平和自主性进口影响。假定公众存在流动性约束，它们只能根据过去的收入决定进口量。因此，进口水平可以表示为：

$$IM_t = IM_0 + rm \cdot Y_{t-1} \tag{6.3.12}$$

其中，IM_0 为自主性进口，rm 为边际进口倾向，反映了单位收入中用于进口的比重。

（四）货币部门

在地区经济中，货币供应量受全国货币供应总量影响，地区货币量与地区经济发展状况、国家货币政策密切相关。本节根据 Schorfheide（2000）的研究，将地区货币供应量增长状况表示为：

$$\log(m_{t+1}) = (1-\rho) \cdot \log(m^*) + \rho \cdot \log(m_{t-1}) + \varepsilon_{M,t} \quad (6.3.13)$$

其中，$m_t = \dfrac{M_{t+1}}{M_t}$，反映了货币供应量的增长倍数。$m^*$是货币供应量的均衡增长速度，$\rho$是货币供给相对于均衡增长速度的偏离程度。显然，当$\rho<0$时，货币供给增长速度超过均衡增长速度，存在明显的货币扩张。

（五）政府部门

政府净支出等于政府总支出与税收收入的差，具有经济的自动稳定器功能。当经济增长加快时，税收也上升，政府净支出下降，总需求减少，经济增长速度下降；当经济增长放缓时，税收下降，政府净支出上升，总需求上升，经济增长加快。除此之外，政府的财政政策也影响政府净支出。当政府实施紧缩性财政政策时，政府净支出下降；当政府实施扩张性财政政策时，政府净支出上升。因此，政府支出可以表示为以下函数：

$$G_t = -rg \cdot (Y_t - Y_{t-1}) + \varepsilon_{G,t} \quad (6.3.14)$$

其中，rg是政府净支出对经济波动的反映程度，$\varepsilon_{G,t}$是反映财政政策的政府净支出冲击，且$\varepsilon_{G,t} \sim N(0, \sigma_G)$。

（六）市场均衡条件

当商品市场供给等于需求时，商品市场实现均衡，均衡条件可以表示为：

$$C_t + I_t + G_t + GX_t - IM_t = Y_t \quad (6.3.15)$$

（6.3.15）式说明，商品市场完全出清，家庭部门的消费、投资、向非居民净出口的商品（即净出口）与政府支出之和等于经济系统中产出总和，商品总供给等于总需求。

由家庭部门的目标函数和跨期约束条件，可以得到家庭部门的跨期效用最大化的欧拉条件：

$$E_t\left[\dfrac{P_t}{C_{t+1} \cdot P_{t+1}}\right] = \beta \cdot P_{t+1} \cdot \dfrac{\alpha \cdot K_{t+1}^{\alpha-1} \cdot (A_{t+1} \cdot N_{t+1})^{1-\alpha} + (1-\sigma)}{C_{t+2} \cdot P_{t+2}} \quad (6.3.16)$$

（6.3.16）式说明，当实现最优化时，家庭部门在第$t+1$期消费与将这笔钱用于第$t+2$期消费所得到的效用应当是相等的。

同理，由家庭部门的最优化条件可以得到劳动市场的均衡条件：

$$\dfrac{\phi}{1-\phi} \cdot \dfrac{C_t \cdot P_t}{1-N_t} = W_t \quad (6.3.17)$$

显然，当劳动市场均衡时，家庭部门劳动收入所增加的效用等于其牺牺闲暇损失的效用。

根据厂商的最优化条件,可以得到要素市场均衡条件:

$$R_t = P_t \cdot (1-\alpha) \cdot K_t^{\alpha} \cdot A_t^{1-\alpha} \cdot N_t^{-\alpha}/W_t \qquad (6.3.18)$$

均衡状态下,1 单位资本在下一时期的本利和等于用这 1 单位资本购买劳动所创造的价值,即均衡条件下不同要素的回报相等。

由家庭部门的目标函数和约束条件及厂商行为,可以得到信贷市场均衡条件:

$$\frac{1}{C_t \cdot P_t} = \beta \cdot E\left[\frac{R_t}{C_{t+1} \cdot P_{t+1}}\right] \qquad (6.3.19)$$

当信贷市场均衡时,家庭部门减少 1 单位当前消费所损失的效用正好等于将这笔钱存在银行获得的本利和所能购买的未来消费带来的效用的现值。当信贷供给等于信贷需求时,信贷市场出清,其条件为:

$$M_{t+1} - M_t + D_t = L_t \qquad (6.3.20)$$

其中,L_t 表示第 t 期金融机构发放的贷款。(6.3.20)式表明,第 t 期金融机构用于发放贷款的资金来源于中央银行增加的货币供应量($M_{t+1} - M_t$)和家庭部门的存款 D_t。

在货币市场均衡的情况下,货币需求等于货币供给。如果公众的货币需求用于消费,则:

$$P_t \cdot C_t = M_t + NW_t \qquad (6.3.21)$$

其中,NW_t 是第 t 期中央银行新增货币量,且 $NW_t \equiv M_{t+1} - M_t$。也就是说,家庭部门在第 t 期消费所花费的资金总量应当等于家庭部门已经持有的现金量加上中央银行新增货币量。

(6.3.1)式至(6.3.21)式构成了多重冲击下动态随机一般均衡模型,它所决定的均衡条件反映在各个部门最优化决策下宏观经济系统实现动态均衡时各个市场所满足的条件。因此,通过估计模型参数,就可以刻画地区经济系统的运行规律。与前一节相比,本节的动态随机一般均衡模型增加了更多的冲击,因而可以在更加全面的视角下研究人民币汇率的动态决定过程。

四、实证分析

(一)方法与数据

在 DSGE 模型估计中,必须利用实际经济数据估计各变量的稳态水平,但是所输入数据的数量不能多于冲击的数量,否则以上经济系统将无法识别。本节选用了我国 1996 年 1 月至 2015 年 4 月的人民币实际有效汇率、我国广义货币供应量(M_2)与上月比率等月度指标作为输入数据。本节和上节在汇率指标方面有一定区别。上节采用了人民币对美元汇率,本节运用的是人民币实际有效汇率指数,因而可以更加全面地考察多重冲击下产业结构调整对人民币汇率的影响。我们根据 Schorfheide(2000)的方法,将所有指标转换为当月与上月的比率,以消除宏观经济指标存在的非平稳性问题。所有数据均以当月 CPI 调整为实际值。其中,人民币实际有效汇率数据来自国际清算银行网站,广义货币供给来自中国人民银行网站。

在贝叶斯估计方法中,需要设定参数的先验值,我们根据 Negro & Schorfheide(2008)的方法,针对参数的不同性质设定参数的先验值。由于冲击的方差都大于 0,我们将冲击方差估计值的先验标准差设定为逆 Gamma 冲击。

本节采用 Matlab 软件,运用贝叶斯方法估计 DSGE 模型的参数。在 DSGE 模型估计过程中,采用 Metropolis-Hastings 方法进行 10000 次模拟,在每次模拟过程中均选用不同的初始值。如果模拟过程有效,那么最优化求解方法就得以继续,而且每次模拟所得到的结果也非常接近。

(二)实证分析结果说明

1. 模型估计效果检验

图 6.3.1 显示了 DSGE 模型估计的多元诊断结果,共汇报了模型参数的均值(interval)、方差(m2)和三阶矩(m3)的诊断结果。由图 6.3.1 可见,当模拟次数较大时,各图中的两条线高度相接,说明估计过程是合理的,估计结果有效。

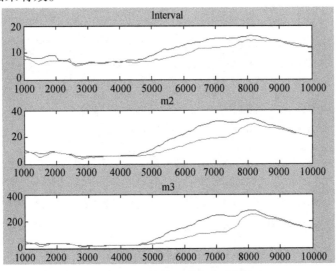

图 6.3.1　贝叶斯估计的多元诊断结果

2. 模型参数估计结果

表 6.3.1 显示了参数的先验值及贝叶斯方法估计得到的结果。由表 6.3.1 可见，α 的估计结果为 0.3871，说明资本对产出的贡献为 0.3871。β 为 0.9924，说明未来消费带来的效用相当于当前消费的效用的 99.24%，我国居民消费行为具有一定的时间偏好性，但是他们对未来消费也较为看重。γ 为 0.0026，说明我国技术进步的平均速度为 0.26%。φ 的估计值为 0.5432，说明闲暇对我国居民的效用的影响并不大。

在汇率方面，物价变动对人民币实际有效汇率的影响系数（ep）为 0.0936，预期经济增长对汇率的影响系数（ey）为 0.2668，说明我国物价上升会引起人民币的贬值，而预期经济增长则会促进人民币升值。相比之下，预期经济增长对人民币汇率的拉升作用强于物价上升造成的贬值。

表 6.3.1 模型参数估计结果

	prior mean	post. mean	conf. interval	prior	pstdev
α	0.350	0.3871	[0.3505, 0.4290]	beta	0.0200
β	0.993	0.9924	[0.9900, 0.9961]	beta	0.0020
γ	0.005	0.0026	[0.0005, 0.0058]	norm	0.0020
m^*	1.000	1.0126	[1.0111, 1.0140]	norm	0.0070
ρ	0.129	0.0037	[0.0000, 0.0110]	beta	0.2230
φ	0.650	0.5432	[0.4743, 0.6130]	beta	0.0500
σ	0.050	0.0437	[0.0391, 0.0471]	beta	0.0050
rr	0.100	0.1165	[0.0294, 0.2118]	norm	0.0500
rg	0.200	0.1650	[0.1003, 0.2334]	norm	0.1000
rm	0.100	0.0813	[−0.0552, 0.1828]	norm	0.0500
im0	0.010	0.0068	[0.0019, 0.0102]	norm	0.0050
gm	0.100	0.1023	[0.0960, 0.1077]	beta	0.0050
fm	0.005	0.0041	[0.0019, 0.0058]	beta	0.0020
ep	0.200	0.0936	[0.0530, 0.1455]	norm	0.0500
ey	0.300	0.2668	[0.1897, 0.3407]	norm	0.0500

表 6.3.2 显示了冲击标准差的估计值。由表 6.3.2 可见，出口冲击、政府支出和劳动力成本冲击的标准差较高，说明我国出口、政府支出及劳动力成本的波动具有相对较高的不确定性，而技术进步、货币增长及人民币汇率的波动性相对较小。由此可见，我国面临的经济冲击比较复杂，各类

冲击的规模和不确定性都不相同。

表 6.3.2　模型中各冲击值的估计结果

	prior mean	post. mean	conf. interval	prior	pstdev
ε_A	0.035	0.0283	[0.0206, 0.0369]	invg	Inf
ε_M	0.009	0.0085	[0.0073, 0.0099]	invg	Inf
ε_w	0.100	0.0566	[0.0313, 0.0842]	invg	Inf
ε_x	0.150	0.0787	[0.0311, 0.1283]	invg	Inf
ε_e	0.050	0.0138	[0.0131, 0.0146]	invg	Inf
ε_G	0.200	0.0839	[0.0690, 0.1032]	invg	Inf

3. 脉冲响应分析

我们再利用参数估计结果来评估对人民币汇率的影响。考虑到在经济新常态下经济结构调整所带来的技术变动会影响人民币汇率，同时国际经济形势也频繁变动，我们主要考察包括技术冲击和外部需求冲击的实际因素、包括政府支出冲击和货币供给冲击的政策冲击及预期冲击对人民币汇率的影响。

图 6.3.2 显示了技术冲击和外部需求冲击对人民币汇率的影响。由图 6.3.2 可见，技术冲击和外部冲击对人民币汇率在不同时期会产生不同的影响。在冲击发生初期，人民币会出现贬值的压力，但一两个月后人民币汇率开始升值，然后趋向均衡。相比之下，技术冲击对人民币汇率的影响更为持久，1 个标准差的技术冲击发生后 40 个月人民币实际有效汇率才会重新恢复均衡，而外部冲击发生后 30 个月汇率就会恢复均衡。

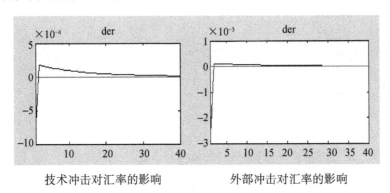

技术冲击对汇率的影响　　　　外部冲击对汇率的影响

图 6.3.2　实际因素对人民币汇率的冲击

图 6.3.3 显示了政府支出冲击和货币政策冲击对人民币汇率的影响。由图 6.3.3 可见，这两种政策冲击对人民币汇率的影响非常接近。扩张性

货币政策对人民币汇率影响过程中存在明显的超调现象。在货币冲击发生后,随着货币供给的增加,人民币首先贬值,但随后开始出现反向调整,调整幅度超过均衡水平,最终在货币政策实施后 4 个月左右恢复均衡。我国扩张性财政政策对汇率的影响与扩张性货币政策一致,其原因是我国财政扩张时大多也伴随着信贷扩张,从而引起正向的货币冲击。

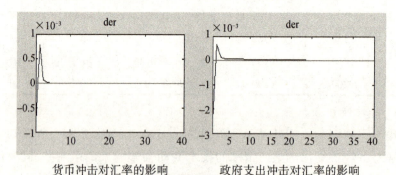

货币冲击对汇率的影响　　政府支出冲击对汇率的影响

图 6.3.3　政策因素对人民币汇率的冲击

图 6.3.4 显示了汇率预期对人民币实际有效汇率的影响。由图 6.3.4 可见,当外汇市场出现 1 个标准差的预期冲击时,人民币实际有效汇率将出现相当于其标准差 0.015 倍的升值,并在 2 个月后恢复均衡。图 6.3.4 表明,如果外汇市场上预期不稳定,那么人民币实际有效汇率也会出现杂乱无章的变化,不利于人民币汇率的基本稳定。

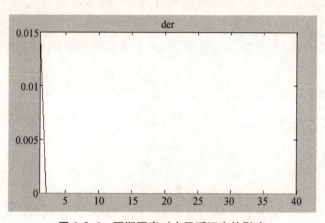

图 6.3.4　预期因素对人民币汇率的影响

五、 主要研究结论

随着我国经济进入新常态,我国经济结构调整速度加快,影响我国经济的因素更加复杂,维持我国经济基本稳定的压力更大,实现人民币汇率动态稳定的重要性更加凸现。

本节在现有研究的基础上构建了一个包含多部门、多重冲击的一般均衡模型,并运用贝叶斯方法估计了模型参数,进而利用模型参数就人民币汇率对不同因素的反映进行了脉冲响应分析。研究结果表明,技术、国际市场需求、财政货币政策和预期等因素都会使人民币实际有效汇率在短期内偏离均衡水平。

第七章　政策建议

本书运用理论与实证方法,分别在局部均衡和一般均衡框架下研究了经济新常态下我国产业结构调整对人民币汇率的影响。研究结果显示,随着我国经济进入新常态,产业结构调整加速。产业结构的调整又通过多个渠道对人民币汇率产生了影响,总体来说,产业结构的高度化及其引起的技术进步会引起人民币的长期升值。

在经济新常态下,要维持人民币汇率动态稳定,就必须从以上几方面入手,做到以下几个方面。

第一节　兼顾经济内外均衡

新常态下我国各项政策的制定与实施需兼顾内外均衡。新常态经济发展条件下的货币宏观调控需要转变观念,需要考虑内外经济的相互作用与发展的相互制约,这不仅是宏观经济自身发展阶段的规律,也是宏观经济政策调控的一种结果,在目前经济发展模式和市场结构发生实质性转变的过程中,内外经济的协调发展尤其重要,实际上其本身也已经成为政府宏观调控的关键性目标。

目前我国政府已积累了一定的货币调控经验,但仍常常为货币政策奏效迟缓而困扰。在由计划经济向市场经济调控模式的转变过程中,纵然货币当局可动用的工具较多,但权衡利弊后可供选择的工具却又少之又少,与其货币调控政策抉择疲于在各种权衡的约束下相机而行,不如跳出货币调控工具这一层面,促使货币增长率、汇率等重要经济变量成为经济体系自身情况的真实反映。待上述变量经过一段时期的培育后,特别是在货币增长率、汇率等经济信号的韧性和可信度不断提升后,可逐步减少政府对虚拟经济与实体经济的直接干预,采用均衡汇率作为经济杠杆进行矫正与调控。

基于对名义汇率与利率坐标空间的理论分析表明,有管理浮动汇率制有助于实现经济系统向自身内外均衡理想状态靠拢,进而发挥名义汇率与利率的经济杠杆调节作用。适当推行资本账户管制放松政策符合市场经济改革要求,而维持汇率稳定的外汇市场干预政策则会导致外汇储备非均衡,进而使市场调节产生针对固定汇率制的"错觉"反应,在调节机制扭曲的作用下,经济系统将远离均衡。名义汇率与名义利率最终表现出的一方存在明显上升或下降趋势时,另一方处于调整状态,并沿螺旋线轨迹各自做出"盘整—上升—盘整—下降—盘整"的反应正是市场因素所自发的"向心力"与制度性调控所产生的"离心力"共同作用的结果。因此,根据汇率与利率调控内外均衡的经济杠杆特性,应重视汇率调控与利率调控的相互协调。

为了实现经济的内外均衡,就必须积极鼓励进口和出口,提升我国的对外贸易开放度,制定相关政策鼓励外商投资,推出质量优良的项目以招商引资。推动产业转型升级,提升贸易开放度。我国的对外贸易、对外投资要与时俱进,不断运用多种经济手段和金融工具,以促进产业转型升级、技术进步,利用消除贸易壁垒,放宽进口限制等手段,提升贸易开放程度,从而适当地、稳定地改善国际收支,促进经济平稳、健康运行。

第二节 促进均衡汇率形成

在经济新常态下,应当积极协调内外经济发展,促进均衡汇率形成。对于我国而言,当市场经济在反映生产力的实体经济和反映金融力的金融经济双轮驱动下,货币调控除了需要把调整汇率失衡作为一个重要的目标,更需要在金融稳定约束下实现货币政策的相机抉择:一是在币值对内稳定和对外稳定中相机抉择;二是在支持金融经济发展与防止其过度泡沫化之间进行权衡。由于传统的货币政策工具并非最合适的资产价格上涨管理工具,所以当前的紧迫任务是最大限度地防范资产价格破裂带来的系统性风险。"降低杠杆率"可作为经济系统的一个重要政策手段。在低杠杆率下,资产价格破裂造成的损失要小得多。因此,在整个体系中可将"限制金融杠杆"作为一个重要的政策要求,在政策指引下使得中国经济的内外均衡得以实现,进而消除人民币通胀预期和对外升值预期并存这一对立现象,保持人民币对内币值稳定和对外币值稳定,不断促进中国经济稳步回升。

在经济新常态下,可以将均衡汇率定位于合意区间。就均衡汇率的形成而言,一方面需要其将其放置在市场经济环境中"自我实现",另一方面也需要运用政策手段助其"一臂之力"。就货币准则而言,在2005年7月新一轮汇率形成机制改革以前,我国长期实行盯住美元的固定汇率制,并经历一定时期的通货紧缩而后物价保持稳定。在此过程中,我国的名义汇率由超平稳转变为渐进升值,物价水平由通缩渐变为通胀。

目前应将着力点放在实体经济的发展上来。特别是在实体经济对外交往产业升级方面,应当以制造业的强大实力支撑出口,自身主要竞争力要体现在质量、技术、解决难题的专门技能和产品性能的可靠性方面。

在汇率政策及相关宏观政策制定中,应该充分认识到处于转轨时期的中国产业结构变化中第一产业比重逐步减少和第二产业、第三产业比重上升及后两者融合发展对人民币汇率动态变化的影响。在中国工业化进程中,应该在稳定农业的基础上,着力提升服务业的发展,这样才能在产业结构调整与保持人民币汇率长期稳定之间达到平衡。

第三节 强化预期管理

在经济新常态下,我国还要强化通胀预期和汇率预期管理,保持人民币币值动态平稳。人民币升值有利于高技术企业的生产率提升,在某种程度上顺应当前人民币汇率形成机制改革和产业结构调整升级的趋势。在当前形势下,我国应该增强企业自主创新能力,实现内涵式经济增长。我国货币政策的最终目标是"保持币值稳定,并以此促进经济增长",其中稳定币值包括两层含义:一是价格稳定,二是汇率稳定。目前,人民币对内贬值与对外升值并存是我国经济发展过程中内外失衡所导致的一个阶段性表现。从内部看,中国经济的长期快速增长使得周期性风险潜在积累,产能过剩、信贷增长较快、资产价格高企等"过热"现象的存在给物价稳定带来了较大冲击,导致产生人民币通胀预期。从外部看,通货膨胀压力带来的对内贬值构成了对外贬值的动力之一,但这并不是构成人民币对外币值变化的唯一动力,因为人民币还面临着对外升值的一系列动力。其中,国际收支持续大额顺差成为人民币升值预期的直接原因,国际舆论压力成为人民币升值预期的催化剂。此外,我国外汇储备过高已经给我国经济的发展带来负面影响,因此有必要进行外汇储备的转型,在保留必要外汇储备规模的同时,面对全球不断增高的外汇储备规模、风险程度不断提高的资产形式、日趋复杂的金融工具、动荡不定的金融市场,需要在外汇储备的管理过程中积极探索建立完善的风险管理框架,克服外汇储备过高带来的不利影响,发挥其在维持宏观经济稳定和创造较高收益的最大效应。

由于我国狭义货币 M_1 超预期快速上升,低速存量货币加速流动的强大势能,在给今后物价带来较大推升力量。而广义货币 M_2 对 GDP 之比 2014 年已超过 200%,属于货币化程度最高国家之列。从长期来讲,M_2 对 GDP 之比太高会引发通胀风险。不仅通货膨胀压力显著增大,通胀预期也在逐渐加大。对于公众来说,通货膨胀似乎成为不争的事实,并对官方的通货膨胀统计颇有微词,说明中国公众对通货膨胀的容忍度较低。通货膨胀预期一旦形成,形势就可能变坏。因此,稳定通货膨胀预期十分重要,这值得各方高度关注。目前我国还没有建立专门的通胀预期管理体系,虽然中央银行很重视与公众的沟通,不断致力于完善货币政策的有效传导,但是受到客观条件的限制,往往还是达不到预期的效果。

近十年来的货币政策实践也表明与公众的沟通存在一定的问题,公众的理性预期虽然在商品市场可能有效,但是在证券市场和房地产市场方面却受到很大挑战,羊群效应、跟风效应等都会影响投资者的理性决策。因此,中央银行如果只是强调与公众沟通是不够的,还需要合理安排货币政策工具的有效组合,充分借鉴国外经验,构建我国通胀预期管理模式,灵活、有效地调控流动性。

第四节 加强政策协调

在经济新常态下,我国还需要加强政策协调,维持人民币汇率的均衡。政府应当发展经济和教育,在推动城市化进程的基础上加大对非贸易品部门的扶持力度,改善非贸易品部门的劳动力技术结构,通过政策扶持手段引导、鼓励高技能人才积极就业于非贸易部门,改善非贸易品部门的劳动力技术结构,进而提升整体的劳动生产率。劳动生产率与产业结构的变动有着直接的关系,因此劳动生产率的提升对于实际汇率的稳定及升值有着促进作用。

在众多政策中，教育政策对产业结构调整、技术进步具有十分重要的意义。应该加大高等教育投入，大力发展高等教育。近年来我国公共教育投入占 GDP 的比例有所提高，但在全球排名中仍然比较落后，甚至低于发展中国家的平均水平。除了加大政府的高等教育投入以外，还要扩大高等教育经费的筹措渠道，通过校企合作和社会、企业、个人的资助捐赠等方式来拓宽经费来源，并提高人力资本的投资回报率。高等教育有助于加快人力资源的积累，人力资本是经济发展的重要因素之一，因此高等教育的发展能够有效地加快经济增长。此外，高等教育还能够培育良好的科技发展的外部环境，能够通过提高技术进步来促进经济增长。高等教育还能够产生正的外部效应，高等教育的个人收益是递减的，但社会收益是递增的（Aiyar & Feyrer，2002）。伴随着我国大学的扩招，出现了大学生初次就业收入下降和就业难等问题，这些情况都会影响到社会和家庭高等教育投入的积极性。应该认识到，与许多国家相比，我国目前的劳动力队伍中大学生所占的比例还很小。

在经济新常态下，均衡发展是我国经济发展的重要目标之一，同时也是实现人民币汇率基本稳定的重要保证。因此，还需要创造良好的政策鼓励人才流向中西部，逐步提升其人力资本结构，鼓励研发投入，促进产业结构调整升级。最后，进一步加大开放力度和质量，经济全球化对我国的经济发展和产业结构调整升级具有正的溢出效应，各行业应当积极融入国际市场，加强对外来技术和设备的吸收和利用的能力。

参考文献

Aggarwal, R., Kearney, C. & Lucey, B. 2012. Gravity and culture in foreign portfolio investment [J]. *Journal of Banking & Finance*, 36(2): 525 – 538.

Aghion, P., et al. 2009. Exchange rate volatility and productivity growth: The role of financial development [J]. *Journal of Monetary Economics*, 56(4): 494 – 513.

Aizenman, J. 1992. Exchange rate flexibility, volatility, and domestic and foreign direct investment [R]. *IMF Staff Papers*, 39(4).

Alastair, T. & King, A. 2008. The Balassa Samuelson Hypothesis in the Asia-Pacific region revisited [J]. *Review of International Economics*, 16(1): 127 – 141.

Alexius, Annika & Nilsson, Jonny. 2000. Real exchange rate and fundamentals: Evidence from 15 OECD Countries [J]. *Open Economies Review*, 11: 383 – 397.

Alquist, R. & Chinn, M. 2008. Conventional and unconventional approaches to exchange rate modelling and assessment [J]. *International Journal of Finance and Economics*, 13: 2 – 13.

Alvarez, Fernando, Atkeson, Andrew & Kehoe, P. J. 2009. Time-varying risk, interest rates, and exchange rates in general equilibrium [J]. *Review of Economic Studies*, 76: 851 – 878.

Amano, R. & Norden, S. 1998. Oil price and the rise and fall of the US real exchange rate [J]. *Energy Policy*, 17: 299 – 316.

Anderson, J. E. 2011. The gravity model [J]. *Annual Review of Economics*, 3: 133 – 160.

Anderson, J. E. 1979. A theoretical foundation for the gravity equation [J].

American Economic Review, 69: 106 – 116.

Anderson, J. E. & van Wincoop, E. 2003. Gravity and gravitas: A solution to the border puzzle [J]. *American Economic Review*, 93(1): 170 – 192.

Arratibel, O., Rodriguez-Palenzuela, D. & Thimann, C. 2002. Inflation dynamics and dual inflation in accession countries: A "New Keynesian" perspective [J]. *SSRN eLibrary*.

Asea, P. K. & Mendoza, K. G. 1994. The Balassa-Samuelson model: A general equilibrium appraisal [J]. *Review of International Economics*, 2 (3): 244 – 267.

Backus, D. K. & Smith, G. W. 1993. Consumption and real exchange rates in dynamic economics with non-traded goods [J]. *Journal of International Economics*, 35: 297 – 316.

Bahmani-Oskooee, M. 1992. A time-series approach to test the productivity bias hypothesis in purchasing power parity [J]. *Kyklos*, 45(2): 227 – 236.

Baier, S. & Bergstrand, J. H. 2009. Bonus vetus OLS: A simple method for approximating international trade-cost effects using the gravity equation [J]. *Journal of International Economics*, 77(1): 77 – 85.

Bal, D. & Rath, B. 2015. Nonlinear causality between crude oil price and exchange rate: A comparative study of China and India [J]. *Energy Economics*, 51: 149 – 156.

Balassa, B. 1964. The purchasing power parity doctrine: A reappraisal [J]. *Journal of Political Economy*, 72: 584 – 596.

Ball, L. & Mankiw, N. 1995. Relative price changes as aggregate supply shocks [J]. *Quarterly Journal of Economics*, 110(1): 161 – 193.

Baum, C., Pundit, M. & Ramayandi, A. 2015. Openness and financial stability [R]. *EcoMod* (8652).

Becker, C. & Noone, C. Volatility and persistence of capital flows [R]. *BIS Papers*, No. 42.

Beckmann, J. & Czudaj, R. 2012. Oil price and US dollar exchange rates dynamics [R]. https://editorialexpress.com/cgi-bin/conference/download.cgi?db_name = MMF2012&paper_id = 128.

Bell, M. & Pavitt, K. 1993. Technological accumulation and industrial growth:

Contrasts between developed and developing countries [J]. *Industrial and Corporate Change*, 2(2): 157 – 210.

Belsley, Kuh & Welsch, R. E. 1980. *Regression Diagnostics: Identifying Influential Data and Sources of Collinearity* [M]. New York: John Wiley & Sons, Inc.

Bénassy-Quéré, A., Mignon, V. & Penot, A. 2007. China and the relationship between the oil price and the dollar [J]. *Energy Policy*, 35:5795 – 5805.

Benhmad, F. 2012. Modeling nonlinear granger causality between the oil price and US dollar [J]. *Economic Modelling*, 29: 1,505 – 1,514.

Berden, K., Bergstrand, J. H. & van Etten, E. 2014. Governance and globalization [J]. *The World Economy*, 37(3): 353 – 386.

Berg, K. & Mark, N. 2015. Third-country effects on the exchange rate [J]. *Journal of International Economics*, 96: 227 – 243.

Bergstrand, J. H. & Egger, P. 2007. A knowledge-and-physical-capital model of international trade flows, foreign direct investment, and multinational enterprises [J]. *Journal of International Economics*, 73(2): 278 – 308.

Bernd, Kempa. 2005. An oversimplified inquiry into the sources of exchange rate variability [J]. *Economic Modelling*, 22(3): 439 – 458.

Betts, C. M. & Kehoe, T. J. 2006. US real exchange rate fluctuations and relative price fluctuations [J]. *Journal of Monetary Economics*, 53(3): 1297 – 1326.

Bhamra, H., Coeurdacier, N. & Guibaud, S. 2014. A dynamic equilibrium model of imperfectly integrated financial markets [J]. *Journal of Economic Theory*, 154 (5): 490 – 542.

Bleaney, M. & Greenaway, D. 2001. The impact of terms of trade and real exchange rate volatility on investment and growth in sub-Saharan Africa [J]. *Journal of Development Economics*, 65: 491 – 500.

Blonigen, B. 1997. Firm-specific assets and the link between exchange rates and foreign direct investment [J]. *American Economic Review*, 87(3): 447 – 465.

Blonigen, B. & Piger, J. 2014. Determinants of foreign direct investment [J]. *Canadian Journal of Economics*, 47(3): 775 – 812.

Bodenstein, M., Erceg, C. J. & Guerrieri, L. 2011. Oil shocks and external adjustment [J]. *Journal of International Economics*, 83: 168 – 184.

Brouwer, E. & Kleinknecht, A. 1993. Technology and a Finn's export intensity: The need for adequate innovation measurement [J]. *Konjunkturpolitik*, 39: 215 – 325.

Buetzer, S., Habib, M. M. & Stracca, L. 2016. Global exchange rate configurations: Do oil shocks matter? [J]. *IMF Economic Review*, 64: 443 – 470.

Calderon, C. & Serven, L. 2010. Infrastructure and economic development in sub-Saharan Africa [J]. *Journal of African Economies*, 19: 13 – 87.

Campa, J. M. 1993. Entry by foreign firms in the United States under exchange rate uncertainty [J]. *Review of Economics and Statistics*, 75(4): 614 – 622.

Campa, J. M. & Goldberg, L. S. 1995. Investment in manufacturing, exchange rates and external exposure [J]. *Journal of International Economics*, 38(3): 297 – 320.

Canzoneri, M. B., Cumby, R. E. & Diba, B. 1999. Relative labor productivity and the real exchange rate in the long run: Evidence for a panel of OECD countries [J]. *Journal of International Economics*, 47: 245 – 266.

Caporale, G. M., Ali, F. M. & Spagnolo, N. 2013. Exchange rate uncertainty and international portfolio flows [R]. *Discussion Papers*, No. 1296. German Institute for Economic Research.

Carrieri, F., Errunza, V. & Majerbi, B. 2006. Does emerging market exchange risk affect global equity prices? [J]. *Journal of Financial and Quantitative Analysis*, 41: 511 – 540.

Chakraborty, D. & Boasson, V. 2013. Capital flows, degree of openness and macroeconomic volatility [J]. *Indian Journal of Economics & Business*, 12(1): 1 – 12.

Chang, G. H. & Qin, S. 2004. How much is the Chinese currency undervalued? A quantitative estimation [J]. *China Economic Review*, 15(3): 366 – 371.

Chaudhuri, K. & Daniel, B. 1998. Long-run equilibrium real exchange rates and oil prices [J]. *Economics Letters*, 58: 231 – 238.

Chen, S. S. & Chen, H. C. 2007. Oil prices and real exchange rates [J]. *Energy Economics*, 29: 390 – 404.

Chen, Y., Rogoff, K. & Rossi, B. 2010. Can exchange rates forecast commodity prices [J]. *Quarterly Journal of Economics*, 125(1): 1145 – 1194.

Chinn, M. D. 1997. Sectoral productivity, government spending and real exchange rates: Empirical evidence for OECD countries [R]. *NBER Working Papers*, No. 6017.

Chinn, M. D. & Ito, H. 2008. A new measure of financial openness [J]. *Journal of Comparative Policy Analysis: Research and Practice*, 10 (3): 309 – 322.

Chowdhury, K. 2011. Dynamics, structural breaks and the determinants of the real exchange rate of Australia [R]. *University of Wollongong Economics Working Paper Series 2011*.

Chunhui, G., Ruogu, Z. & Dianfan, Y. 2011. An empirical study on the effects of industrial structure on economic growth and fluctuations in China [J]. *Economic Research Journal*, 5: 4 – 16.

Cipriani, M. 2001. The Balassa-Samuelson effect in transition economies [R]. Unpublished manuscript, IMF, Washington, September.

Clarida, R. H. & Gali, J. 1994. Sources of real exchange-rate fluctuations: How important are nominal shocks? [R]. *Carnegie-Rochester Conference Series on Public Policy*, 41: 1 – 56.

Clarida, R., Gali, J. & Gertler, M. 1998. Monetary policy rules in practice: Some international evidence [J]. *European Economic Review*, 42: 1,033 – 1,067.

Clark, T. E. & West, K. D. 2007. Approximately normal tests for equal predictive accuracy in nested models [J]. *Journal of Econometrics*, 138: 291 – 311.

Cushman, D. 1985. Real exchange rate risk, expectations, and the level of direct investment [J]. *The Review of Economics and Statistics*, 67: 297 – 308.

Cushman, D. 1988. Exchange-rate uncertainty and foreign direct investment in the United States [J]. *Weltwirtschaftliches Archiv*, 124: 322 – 335.

Darby, J., et al. 1999. The impact of exchange rate uncertainty on the level of investment [J]. *The Economic Journal*, 109: 55 – 67.

De Broeck, M. & Sløk, T. 2001. Interpreting real exchange rate movements in transition countries [R]. *IMF Working Paper*, 01/56, Washington D. C.

De Gregorio, J. & Wolf, H. C. 1994. Terms of trade, productivity and the real exchange rate [R]. *NBER Working Paper*, No. 4807.

De Gregorio, J., Giovannini, A. & Wolf, H. C. 1994. International evidence on tradables and non-tradables inflation [J]. *European Economic Review*, 38: 1245 – 1249.

DeLoach, S. B. 2001. More evidence in favor of the Balassa-Samuelson hypothesis [J]. *Review of International Economics*, 9 (2): 336 – 342

Diba, B. 1999. Relative labor productivity and the real exchange rate in the long run: Evidence for a panel of OECD [J]. *Journal of International Economics*, 47: 245 – 266.

Diebold, F. X. & Mariano, R. S. 1995. Comparing predictive accuracy [J]. *Journal of Business and Economic Statistics*, 13: 253 – 263.

Dunning, J. H. 1993. *Multinational Enterprises and the Global Economy* [M]. New York: Addison Wesley, Wokingham, Berkshire.

Edison, H. & Klovland, J. T. 1987. A quantitative reassessment of the purchasing power parity hypothesis: Evidence from Norway and the United Kingdom [J]. *Journal of Applied Econometrics*, 2: 309 – 333.

Egert, B., et al. 2003. The Balassa-Samuelson effect in Central and Eastern Europe: Myth or reality? [J]. *Journal of Comparative Economics*, 31(3): 552 – 572.

Egert, B. 2002. Investigating the Balassa-Samuelson hypothesis in the transition—Do we understand what we see? A panel study [J]. *Economics of Transition*, 10(2): 273 – 309.

Engel, C. & West, K. 2005. Exchange rates and fundamentals [J]. *Journal of Political Economy*, 113: 485 – 517.

Engel, C. & West, K. 2006a. Using out-of-sample mean squared prediction errors to test the martingale difference hypothesis [J]. *Journal of Econometrics*, 135: 155 – 186.

Engel, C. & West, K. 2006b. Taylor rules and the deutschmark-dollar real exchange rate [J]. *Journal of Money, Credit, and Banking*, 38: 1175 – 1194.

Engel, C. & West, K. 2007. Approximately normal tests for equal predictive accuracy in nested models [J]. *Journal of Econometrics*, 138: 291 – 311.

Ersoy, I. 2013. The role of private capital inflows and the exchange market pressure on real exchange rate appreciation: The case of Turkey [J]. *South African Journal of Economics*, 81: 35 – 51.

Estrada, A. & Hernandez de Cos, P. 2009. Oil prices and their effect on potential output [J]. *Cocumentos Ocasionales*, 9: 2.

Eun, C. S. & Resnick, B. G. 1988. Exchange rate uncertainty, forward contracts, and international portfolio selection [J]. *The Journal of Finance*, 43: 197 – 215.

Euturk, K. A. 2005. Economic volatility and capital account liberalization in emerging countries [J]. *International Review of Applied Economics*, 19 (4): 399 – 417.

Faria, J. R. & Leon-Ledesma, M. 2003. Testing the Balassa-Samuelson effect: Implications for growth and the PPP [J]. *Journal of Macroeconomics*, 25: 241 – 253.

Faruqee, H. 1995. Long-run determinants of the real exchange rate: A stock-flow perspective [R]. *IMF Staff Papers*, No. 42.

Fernández-Villaverde, J. & Rubio-Ramírez, J. 2004. Comparing dynamic equilibrium models to data: A Bayesian approach [J]. *Journal of Econometrics*, 123: 153 – 187.

Ferraro, D., Rogoff, K. & Rossi, B. 2011. Can oil prices forecast exchange rates? [R]. *Duke University Department of Economics Working Paper*, 11 – 05.

Ferraro, D., Rogoff, K. & Rossi, B. 2015. Can oil prices forecast exchange rate? An empirical analysis of the relationship between commodity prices and exchange rates [J]. *Journal of International Money and Finance*, 54: 116 – 141.

Fink, C., Mattoo, A. & Neagu, I. C. 2005. Assessing the impact of communication costs on international trade [J]. *Journal of International Economics*, 67: 428 – 445.

Fischer, C. A. 2002. Real currency appreciation in accession countries: Balassa-Samuelson and investment demand [R]. *Bundesbank Series 1 Discussion Paper*, No. 2002,19.

Frankel, J. A. & Wei, S. J. 1993. Trade blocs and currency blocs [R]. *NBER Working Paper*, No. 4335 – 1993.

Fratzscher, M. & Bussiere, M. 2004. Financial openness and growth: Short-run gain, long-run pain? [R]. *ECB Working Paper*, No. 348.

Frenkel, J. A. & Razin, A. 1996. *Fiscal Policies and Growth in the World Economy* [M]. Cambridge, Mass: MIT Press.

Froot, K. A. & Stein, J. C. 1991. Exchange rates and foreign direct investment: An imperfect capital markets approach [J]. *The Quarterly Journal of Economics*, 106: 1191 – 1217.

Garber, P. M. & Svensson, L. E. E. 1995. The operation and collapse of fixed exchange rate regimes [A]. In Grossman, G. M. & Rogoff, K. (eds.), *The Handbook of International Economics* [C]. Amsterdam: Elsevier Press.

Gente, K. 2006. The Balassa-Samuelson effect in a developing country [J]. *Review of Development Economics*, 10(4): 683 – 699.

Globerman, S. 1994. The public and private interests in outward direct investment [A]. In Globerman, S. (ed.), *Canadian-based Multinationals* (pp. 1 – 34) [C]. Calgary: The University of Calgary Press.

Goldberg, L. & Kolstad, C. 1995. Foreign direct investment, exchange rate variability and demand uncertainty [J]. *International Economic Review*, 36(4): 855 – 873.

Görg, H. & Wakelin, K. 2002. The impact of exchange rate volatility on US direct investment [R]. *Manchester School*, No. 70.

Gourinchas, P. & Rey, H. 2007. International financial adjustment [J]. *Journal of Political Economy*, 115(4): 665 – 703.

Griffin, J. M. & Karolyi, G. A. 1998. Another look at the role of the industrial structure of markets for international diversification strategies [J]. *Journal of Financial Economics*, 50: 351 – 373.

Gubler, M. & Sax, C. 2012. Skill-biased technological change and the real exchange rate [R]. *Working Papers*, No. 2012/08, Faculty of Business and Economics University of Basel.

Haider, M. A., Khan, M. A. & Abdulahi, E. 2016. Determinants of foreign portfolio investment and its effects on China [J]. *International Journal of Economics and Finance*, 8 (12): 143 – 150.

Halpern, L. & Wyplosz, C. 2001. Economic transformation and real exchange rates in the 2000s: The Balassa-Samuelson connection [R]. *ECE Discussion Papers Series 2001*, UNECE.

Hamilton, J. D. 2011. Historical oil shocks [R]. *NBER Working Paper Series*, No. 16790.

Han, H. & Ray, H. 2006. Exchange rates, equity prices and capital flows [J]. *Review of Financial Studies*, 19: 273 – 317.

Hansen, P. 2005. A test for superior predictive ability [J]. *Journal of Business & Economic Statistics*, 23: 365 – 380.

Hansen, P., Lunde, A. & Nason, J. 2011. The model confidence set [J]. *Econometrica*, 79: 453 – 497.

Harris, R. 2001. Is there a case for exchange rate induced productivity changes? [R]. *Canadian Institute for Advanced Research Working Paper*, No. 164.

Harrod, Roy F. 1933. *International Economics* [M]. London: James Nisbet and Cambridge University Press.

Hausmann, Ricardo, Hwang, Jason & Rodrik, Dani. 2006. What you export matters [R]. *NBER Working Paper Series*, No. 11905.

Heckman, J. J. 1979. Sample selection bias as a specification error [J]. *Econometrica*, 47(1): 153 – 161.

Helleiner, G. K. 1992. *Trade Policy, Industrialization, and Development: New Perspectives* [M]. Oxford: Clarendon Press.

Helpman, E., Melitz, M. J. & Rubinsteins, Y. 2008. Estimating trade flows: Trading partners and trading volumes [J]. *The Quarterly Journal of Economics*, 123 (2): 441 – 487.

Helpman, E., Melitz, M. J. & Yeaple, S. R. 2004. Export versus FDI with heterogeneous firms [J]. *American Economic Review*, 94(1): 300 – 316.

Heston, A., Daniel, N. & Summers, Robert. 1994. The differential productivity hypothesis and purchasing power parities: Some new evidence [J]. *Review of International Economics*, 2 (3): 227 – 243.

Hsieh, D. A. 1982. The determination of the real exchange rate: The productivity approach [J]. *Journal of International Economics*, 12: 355 – 362.

Ince, T. M. & Papell, D. H. 2016. Taylor rule deviations and out-of-sample exchange rate predictability [J]. *Journal of International Money and Finance*, 69: 22 – 44.

Ito, T., Isard, P. & Symansky, S. 1997. Economic growth and real exchange rate: An overview of the Balassa-Samuelson hypothesis in Asia [R]. *NBER Working Paper Series*, No. 5979.

Jabeen, S., Malik, W. S. & Haider, S. 2011. Testing the Harrod Balassa Sameulson Hypothesis: The case of Pakistan [J]. *The Pakistan Development Review*, Pakistan Institute of Development Economics, 50(4): 379 – 399.

Jeanneney, S. G. & Hua, P. 2011. How does real exchange rate influence labor productivity in China? [J]. *China Economic Review*, 22(4): 628 – 645.

Jeanneret, A. 2005. Does exchange rate volatility really depress foreign direct investment in OECD countries? [R]. International Centre for Financial Asset Management and Engineering, University of Lausanne, Switzerland, *Working Paper*, September, 2005.

Jesus Crespo-Cuaresma, Jarko F. & McDonald, Ronald. 2005. The monetary approach to exchange rates in the CEECs [J]. *Economics of Transition*, 13(2): 395 – 416.

Jose, De Gregorio & Wolf, H. C. 1994. Terms of trade, productivity and the real exchange rate [R]. *NBER Working Paper Series*, No. 4807.

Kaiser, B. & Siegenthaler, M. 2016. The skill-biased effects of exchange rate fluctuations [J]. *The Economic Journal*, 126(592): 756 – 780.

Kaminsky, G. L. & Reinhart, C. M. 1999. The twin crises: The causes of banking and balance-of-payments problems [J]. *American Economic Review*, 89(3): 473 – 500.

Katz, J. M. 1987. *Technology Creation in Latin American Manufacturing Industries* [M]. New York: St. Martin's Press.

Kinoshita, Y. & Campos, N. 2003. Why does FDI go where it goes? New evidence from the transition economies [R]. *Williamson Institute Working Paper*, No. 573.

Kodongo, O. & Ojah, K. 2012. The dynamic relation between foreign exchange rates and international portfolio flows: Evidence from Africa's capital markets [J]. *International Review of Economics and Finance*, 24: 71 –87.

Kose, M., et al. 2006. Financial globalization: A reappraisal [R]. *IMF Working Paper*, No. WP/06/189.

Kovács, M. A. & Simon, A. 1998. Components of the real exchange rate in Hungary [R]. *NBH Working Paper Series*, No. 1998.

Kraay, A. 1998. In search of the macroeconomic effects of capital account liberalization [R]. The World Bank Group.

Krugman, P. & Obstfeld, M. 2008. *International Economics: Theory and Policy* [M]. 7th Edition. Boston: Addison Wesley.

Kumar, N. & Siddharthan, N. S. 1994. Technology, firm size and export behaviour in developing countries: The case of Indian enterprises [J]. *Journal of Development Studies*, 1: 289 –309.

Kumar, S. 2019. Asymmetric impact of oil prices on exchange rate and stock prices [J]. *The Quarterly Review of Economics and Finance*, 72: 41 –51.

Kuznets, S. & Murphy, J. 1966. *Modern Economics Growth: Rate, Structure and Spread* [M]. New Haven: Yale University Press.

Lall, S. 1981. Indian technology exports and technological development [J]. *The Annals of the American Academy of Political and Social Science*, 458(1): 151 –162.

Lall, S., John, W. & Zhang, Jinkang. 2006. The 'sophistication' of exports: A new measure of product characteristics [J]. *World Development*, 34(2): 222 –237.

Lee, J.-H., Kim, Y.-G. & Kim, M.-Y. 2006. Effects of managerial drivers and climate maturity on knowledge-management performance: Empirical validation [J]. *Information Resources Management Journal*, 19(3): 48 –60.

Leung, D. & Yuen, T. 2005. Do exchange rates affect the capital labor ratio? Panel evidence from Canadian manufacturing industries [R]. *Bank of Canada Working Paper*, No. 12.

Levich, R. M., Hayt, G. S. & Ripston, B. A. 1998. Survey of derivative and risk management practices by US institutional investors [R]. Survey Conducted by the NYU Salomon Center. CIBC World Markets and EPMG. Retrieved from: http://papers.ssrn.com/so13/papers.

Lizardo, R. A. & Mollick, A. V. 2010. Oil price fluctuations and US dollar exchange rates [J]. *Energy Economics*, 32: 399 – 408.

Loungani, P., Mody, A. & Razin, A. 2002. The global disconnect: The role of transactional distance and scale economies in gravity equations [J]. *Scottish Journal of Political Economy*, 49(5): 526 – 543.

Martin, P. & Rey, H. 2004. Financial super-markets: Size matters for asset trade [J]. *Journal of International Economics*, 64(2): 335 – 361.

Martin, P. & Rey, H. 2005. The determinants of cross-border equity flows [J]. *Journal of International Economics*, 65 (2): 269 – 296.

McKinnon, R. 2007. Comment in response to "Request for Public Comments on the Report to Congress on International and Exchange Rate Policies" [R]. Stanford University Photocopy.

Meade, E. E. 1988. Exchange rates, adjustment, and the J-curve [R]. *Federal Reserve Bulletin*, Board of Governors of the Federal Reserve System (U.S.).

Meese, R. & Rogoff, K. S. 1983. Empirical exchange rate models of the seventies: Do they fit out of sample? [J]. *Journal of International Economics*, 14: 3 – 24.

Meese, R., Kenneth, R. & Frenkel, 1983. *Exchange Rates and International Macroeconomics* [M]. Chicago: University of Chicago Press and NBER.

Micossi, S. & Milesi-Ferretti, G. M. 1994. Real exchange rates and the prices of nontradable goods [R]. *IMF Working Paper*, No. 94/19.

Molodtsova, T. & Papell, D. H. 2009. Out-of-sample exchange rate predictability with Taylor rule fundamentals [J]. *Journal of International Economics*, 77: 167 – 180.

Montobbio, F. & Rampa, F. 2005. The impact of technology and structural change on export performance in nine developing countries [J]. *World Development*, 33(4): 527 – 547.

Nason, J. M. & Cogley, T. 1994. Testing the implications of long-run neutrality for monetary business cycle models [J]. *Journal of Applied*

Econometrics, S1, S37 – S70.

Nassimbeni, G. 2001. Technology, innovation capacity, and the export attitude of small manufacturing firms: A logit/probit model [J]. *Research Policy*, 30: 245 – 262.

Neumann, R., Penl, R. & Tanku, A. 2009. Volatility of capital flows and financial liberalization: Do specific flows respond differently? [J]. *International Review of Economics and Finance*, 18(3): 488 – 501.

Obstfeld, M. & Rogoff, K. 1996. *Foundations of International Macroeconomics* [M]. Cambridge, Massachusetts: MIT Press.

OECD. 2011. The effects of oil price hikes on economic activity and inflation [R]. *OECD Economics Department Policy Notes (4)*.

Officer, L. 1997. The productivity bias in purchasing power parity: An econometric investigation [J]. *IMF Economic Review*, 23: 545 – 579.

Okawa, Y. & Wincoop, van Eric. 2010. Gravity in international finance [J]. *Journal of International Economics*, 87(2): 205 – 215.

Okawa, Y. & van Vincoop, E. 2012. Gravity in international finance [J]. *Journal of International Economics*, 87 (2): 205 – 215.

Pannell, D. 2011. Oil panic and the global crisis: Predictions and myths [J]. *Australian Journal of Agricultural and Resource Economics*, 55: 294 – 296.

Park, B. & An, J. 2008. Can capital account liberalization lessen capital volatility in a country with "original sin"? [R]. *KIEP Working Paper Series*, No. 11 – 05.

Peltonen, T. & Sager, M. 2009. Productivity shocks and real exchange rates: A reappraisal [R]. *European Central Bank Working Paper*, No. 1046.

Petkovski, M. 2006. Real exchange rates in transition countries [J]. *Transition Studies Review*, 13(2): 270 – 279.

Portes, R., Rey, H. & Oh, Y. 2001. Information and capital flows: The determinants of transactions in financial assets [J]. *European Economic Review*, 45: 783 – 796.

Rajan, R. & Zingales, L. 2003. The great reversals: The politics of financial development in the twentieth century [J]. *Journal of Financial Economics*, 69: 5 – 50.

Ramstetter, E. 1999. Trade propensities and foreign ownership shares in Indonesian manufacturing [J]. *Bulletin of Indonesian Economic Studies*, 35(2): 43 – 66.

Reboredo, J. C. 2012. Modelling oil price and exchange rate co-movements [J]. *Journal of Policy Modeling*, 34: 419 – 440.

Rogoff, K. 1992. Traded goods consumption smoothing and the random walk behavior of the real exchange rate [J]. *Monetary and and Economic Studies*, 10: 1 – 29.

Rogoff, K. 1996. The purchasing power puzzle [J]. *Journal of Economic Literature*, 34 (2): 647 – 668.

Romjin, H. 1997. Acquisition of technological capability in development: A quantitative case study of Pakistan's capital goods sector [J]. *World Development*, 25(3): 359 – 377.

Rossi, B. 2013. Exchange rate predictability [J]. *Journal of Economic Literature*, 51: 1063 – 1119.

Rother, P. 2000. Inflation in Albania [R]. *IMF Working Paper*, No. 00/207.

Ruge-Murcia, F. J. 2003. Inflation targeting under asymmetric preferences [J]. *Journal of Money, Credit and Banking*, 35(5): 763 – 785.

Rugman, A. M. 1981. *Inside the Multinationals: The Economics of Internal Markets* [M]. New York: Columbia Press.

Samuelson, P. A. 1964. Theoretical notes on trade problems [J]. *Review of Economics and Statistics*, 46: 335 – 346.

Santos, S. & Tenreyro, S. 2006. The log of gravity [J]. *The Review of Economics and Statistics*, 88 (4): 641 – 658.

Schorfheide, F. 2000. Loss function-based evaluation of DSGE models [J]. *Journal of Applied Econometrics*, 15(6): 645 – 670.

Schott, P. K. 2004. Across-product versus within-product specialization in international trade [J]. *Quarterly Journal of Economics*, 119: 647 – 678.

Semmler, W. & Zhang, W. 2007. Asset price volatility and monetary policy rules: A dynamic model and empirical evidence [J]. *Economic Modelling*, 24: 411 – 430.

Solow, R. M. 1956. A contribution to the theory of economic growth [J]. *The Quarterly Journal Economics*, 70(1): 65 – 94.

Steenkamp, D. 2013. Productivity and the New Zealand Dollar: Balassa

Samuelson tests on sectoral data [R]. *Reserve Bank of New Zeal and Analytical Notes Series*, AN2013/01.

Sterlacchini, A. 1999. Do innovative activities matter to small firms in non MR & DM intensive industries? An application to export performance [J]. *Research Policy*, 28: 819 – 832.

Stiglitz, J. 2000. Capital market liberalization, economic growth, and instability [J]. *World Development*, 28 (6): 1075 – 1086.

Svensson, L. 2000. Open-economy inflation targeting [J]. *Journal of International Economics*, 50: 155 – 183.

Swan, T. 1956. Economic growth and capital accumulation [J]. *Economic Record*, 32(2): 334 – 361.

Taylor, J. 1993. Discretion versus policy rules in practice [J]. *Carnegie-Rochester Conference Series on Public Policy*, 39: 195 – 214.

Theil, H. 1967. *Economics and Information Theory* [M]. Amsterdam: Elsevier/North-Holl and Publishing Co.

Thorbecke, W. 2006. The effect of exchange rate changes on trade in East Asia [R]. *Discussion Papers* 06009, Research Institute of Economy, Trade and Industry (RIETI)

Tiwari, A., Dar, A. & Bhanja, N. 2013. Oil price and exchange rates: A wavelet-based analysis for India [J]. *Economic Modelling*, 31: 414 – 422.

Tyers, R., et al. 2006. China's economic growth and its real exchange rate [R]. *ANU Working Papers in Economics and Econometrics*, No. 2006.

Vernon, R. 1966. International investment and international trade in the product cycle [J]. *Quarterly Journal of Economics*, 80(2): 190 – 207.

Vincent, D. P., et al., 1979. The short-term effect of domestic oil price increases on the Australian economy with special reference to the agricultural sector [J]. *Australian Journal of Agricultural Economy*, 23: 79 – 101.

Viner, J. 1937. *Studies in the Theory of International Trade* [M]. New York/London: Harper and Brothers.

Wagner, M. 2005. The Balassa-Samuelson effect in "East & West": Differences and similarities [J]. *Review of Economics*, 56: 230 – 248.

Wagner, P. 2001. Modernity, capitalism and critique [J]. *Sociology, Gender Studies & Cultural Studies*, 66(1): 1 – 31.

Wakelin, K. 1998. Innovation and export behavior at the firm level [J]. *Research Policy*, 26: 829 – 841.

Wang, R., Morley, B. & Ordonez, J. 2016. The Taylor rule, wealth effects and the exchange rate [J]. *Review of International Economics*, 24(2): 282 – 301.

Wignaraja, G. & Ikiara, G. 1999. Adjustment, technological capabilities, and enterprise dynamics in Kenya [A]. In Lall, S. (ed.), *Opening Up, and Shutting Down? Import Liberalisation and Industrial Technology in Sub-Saharan Africa* [C]. Basingstoke (UK): Macmillan Press.

Wignaraja, G. 2001. Competitiveness in a globalizing economy: Lessons of experience, action programme on productivity improvement, competitiveness and quality of jobs in developing countries [R]. *Working Paper PMD* 2, International Labour Organization, Geneva.

Willmore, L. 1992. Transnationals and foreign trade: Evidence from Brazil [J]. *The Journal of Development Studies*, 28: 314 – 335.

Wood, D. 1991. Corporate social performance revisited [J]. *The Academy of Management Review*, 16(4): 691 – 718.

Wu, C., Chung, H. & Chang, Y. 2012. The economic value of co-movement between oil price and exchange rate using copula-based GARCH models [J]. *Energy Economics*, 34: 270 – 282.

Wurzel, E., Billard, L. & Ollivaud, P. 2009. Recent oil price movements: Forces and policy issues [R]. *OECD Economics Department Working Papers*, No. 737.

Xu, T. 2019. Economic freedom and bilateral direct investment [J]. *Economic Modelling*, 78: 72 – 79.

Zhang, Y. J., et al. 2008. Spillover effect of US dollar exchange rate on oil prices [J]. *Journal of Policy Modeling*, 30: 973 – 991.

Zhao, J. & Tang, J. 2018. Industrial structure change and economic growth: A China-Russia comparison [J]. *China Economic Review*, 47: 219 – 233.

Zhou, S. 1995. The response of real exchange rates to various economic shocks [J]. *Southern Economic Journal*, 61: 936 – 954.

白晓燕.人民币汇率制度改革历程及逻辑[J].世界经济研究,2008(12):29 – 34.

毕吉耀,等.人民币汇率:历史、现状和未来[M].北京:人民出版社.

曹伟,申宇.人民币汇率传递、行业进口价格与通货膨胀:1996—2011[J].金融研究,2013(10):68-80.

曹伟,周俊仰,罗浩.汇率变动与就业关系研究——来自中国的经验证据[J].浙江金融,2011(7):11-16.

曾红艳.人民币汇率水平合理性探讨——中国外汇市场压力测算与影响因素分析[J].生产力研究,2013(9):4-6.

陈平,李凯."适应性学习"下人民币汇率的货币模型[J].经济评论,2010(3):48-56.

陈晓东,邓斯月.改革开放40年中国经济增长与产业结构变迁[J].现代经济探讨,2019(2):11-18.

陈志昂,方霞.人民币购买力平价和实际汇率分析——兼评巴拉萨-萨缪尔森假说[J].浙江社会科学,2004(1):96-100.

成思危.论人民币汇率制度改革的下一步——建立灵活的人民币汇率双层目标区(下)[J].经济界,2010(2):7.

迟福林.我国经济优化升级趋势的深远影响[N].经济日报,2017-12-16(001).

笪家祥,等.人民币升值对出口企业承受力影响的实证分析[J].国际商务财会,2008(11):5-11.

代文娜,王丽.人民币汇率对中韩加工贸易影响的实证分析[J].中国市场,2019(15):63-64.

戴觅,徐建炜,施炳展.人民币汇率冲击与制造业就业——来自企业数据的经验证据[J].管理世界,2013(11):14-27.

邓贵川,李艳丽.汇率基本面模型对人民币汇率的预测能力[J].数量经济技术经济研究,2016(9):145-150.

丁志杰,郭凯,闫瑞明.非均衡条件下人民币汇率预期性质研究[J].金融研究,2009(12):91-98.

杜修立,王维国.中国出口贸易的技术结构及其变迁:1980—2003[J].经济研究,2007(7):137-151.

鄂永健,丁剑平.差别消费权重、生产率与实际汇率:动态一般均衡模型对巴拉萨-萨缪尔森假说的扩展[J].世界经济,2007(3):49-58.

樊纲,关志雄,姚枝仲.国际贸易结构分析:贸易品的技术分布[J].经济研究,2006(8):70-80.

范言慧. 不确定条件下的资产调整与汇率波动[J]. 金融研究,2007(1):138-153.

干春晖,郑若谷,余典范. 中国产业结构变迁对经济增长和波动的影响[J]. 经济研究,2011(5):4-16.

高海红. 实际汇率与经济增长:运用边际检验方法检验巴拉萨-萨缪尔森假说[J]. 世界经济,2003(7):3-14.

龚六堂,谢丹阳. 我国省份之间的要素流动和边际生产率的差异分析[J]. 经济研究,2004(1):45-53.

谷克鉴. 1990—1998年国民与外资部门出口波动差异的实证分析:HBS推断在中国的验证与拓展[J]. 管理世界,2000(2):25-33.

关志雄. 从美国市场看"中国制造"的实力——以信息技术产品为中心[J]. 国际经济评论,2002(7):5-12.

管涛. 汇改周年回眸[J]. 中国经济报告,2016(9):35-38.

郭美晨,杜传忠. ICT提升中国经济增长质量的机理与效应分析[J]. 统计研究,2019(3):3-16.

郝颖,辛清泉,刘星. 地区差异、企业投资与经济增长质量[J]. 经济研究,2014(3):101-114.

何玉梅,孙艳青. 人民币汇率变动影响劳动力就业的再检验:一个微观的视角[J]. 东南大学学报(哲学社会科学版),2011(6):25-29.

何玉长,潘超. 经济发展高质量重在实体经济高质量[J]. 学术月刊,2019(9):59-71.

胡德宝,苏基溶. 外商直接投资、技术进步及人民币实际汇率:基于巴拉萨-萨缪尔森模型的实证分析[J]. 国际金融研究,2015(6):42-54.

胡援成,曾超. 中国汇率制度的现实选择及调控[J]. 金融研究,2004(12):59-74.

胡祖六. 入世:中国开放资本项目的催化剂[J]. 国际经济评论,2001(4):9.

黄昌利. 人民币实际有效汇率的长期决定:1994—2009[J]. 金融研究,2010(6):34-45.

黄梅波,王珊珊. 人民币事实汇率制度研究:基于篮子货币权重的经验分析[J]. 世界经济研究,2013(9):37-41.

黄先军,曹家和. 产业结构调整的汇率驱动路径:价格穿越模型的解释[J]. 华东经济管理,2010(7):35-38.

黄泽明.人民币汇率水平的变化与测算(1980—2007 年)[J].华东师范大学学报(哲学社会科学版),2008(6):117-125.

江小涓.大国双引擎增长模式:中国经济增长中的外需和内需[J].管理世界,2010(6):1-7.

姜波克,莫涛.人民币均衡汇率理论和政策新框架的再拓展:基于内部均衡和外部平衡的分析[J].复旦学报(社会科学版),2009(4):12-21.

金永军,陈柳钦.人民币汇率制度改革评述[J].国际金融研究,2006(1):73-79.

金中夏.论中国世纪汇率管理改革[J].经济研究,1995(3):63-71.

蓝乐琴.人民币汇率、FDI 和经济增长的非对称关系研究[J].财经问题研究,2015(9):121-127.

李冬梅,范凌卓,宋志江.强势增长依靠弱势货币?基于 MS-VAR 模型的实证研究[J].国际贸易问题,2013(9):155-163.

李浩,胡永刚,马知遥.国际贸易与中国的实际经济周期[J].经济研究,2007(5):17-26.

李宏彬,等.人民币汇率对企业进出口贸易的影响:来自中国企业的实证研究[J].金融研究,2011(2):1-16.

李洪亚.产业结构变迁与中国 OFDI:2003—2014 年[J].数量经济技术经济研究,2016(10):76-93.

李洪亚.生产率、规模对企业成长与规模分布会有什么样的影响?——基于 1998—2007 年中国非制造业工业企业数据的实证研究[J].南开经济研究,2016(2):92-115.

李建伟.中国经济增长四十年回顾与展望[J].管理世界,2018(10):11-23.

李新功.人民币升值与我国制造业升级实证研究[J].中国软科学,2017(5):38-46.

林毅夫.关于人民币汇率问题的思考与政策建议[J].世界经济,2007(3):3-12.

刘淳,杨炘.人民币汇率市场化问题探析[J].财经问题研究,2001(1):48-50.

刘达禹,刘金全.人民币实际汇率波动与中国产业结构调整——一价定律偏离还是相对价格波动[J].国际贸易问题,2015(5):154-165.

刘海英,赵英才,张纯洪.人力资本"均化"与中国经济增长质量关系研究[J]. 管理世界, 2004(11): 15-21.

刘立达. 中国国际资本流入的影响因素分析[J]. 金融研究, 2007(3): 62-70.

刘琳, 易陟. 经济结构继续优化 增长质量持续提升 专家学者点评 2019 年上半年主要经济指标[J]. 经营管理者, 2019(8): 28-31.

刘敏, 李颖. "三元悖论"与人民币汇率制度改革浅析[J]. 国际金融研究, 2008(6): 69-72.

刘啟仁, 黄建忠. 人民币汇率变动与出口企业研发[J]. 金融研究, 2017(8): 19-34.

刘冉. 我国产业结构升级对全要素生产率的影响研究[D]. 南京: 南京财经大学, 2016.

刘世锦. 中国经济增长的平台、周期与新动能[J]. 领导决策信息, 2019(5): 21.

刘伟, 张辉. 中国经济增长中的产业结构变迁和技术进步[J]. 经济研究, 2008(11): 4-15.

刘子寅, 范科才. 汇率传递与通货膨胀动态的非线性关系研究(1996—2009 年)[J]. 世界经济研究, 2015(5): 13-22.

卢锋. 人民币实际汇率之谜(1979—2005)——基于事实比较和文献述评的观察[J]. 经济学(季刊), 2006(3): 635-674.

卢锋, 韩晓亚. 长期经济成长与实际汇率演变[J]. 经济研究, 2006(7): 4-14.

卢锋, 刘鎏. 我国两部门劳动生产率增长及国际比较(1978—2005): 巴拉萨-萨缪尔森效应与人民币实际汇率关系的重新考察[J]. 经济学(季刊), 2007(2): 357-380.

卢万青, 陈建梁. 人民币汇率变动对我国经济增长影响的实证研究[J]. 金融研究, 2007(2): 26-36.

罗能生, 孙利杰. 交通发展对区域经济差距的影响[J]. 城市问题, 2019(8): 51-60.

吕光明, 徐曼. 中国的短期国际资本流动: 基于月度 VAR 模型的三重动因解析[J]. 国际金融研究, 2012(4): 61-68.

迈克尔·波特. 国家竞争优势[M]. 李明轩, 邱如美, 译. 北京: 华夏出版社, 2002.

毛日昇. 人民币实际汇率变化如何影响工业行业就业?[J]. 经济研究,

2013(3):56-69.

毛日晟,郑建明.人民币实际汇率不确定性与外商直接投资择机进入[J].金融研究,2011(5):42-57.

潘雪阳.巴拉萨-萨缪尔森效应在中国的实践[J].南方金融,2012(11):32-36.

裴平,孙兆斌.中国的国际收支失衡与货币错配[J].国际金融研究,2006(8):66-72.

秦宛顺,靳云汇,卜永祥.人民币汇率水平的合理性:人民币实际汇率与均衡汇率的偏离度分析[J].数量经济技术经济研究,2004(7):26-30.

申琳,马丹.政府支出与居民消费:消费倾斜渠道与资源撤出渠道[J].世界经济,2007(11):73-79.

沈国兵,杨毅.人民币实际有效汇率与中国贸易收支关系:1990—2004年月度数据分析[J].中共南京市委党校南京市行政学院学报,2005(5):11-16.

宋海英.人民币汇率变动对我国农产品出口贸易影响的实证分析[J].南京农业大学学报(社会科学版),2005(1):12-17.

苏海峰,陈浪南.人民币汇率变动对中国出口的非对称影响研究[J].系统工程理论与实践,2014(9):2212-2219.

孙军,高彦彦.经济结构调整与人民币升值困境的出路[J].世界经济研究,2011(5):3-8.

孙霄翀,刘士余,宋逢明.汇率调整对外商直接投资的影响[J].数量经济技术经济研究,2006(8):68-77.

孙阳阳,王冬梅.消费升级对我国经济增长的影响:来自中国省级面板数据的实证研究[J].新疆财经,2019(3):15-27.

唐旭,钱士春.相对劳动生产率变动对人民币实际汇率的影响分析:哈罗德-巴拉萨-萨缪尔森效应实证研究[J].金融研究,2007(5):1-14.

唐雪玲,丁文锋.人民币汇率与中美贸易失衡的关联性实证分析[J].黑龙江对外经贸,2011(9):14-17.

田素华.人民币汇率变动投资效应的企业特征[J].世界经济,2008(5):44-55.

万解秋,徐涛.汇率调整对中国就业的影响——基于理论与经验的研究[J].经济研究,2004(2):39-46.

王苍峰,岳咬兴.人民币实际汇率与中国两部门生产率差异的关系——基于巴拉萨-萨缪尔森效应的实证分析[J].财经研究,2006(8):71-80.

王晋斌.人民币汇率制度选择的政治经济学[J].经济理论与经济管理,2013(9):22-30.

王晋斌,李南.中国汇率传递效应的实证分析[J].经济研究,2009(4):17-27.

王凯,庞震.经济增长对实际汇率的影响:基于巴拉萨-萨缪尔森效应的分析[J].金融发展研究,2012(2):28-33.

王维.相对劳动生产力对人民币实际汇率的影响[J].国际金融研究,2003(8):11-17.

王雅琦,戴觅,徐建炜.汇率、产品质量与出口价格[J].世界经济,2015(5):17-35.

王怡,李树民.城镇居民消费结构与经济增长的实证研究[J].统计与决策,2013(7):133-135.

王宇哲,张明.人民币升值究竟对中国出口影响几何[J].金融研究,2014(3):27-40.

王泽填,姚洋.结构转型与巴拉萨-萨缪尔森效应[J].世界经济,2009(4):38-49.

王自锋,邱立成.汇率水平与波动程度对我国外商直接投资的影响研究[J].经济科学,2009(5):41-53.

魏巍贤.人民币升值的宏观经济影响评价[J].经济研究,2006(4):47-57.

吴迪.中国汇率制度改革的目标设计与对策选择[J].金融发展评论,2015(5):143-158.

吴敬琏.从"三驾马车"看中国经济[J].中国经济和信息化,2010(6):26.

吴利学.中国能源效率波动:理论解释、数值模拟及政策含义[J].经济研究,2009(5):130-142.

吴盼文,文善恩,覃道爱.汇率波动对我国进出口贸易的影响[J].海南金融,2011(5):14-17.

吴韡,缪海斌.中国产业结构调整对汇率变动的冲击效应分析[J].国际金融研究,2012(1):89-96.

肖红叶,王莉,胡海林.人民币均衡汇率决定机制及其影响因素的作用分析:基于行为均衡汇率估算模型分析技术改进的研究[J].统计研究,2009(3):3-7.

肖龙阶,苗建军.人民币汇率变动影响中国贸易条件机制研究[J].经济问题,2009(2):104-107.

徐建炜,杨盼盼.理解中国的实际汇率:一价定律偏离还是相对价格变动[J].经济研究,2011(7):78-90.

徐剑刚,邵华,唐国兴.人民币参考一篮子货币机制的实证分析[J].上海财经大学学报,2007(1):66-72.

徐涛.中国货币政策的行业效应分析[J].世界经济,2007(2):23-31.

徐涛.汇率调整与制造业产业升级[M].上海:复旦大学出版社,2014.

徐涛,万解秋,丁匡达.人民币汇率调整与制造业技术进步[J].世界经济,2013(5):69-87.

徐伟呈,范爱军.人民币实际汇率变动对中国FDI流入的影响[J].世界经济研究,2011(4):62-68.

许家云,佟家栋,毛其淋.人民币汇率、产品质量与企业出口行为:中国制造业企业层面的实证研究[J].金融研究,2015(3):1-17.

严成樑.新常态下中国经济增长动力分析[J].中国高校社会科学,2017(6):44-51.

杨俊龙,何帆.中国的短期国际资本流动:现状、流动途径和影响因素[J].世界经济,2007(7):12-19.

杨凯文,臧日宏.人民币汇率变动对我国国际贸易影响的VAR模型实证分析[J].金融理论与实践,2014(12):20-25.

杨长江.人民币实际汇率——长期调整趋势研究[M].上海:上海财经大学出版社,2002.

杨子晖.政府债务、政府消费与私人消费非线性关系的国际研究[J].金融研究,2011(11):88-101.

杨子晖,陈创练.金融深化条件下的跨境资本流动效应研究[J].金融研究,2015(5):34-49.

姚斌.人民币汇率制度选择的研究:基于福利的数量分析[J].经济研究,2007(11):45-57.

伊楠,李婧.人民币盯住一篮子货币汇率制度演变的实证分析:基于BP检验和非参数估计方法[J].国际金融研究,2014(7):72-79.

尹中卿.从高速度增长转变为高质量发展:经济运行回顾与前瞻[J].

中国发展观察,2018(Z1):18-22.

于津平.汇率变化如何影响外商直接投资[J].世界经济,2007(4):55-65.

余淼杰,张睿.人民币升值对出口质量的提升效应:来自中国的微观证据[J].管理世界,2017(5):28-40.

余泳泽,刘冉,杨晓章.我国产业结构升级对全要素生产率的影响研究[M].南京:南京财经大学,2016.

俞萌.人民币汇率的巴拉萨-萨缪尔森效应分析[J].世界经济,2001(5):24-28.

云梦丽.科技创新、产业结构优化与经济增长的动态交互效应研究[J].当代经济,2019(8):26-29.

占水生.以现代经济增长理论引领新时代中国经济发展[J].中共青岛市委党校.青岛行政学院学报,2017(6):47-51.

张德远.人民币汇率影响就业传导机制的计量检验:基于改革开放以来时空及功能耦合演化的统计分析[J].财经研究,2008(11):28-39.

张广婷.新兴市场国家跨境资本流动的驱动因素研究[J].世界经济研究,2016(9):42-61.

张会清,唐海燕.人民币升值、企业行为与出口贸易——基于大样本企业数据的实证研究:2005—2009[J].管理世界,2012(12):23-34.

张明.中国面临的短期国际资本流动[J].世界经济,2011(2):39-56.

张明,谭小芬.中国短期资本流动的主要驱动因素:2000—2012[J].世界经济,2013(11):93-116.

张长全,曹素芹.人民币国际化与中美贸易的相关性研究[J].东北农业大学学报(社会科学版)》,2019(2):26-34.

张志.汇率制度理论的新发展:文献综述[J].世界经济,2002(1):13-22.

赵进文,张敬思.人民币汇率、短期国际资本流动与股票价格:基于汇改后数据的再检验[J].金融研究,2013(1):9-23.

赵文胜,张屹山,赵杨.短期国际资本流动对中国市场变化的反应分析[J].数量经济技术经济研究,2011(3):104-117.

赵西亮,赵景文.人民币均衡汇率分析:BEER方法[J].数量经济技术经济研究,2006(12):33-42.

周华.汇率不确定性与FDI[J].南方经济,2006(10):104-114.

周杰琦,汪同三.人民币实际汇率波动对我国贸易收支的影响——基于非对称协整的实证分析[J].经济问题,2010(1):4-8.

周薇,李丹.人民币汇率与中美贸易收支的实证分析[J].现代商贸工业,2012(3):134-135.

周亚军.相对劳动生产率对人民币实际汇率的影响[J].商业研究,2011(7):99-103.

朱孟楠,刘林.短期国际资本流动、汇率与资产价格:基于汇改后数据的实证研究[J].财贸经济,2010(5):5-13.

朱子云.中国经济增长质量的变动趋势与提升动能分析[J].数量经济技术经济研究,2019(5):23-43.

后 记

冬去春来，姹紫嫣红，本书终于迎来了完稿的时候。回想本书撰写的过程，笔者百感交集。产业结构对汇率的影响把实体经济和金融市场联系在一起，涉及开放经济的各个方面，课题话题宏大。随着我国经济进入新常态，产业转型升级的速度加快，产业结构调整对社会经济各方面的影响受到越来越多的关注。在当前我国大力构建双循环经济发展格局的时代背景下，这一问题的研究具有很大的研究意义。在笔者写作过程中，全球经济经历了较大的波动，再加上突发的新冠疫情，我国经济发展的外部环境发生了很大的变化，这加大了本课题的研究难度。

本书是教育部人文社会科学研究规划基金项目和江苏现代金融研究基地研究成果之一。在写作过程中，笔者得到了有关方面的大力支持。其中，研究生庄嘉莉、李召、胡雪冬、王晖、刘梦悦和孙立峰参与了本书部分章节的写作。

感谢苏州大学出版社汤定军先生，本书的出版离不开他的辛勤付出。